増補改訂版

古墳時代史

石野博信

雄山閣

序　文

私が著者と知り合ったのは、橿考研の顔としての石野氏であった。末永、有光、岸の歴代所長を補佐して、若い人たちをよくリードしておられた。決して激情的ではなく、むしろ重厚で、しかも視野が広く、理解力のある人柄は、誠に信頼のおけるものだった。

その石野氏が、今度『古墳時代史』を出すという。氏にとって古墳時代に関する著作は『古墳文化出現期の研究』に次いで、二冊目だろうが、大学教授でも、著書を出せないものがいるに反して、現場の発掘調査を監督しながら、よくこれだけの研究の蓄積ができたものだと、感じ入った。

私が修業時代にやった古墳の研究は、もっぱら、古墳そのものの発掘と、その構造や出土品の編年研究が中心であった。長い間日本の研究から離れていた私にとって、最近の古墳文化研究の進歩には、ただ驚くばかりである。単に古墳の調査ばかりでなく、古墳時代の聚落・生産・祭祀に関係した遺跡も調査され、古墳時代の考察も、古墳だけでなく、当時の政治・経済・社会についても、その構造や変化を、明らかにする意図でなされている。しかも、それを全国的な視野でとらえようとすれば、その資料は膨大なものとなろう。石野氏の今度の著作は、その辺をねらわれたもののようである。

私は校正刷を読んで、データの量の多さに驚いた。実証主義の考古学としては当然のことであるが、彼の自信の源泉がここにあったのだと知らされた。

ただ、本書で、古墳時代のすべてが解明されたわけではない。古墳時代の軸である天皇陵については、敢えて避けておられる。対外交渉もまた別のテーマである。しかし、国内問題をここまで考察された以上、当然、古墳時代の対外的な諸問題について、著者がどのように考えておられるかを期待するのは、私だけではないであろう。

平成二一年一月二〇日

京都大学名誉教授
橿原考古学研究所所長
樋口隆康

目　次

古墳時代史

序　章

1　古墳時代とは

古墳時代とは、古墳が築造されていた時代である。それでは、古墳とは何か。古墳とは古代の墓である。それでは、古墳時代とは、墓がつくられていた時代のことなのか。墓は旧石器時代以来つくられ続けており、単に墓があるというだけで時代の徴象になりうるものではない。

改めて問う、古墳時代とは何か。墓が単なる埋葬の場にとどまらず、墓において王権継承儀礼が執行されていた時代のことである、という。それでは、墓地で王権継承儀礼が執行されていたことが何故わかるのか。弥生時代や奈良時代の墓地で王権継承儀礼が執行されていなかった、と何故いえるのか。

弥生時代には、無区画の集団墓や区画のある方形周溝墓や再葬墓群が知られている。とくに、方形周溝墓は、墓のまわりに溝をめぐらし、封土を築くという点で「古墳」的であり、墓地での儀礼も行われている。古墳時代を通じて認められる直径一〇メートル前後の小規模古墳と何ら異なるところはない。それにもかかわらず、方形周溝墓を古墳とよばないのは何故か。方形周溝墓は、普通十数メートルの大きさであり、とびぬけて大きいものはなく、さらに多くの場合群集している。古墳には、とびぬけて大きく、単独でつくられるものがある。仮りに、方形周溝墓で王権継承儀礼が行われたとすれば、その群集性の故に、あまりにも多くの王がおりすぎることになり、また仮りにとくに顕著ではなくても、その中の特定墓が王墓であったとすると、王は一般構成員と共にとくに区別されることなく葬られていることとなり傑出性が認められない。なるほど、北部九州の甕棺墓には、鏡などの多くの財宝をもつ墓が存在する。しかし、これとても集団墓地の中に埋もれ、埋葬後の傑出性は認められない。つまり、弥生墓の中から、いまの県単位の範囲を支配したと思われる王墓を見出すことは難しい。

奈良時代には、のちの殿上人に相当する位階をうけていた太安萬侶墓でさえ、直径四・五メートルの低い盛土の下の一辺二メートルの墓壙の中に葬られていたように、墓は墓であり権威を象徴する場ではなくなっていた。記紀によれば、もはや皇位継承儀礼は宮庭で行われていたのである。

日本史上、墓地において王権継承儀礼を行い、墓を権威の象徴とした時代は他にない。ここに、古墳時代が一つの時代区分としていま存在し得ている基盤がある。

しかし、古墳時代という時代区分は将来とも存立しうるであろうか。単に王権継承儀礼の場が墓地であった、という程度の時代徵象で日本史上の一時代を画しうるのであろうか。生産基盤は、弥生時代以来の農業にあり、とくに変わるところはない。方形墓という規格性をもった墓は、弥生時代前期末以降、日本列島の各地域に拡まっている。古墳時代という時代区分は、世界一といわれるあまりにも巨大な前方後円墳に目を奪われた日本考古学史上の偉大なる誤算であり、時代区分論としては、弥生時代と古墳時代を一つの時代として認識しうる日が来るのかもしれない。

2 古墳編年の展望

なぜ、古墳の編年が必要なのか。古墳時代は、弥生時代と飛鳥・奈良時代の間の日本史上の時代区分として定着しており、古墳は古墳時代を象徴する政治的記念物だからである。古墳を編年することによって、古墳時代の政治史を解きあかすことが可能だからである。

しかし、古墳は古墳時代のすべてではない。集落・生産・祭祀などにかかわる多くの遺構が存在し、それらによって古墳時代史が成り立っている。したがって、古墳時代の時期区分は、これらを総合して行うべきであり、墓の変遷だけで時代が語れるものではない。ただし、本書では、冒頭に述べた古墳の本来的性格を理由として、古墳そのものの相対編年をめざそうとするものである。

古墳編年の方法には、相対編年と絶対編年とがある。相対編年は、古墳のさまざまな要素をとり出して、各要素ごとに編年した上で古墳の相対的な年代を考定する。例えば、×古墳をA・B・C三古墳と各要素ごとに比較したのが下の表である。その結果、×古墳は、A古墳よりは新しく、B古墳よりは古く、C古墳よりはやや古相をおびるがほぼ等しいことがわかる。

絶対編年は、相対編年に用いた各要素の中から暦年代のわかる遺構・遺物を抽出し、それを基準に暦年代を求める。実例として、『全国古墳編年集成』七九頁の一

古墳編年の方法

古墳名					副葬品				
	墳形	埋葬施設（槨）	（棺）	埴輪	鏡	刀剣	農工具	石製品	土器
A	＜	＜	○	＜	＞	＞	○	＜	＜
B	＞	＞	＞	＞	○	○	＞	＞	＞
C	＞	○	○	○	＞	○	○	＞	○

※凡例　古＞　○　＜新

瀬和夫氏作成の表をごらんいただきたい。一瀬氏は、古式土師器・須恵器・埴輪をそれぞれ編年し、それを基準に、近畿の主要な「参考とする古墳」を位置づけた上で、各古墳の要素をもとに編年している。この中で暦年代を推定できるのは、埼玉稲荷山古墳の四七一年、今城塚《いましろづか》古墳を継体陵として五三一年、見瀬《みせ》丸山古墳を欽明陵として五七一年、天武・持統陵の六八六年などである。この他、II期の埴輪をもつ奈良県新山《しんやま》古墳の金銅帯金具の形が中国の周処墓（二九七年）や大刀山塼墓（三二四年）と類似することから同古墳を新しくみても三五〇年頃として、暦年代の定点とすることができる（注1）。

以下、古墳の相対編年、絶対編年の実態について、いくつかの要素をもとに述べておきたい。古墳には、立地・墳形・埴輪・埋葬施設・副葬品などの種々な要素がある。

(1) 立地と墳形

立地　前期古墳は高所に、中期古墳は平地に、後期古墳は山麓・丘陵にという一般的傾向は必ずしも認められない。古墳出現期には、弥生時代以来の墳墓立地の系譜をひいて、集落縁辺部に大型古墳を築造する例（奈良県箸中山古墳〈箸墓古墳〉など）があり、後期には平地の小型墓群の存在を推測しうる。それぞれ一定領域の中での古墳、ならびに古墳群の立地の意味が求められねばならない。

墳形　前方後円墳が前・中・後期を通じて形態変遷していることは古くから指摘され、築造企画については近年多くの人々によって検討されている。築造企画は、単に平面形だけではなく、立面形を加味した研究へと進む傾向が認められることは妥当である。その結果、左右対称で段築をもつ整然とした前方後円墳は必ずしも多くはなく、箸中山（「箸墓」）古墳の前方部側面の無段築（注2）、渋谷向山古墳（「景行陵」）の前方部端外郭の方形壇付設（注3）をはじめ、中期大型前方後円墳にも左右非対称（片直角）の形態（注4）が認められるなど変異型が多い。このことは、平均的に求められた「定型化した前方後円墳」が成立したあとにも、「非定型」の大王墓が存在することを示していて、「定型化した前方後円墳」の変遷を追う利点の中にひそむ危険性を示すものであろう。

その上、古墳時代人が墳丘平面形をさほど重視していない可能性も考慮しなければならない。具体的には、四世紀の前方後円墳である長野県森将軍塚古墳と滋賀県雪野山古墳を例として考えてみよう。二つの古墳は、それぞれ山腹・山頂のせまい尾根に築かれている。かつての集落からの眺望はよいが、一定規模の墳丘を築造するのは難しい。二つの古墳は、それでもあえてこの場所を選び、全長一〇〇メートルと七〇メートルの規模を確保している。そのため、墳丘の平面形は当初から変形してしまった。森将軍塚古墳は後円部を円形にすることを放棄し、雪野山古墳は前方部先端を斜めにしてしまった。つまり、二つの古墳をつくった人々は、立地と規模を重視して墳丘平面形を犠牲にしたのである。類例は、政権中枢の奈良県柳本行燈山《あんどんやま》古墳（「崇神陵」）や京都府椿井《つばい》大塚山古墳の半分欠けた後円部にも当てはまる。二つの古墳は、比較的広い山麓に立地しながら後円部を大きく欠いてしまった。

古墳時代人がさほど重視しなかった墳丘平面形を編年の基準とするとき、「定型化」というフィルターで墳形を覆わずに直視した上で行うべきである。

(2) 墳丘外表施設——葺石と埴輪

葺　石　葺石墓は、弥生中期以降の西日本に点々と認められ、古墳時代に継続する。しかし、初期古墳のすべてが葺石をもつわけではない。香川県鶴尾《つるお》四号墳のように墳丘基底石をもつ積石塚もあれば、京都府黒田古墳や奈良県纒《まき》向石塚《むくいしづか》古墳のように葺石をもたない前方後円墳がある。他方、奈良県中山大塚古墳の調査によって墳丘裾の石垣のような葺石と墳丘内石垣が明らかとなり、長野県森将軍塚古墳の同種の石垣が特異例ではなく一つの墳丘構築技術であることが判明した。このような時に、橋本清一氏によって「古墳葺石の材質」が取りあげられ、京都府南部の古墳葺石の葺き方が詳細に検討された（注5）。中山大塚古墳の石垣から石舞台古墳の貼石に至るまで、古墳葺石にはさまざまな差異がありながら総合的な検討は行われていない。墳丘積土法とともに墳丘構築の土木工学的な変遷と造墓集団の復元のために必要な研究分野の一つであろう。

埴　輪　ここ十数年、円筒埴輪による古墳編年がさかんである。その契機は、一九六七年の近藤義郎・春成秀爾氏による「埴輪の起源」（注6）であり、一九七一年の都出比呂志氏による「京都向日丘陵の前期古墳群の調査」（注7）を経て、一九七八年、川西宏幸氏による「円筒埴輪総論」（注8）へと展開した。とくに川西編年は、多くの人々によって批判・継承され、現在の円筒埴輪による古墳編年の基準となっている。円筒埴輪による古墳編年は、一つの古墳出土の埴輪がさまざまな調整技法によって製作されていても、基本的に有効であることは、川西論文発表後一四年を経過して行われた「河内平野の円筒埴輪」特輯（注9）によっても検証されている。さらに、『全国古墳編年集成』で「河内」を担当した一瀬和夫氏は、古式土師器と須恵器と円筒埴輪の編年を相互に検討し、古墳編年の基礎としている。

円筒埴輪の研究が進めば進むほど、一つの破片、一つの個体では所属時期を特定しがたい場合が増えてくるだろう。また、追葬や儀礼の反復にともなう埴輪のさしかえ・補充もありうるだろう。しかし、基本的には普遍的な資料である円筒埴輪による古墳編年は極めて有効であり、基準資料の検討をくり返しながら永続的に進められるであろう。

(3)　埋葬施設

石・粘土・礫などによる棺被覆施設（石室・粘土槨・礫槨など）の形態変遷は依然として有効である。首長権継承儀礼の復元という視点（注10）から、棺被覆施設の構造、例えば竪穴式石室の石積中断面の有無と同面の副葬品の有無などを認識することによって、石室の機能的変遷にせまりうるのではないかと思われる。

竪穴式石室　椿井大塚山古墳のように高さ三メートルの空間をもつ石室と桜井茶臼山古墳の高さ一・三メートルの石室には明らかに機能差が想定できる。前者の場合、石室に収められた木棺の蓋の上を〝立って歩ける〟ほどの空間であり、後者は〝はって歩く〟ことも難しい。両者の伴出土器はいずれも布留式土器だが、前者・椿井大塚山古墳の方が新しい。空間の広い竪穴式石室は、四世紀中葉に現われ、後半には消滅するらしい。四世紀後半の佐賀県谷口古墳は、長持型石棺をもつ横口式石室で石棺の上に立つことができる。椿井大塚山古墳が広い空間をもったのは、新しい時代の先取りだったのだろうか。

横穴式石室　福岡市鋤先《すきさき》古墳の調査によって竪穴系横口式石室が須恵器出現以前＝埴輪II期＝布留二式期……四世紀後半にはじまることが確認され、驚かされた。北部九州では続いて五世紀はじめまでに横田下型石室と肥後型石室が加わり三類型の横穴式石室が併存する（注11）。近畿では五世紀中葉に大阪府藤ノ森古墳に横穴式石室が現われるが、前方後円墳では六世紀前半の奈良県市尾墓山《いちおはかやま》古墳が初期の例である。その後、横穴式石室は沖縄と北海道を除く列島各地に普及し、七・八世紀へと継続する。横穴式石室は複数埋葬を基本とするため共伴須恵器の認定が難しいが、石室形態と遺物によって地域ごとに石室編年が行われており、確度が高い。

他方、竪穴式石室の機能的変遷と同様の視点で横穴式石室を見ると、石室内の副葬品の原位置の復元的研究（注12）が興味深い。いま見ることができる石室の床面積・室内空間が、儀礼の場として、あるいは骨化の場としての必要性から生まれたのか、それは石室内の棺配置（注13）、遺体の原位置（一次葬か二次葬か）、副葬品の原位置を含めて検討することによって、単なる石室形態の編年ではなく、石室の機能の変遷を追究することが可能であろう。

⑷　副葬品

副葬品個々の編年研究は従来も行われてきたし、当然のことながら今後も必要である。一方、すでに述べたように、葬儀の変遷という視点からは着装品と副葬品の区別、副葬品の埋置状態、組み合わせなどの実態把握が重要である。

明器としての刀剣　中期古墳への武器の多量副葬と言われている中で、京都府恵解山《いげのやま》古墳（注14）のように容易に曲げることのできる——焼入れをしていない同形同大の多量の刀剣類は、当初から「明器」として製作され、納置された可能性を示している。このことは、五世紀における葬儀に対する考え方の変革を示すものであり、実用武器の多量納置とは全く次元の異なる現象であって、時期区分の指標となりうる。前期古墳の宝器的明器から、中期古墳の実用的明器への変革が指摘できるかもしれない。さらに刀剣だけで考えれば、五世紀後半から六世紀に実例が知られている有銘刀剣の納置は、武器型明器の多量副葬から、一種の墓誌とも考えられている有銘刀剣の象徴的副葬への変化と考えることも可能であろう。このような副葬品の質的編年は、副葬品個々の形式学的研究の基礎の上に築きあげて行かねばならないだろう。

鏡　前漢鏡は弥生中期に、後漢鏡は弥生後期にそれぞれ輸入し、副葬した。魏晋鏡は三世紀に輸入したが伝世し、三世紀末～四世紀に副葬した、という。主な魏晋鏡は三角縁神獣鏡であり、三世紀、つまり邪馬台国時代の鏡であって邪馬台国の所在地比定の重要な鍵とされた。そして初期大和政権はこの鏡を各地の王に服属の証として下賜した、という（注15）。以上の小林行雄氏の論文は古墳の年代論にも大きな影響を与え、今日に及んでいる。小林論文は精緻ではあるが、主な根拠はすべて状況証拠である。同型鏡の分有という重要な事実の指摘はあるが、三角縁神獣鏡魏鏡説も、伝世鏡論も、下賜説も新たな検証を必要とする。

とくに近年、土器からみて三角縁神獣鏡をもつ古墳より古い古墳から京都府黒田古墳や香川県鶴尾古墳のように方格規矩鏡や双頭龍文鏡だけをもつ前方後円墳が増加している。もし同型鏡による三角縁神獣鏡体制が存在するのであれば、非三角縁神獣鏡体制を考慮しなければならない。

⑸　古墳の暦年代

古墳時代の暦年代は、いまもゆれ動いている。かつて基準とされた「応神・仁徳陵」は、文献に記されている応神・仁徳天皇の年代をもとに暦年代の基準とすることは難しい。いま、古墳時代の暦年代の基準となりうる古墳は、熊本県江田船山《えたふなやま》古墳、福岡県岩戸山古墳、埼玉県稲荷山古墳、奈良県天武・持統陵、群馬県山の上古墳などに限られる。これらの古墳にしても厳密にはいくつかの問題点をかかえている。

江田船山古墳の鉄刀銘文の大王名は永い研究史ののち福山敏男氏によって「治天下獲□□□鹵」と読解され、定説化していたのが、稲荷山古墳鉄剣銘の出現によって一夜にして「獲加多支鹵」に変更され新たな定説として流布している。確かに稲荷山古墳銘文の検出と検討は画期的なことであり、新釈読の信憑性が高いとしても、また再び一夜にして、の危惧がある。「反正天皇」を「雄略天皇」に変更し、江田船山古墳の石棺や副葬品に暦年代を与え、暦年代の基準資料としてもたれかかってよいものだろうか。

福岡県岩戸山古墳を磐井の墓とすることに対する疑義については、菅谷文則氏の検討がある（注16）。菅谷氏は、風土記編纂段階の磐井墓説が検証されたのであって、真実の磐井墓の比定とは区別すべきであることを主張された。いま岩戸山古墳＝磐井墓説は定説化しており、岩戸山古墳出土の須恵器に暦年代を与え、同型須恵器出土古墳の暦年代の根拠としていることが多い。結果として岩戸山古墳＝磐井墓であるとしても、そこにいたる道程は、より慎重にすべきであるという菅谷氏の指摘は聞くべきであろう。

埼玉県稲荷山古墳については、検出の当初から「辛亥年」が西暦四七一年か五三一年かについて議論があり、現在も決着していない。加えて、くびれ部出土の須恵器群が有銘鉄剣を伴出した礫槨被葬者の葬送にともなうものか、礫槨に先行する中心埋葬施設にともなうものかも明らかではない。筆者は、くびれ部の須恵器群が一形式にまとまっているので数次の追祭祀にともなうものではないこと、中心埋葬施設にともなうとすれば、「辛亥年」よりは古い一群であり、礫槨にともなうのであれば、「辛亥年」に近い年代を与えうることから、いずれの場合でも従来の須恵器暦年代観をひき上げるべきことを示している資料だと考えている。それにしても、さきに示した疑義と有銘鉄剣の性格にかかわる「辛亥年」と鉄剣副葬年次の差も未解決であり、慎重さが要求される。

「暦年代の基準となりうる古墳」の問題点を述べたが、それは基準となりうるが故の試練であり、現段階ではこれらの課題を念頭においた上で、暦年代比定の基準とすべき古墳であることに変わりはない。多くの古墳の諸要素と比較検討した上で、広く及ぼしていかねばならない。

3 相対編年と暦年代

古墳時代の時期区分は、前期・中期・後期の三時期区分と、前期・後期の二時期区分が行われている。後者は、前者の前・中期を一つとし、古墳時代を前半期と後半期に大きく区分する。その根拠の一つは、前半期の古墳が支配者階級のものであるのに対し、後半期には造墓主体が被支配階級に拡大しているという点にある（注17）。このことは、歴史の流れとしては一面正当であり、従うべき時期区分ではあるけれども、いまや前Ⅰ・Ⅱ期にすでに小規模古墳による古墳群が数多く知られている現時点では一概にいい切ることは難しい。中期古墳の時期が、大きくは前半期に含まれることは正しいとしても、「巨大古墳の世紀」とよばれるほどの発展期として、また、前期に比して、武器・武具の多量副葬が認められるという点で慣例として使い続けられている。以下では、三時期区分で記述する。

古墳時代の暦年代比定は、従来主として次のことを根拠としていた（注18）。

① 舶載鏡（漢式鏡・三国鏡など）の一部は伝世し、三国代以降に古墳への副葬がはじまった。したがって、前期古墳の開始は三国代をさかのぼることはない。

② 「仁徳天皇陵」の被葬者は、讃＝仁徳天皇である。

③ 「檜前大内陵」の被葬者は、天武・持統天皇である。

③については、高松塚古墳の発見以降、終末期古墳の研究が進展し、その蓋然性が強まっているけれども、①・②については異論がある。

伝世鏡の根拠とされている〝手づれ〟は、手づれではなく鏡鋳造のときの〝湯冷え〟であるという指摘がある（注19）。また、無理に鏡の伝世を考えなくても弥生時代の北部九州において、中期甕棺には前漢鏡、後期甕棺には後漢鏡が副葬されているように、舶載鏡はさほど時間を経ずに古墳に副葬されていたのではないか。例えば、椿井大塚山古墳をはじめ前期古墳出土鏡の多くは三国代であり、巨視的には弥生時代以来の土器と鏡の対応関係が継続しているとみることができる。つまり、北部九州の弥生時代副葬鏡を洛陽焼溝漢墓の鏡式と対応させて暦年代を考定すれば、弥生時代後期末は西暦二〇〇年前後となり（注20）、したがって古墳時代の開始は三世紀初頭、ないしは前半と考えうるのである。

次に、大山古墳（「仁徳陵」）の被葬者が仁徳天皇であるという考古学的根拠はとくにない。大山古墳前方部出土の遺物群と武寧王陵遺物群（西暦五二三没）の類似性から同古墳を五世紀後半〜六世紀初に下るという森浩一氏の指摘（注21）や、誉田御廟山古墳（「応神陵」）の埴輪が五世紀中葉に比定しうるという近年の成果（注22）と推定されている仁徳天皇の没年とは合致しない。さらに応神天皇と仁徳天皇を同一人物とする直木孝次郎氏の見解や「倭の五王」は九州の王であるとする古田武彦氏の主張（注23）も考慮に入れておきたい。

小林行雄氏は、前期古墳の開始を「三世紀の中頃よりは、はなはだしく降ることはない」とされ、三世紀後半〜四世紀前半を当てておられる。小林氏の古墳出土鏡に関する一連の業績は輝かしいものであり、その分有関係は事実として残るが、年代については修正されなければならない。

なお、白石太一郎氏が奈良県新山古墳と江蘇省周処墓（西暦二九七没）の金銅帯金具の比較や応神陵陪塚丸山古墳と馮素弗墓（西暦四一五没）の馬具の比較を通じて検討された暦年代観（注24）は、両者がはたして同類であるかどうかの疑義がありうるとしても大筋では、正鵠を射ているように思われる。近年における古墳時代暦年代論の一つの到達点を示すものであろう。

注

（1）白石太一郎「年代決定論㈡—弥生時代以降の年代決定—」（『岩波講座　日本考古学』一）一九八五年

（2）白石太一郎・春成秀爾・杉山晋作・奥田　尚「箸墓古墳の再検討」（『国立歴史民俗博物館研究報告』三）一九八四年

（3）石野博信「前期古墳周辺区画の系譜」（第四図）『森貞次郎博士古稀記念古文化論集』一九八二年

（4）宮川　徏「前方後円墳築造企画の『基準尺度』について」（『橿原考古学研究所論集』四　吉川弘文館）一九七四年

（5）橋本清一「古墳葺石の材質」（『前期前方後円墳の再検討』埋蔵文化財研究会）一九九五年

（6）近藤義郎・春成秀爾「埴輪の起源」（『考古学研究』一三—三）一九六七年

（7）京都大学文学部考古学研究室向日丘陵古墳群調査団「京都向日丘陵の前期古墳群の調査」（『史林』五四—六）一九七一年

（8）川西宏幸「円筒埴輪総論」（『考古学雑誌』六四—二）一九七八年

（9）「特輯　河内平野の円筒埴輪」（『古代文化』四四）一九九二年

（10）石野博信「四・五世紀の祭祀形態と王権の伸張」（『ヒストリア』七五）一九七七年

（11）柳沢一男「肥後型横穴式石室考—初期横穴式石室の系譜—」（『鏡山猛先生古稀記念古文化論攷』）一九八〇年

（12）伊達宗泰・岡幸二郎・菅谷文則『烏土塚古墳』奈良県教育委員会　一九七二年

(13) 森岡秀人「追葬と棺体配置—後半期横穴式石室の空間利用原理をめぐる二・三の考察」(関西大学考古学研究室開設三〇周年記念『考古学論叢』関西大学) 一九八三年
(14) 長岡京市教育委員会編『史跡恵解山古墳』長岡京跡発掘調査研究所　一九八一年
(15) 小林行雄『古墳時代の研究』青木書店　一九六一年
(16) 菅谷文則「古墳の実年代」(『季刊考古学』一〇) 一九八五年
(17) 近藤義郎「古墳とはなにか」(『日本の考古学』Ⅳ　河出書房) 一九六六年
(18) 小林行雄『古墳時代の研究』青木書店　一九五一年
(19) 原田大六「鋳鏡における湯冷えの現象について」(『考古学研究』二四) 一九六〇年
(20) 橋口達也「甕棺副葬品からみた弥生時代年代論」(『九州縦貫自動車道関係埋蔵文化財調査報告』三一　福岡県教育委員会) 一九七九年
　橋口氏は、弥生時代末を三世紀中葉とされているが、私見では西新式は庄内式とほぼ併行し、庄内式期には古墳が出現していると考えているので西暦二〇〇年前後とした。
(21) 森　浩一「大山古墳は仁徳陵か」(『古墳と古代文化九九の謎』産報) 一九七六年
(22) 一瀬和夫・伊藤雅文『応神陵古墳外堤発掘調査概要』大阪府教育委員会　一九八一年
(23) 古田武彦『失われた九州王朝』朝日新聞社　一九七三年
(24) 白石太一郎「近畿における古墳の年代」(『考古学ジャーナル』一六四) 一九七九年

第一章　古墳の出現

1　古墳の出現

古墳が三世紀前半に出現していたとすれば、三世紀中葉に没した卑弥呼の「径百余歩」の「冢」は古墳時代の所産であり、邪馬台国は古墳時代の一つのクニということになる。それでは、卑弥呼の冢で、男王、ならびに壱与の王権継承儀礼が行われたのであろうか。倭人伝は何も語っていない。

王権継承儀礼が行われたことを示す考古学的な徴象として祭器と祭場の整備をあげることができる。

祭器の整備は、山陽では壺や器台を祭祀専用具として巨大化させ（特殊壺・特殊器台）、近畿では壺の底部を焼成前に穿孔して儀器化する。そして、鏡・剣・玉の祭場での使用と副葬がはじまる。

祭場の整備は、埋葬施設そのものの巨大化（長大な竪穴式石室）と埋葬施設をおさめる円形、あるいは方形区画の、広い平坦面の造成、円丘部、あるいは方丘部への張出部の付設（前方後円墳、あるいは前方後方墳）、周濠などの墳丘周辺区画の整備、墳丘の巨大化などとして表現される。

これらの要素を典型的に備えた王権継承儀礼の場としての墓地は、前方後円（前方後方）墳で長大な竪穴式石室・割竹形木棺を埋葬施設とし、鏡・剣・玉の副葬品を備え、特殊壺・特殊器台・儀器化した壺などから発展した埴輪をもつものである。

近藤義郎氏はこれを定形化した前方後円墳とよび、前方後円墳の定形化をもって古墳時代の開始とされ、その前段階に墳丘墓の段階を設けられた(注1)。近藤氏のいう墳丘墓とは、主として盛土によって構築された定形化以前の首長墓である。突出部→前方部、列石→葺石、特殊器台→埴輪というように墳丘墓がもついくつかの要素が定形化して古墳の各要素に連なる、という。都出比呂志氏はさらに敷衍して、墳丘墓段階には突出部端に溝をもたず他との隔絶性が顕著ではないが、古墳は前方部そのものが高さをもち、他との隔絶を示すという。

定形化した前方後円墳を古墳ではないという人はないだろう。そうすると問題は次の二つにしぼられる。

(1)　定形化した前方後円墳はいつ現われるのか

(2)　「墳丘墓」は弥生墓と古墳のどちらの要素をより強くもつのか

(1)については、土器との共伴関係によって相対的に時期を限定しうる二、三の例を紹介しよう。

豊前赤塚古墳は、全長五七メートル余の前方後円墳で、箱形石棺から四面の三角縁神獣鏡をはじめとする多くの副葬品が検出されている。近年、周濠内から纒向2・3式(庄内式)の壺口縁部が検出され、当該時期の可能性が考えられるようになった(注2)。

奈良県箸墓古墳は、全長二七〇メートル余の前方後円墳である。埋葬施設、副葬品については明らかではないが、後円部頂と前方部頂から検出された壺は纒向3式である(注3)。

この他、庄内式期で前方後円形の墳丘をもつ古墳としては、福岡県神蔵古墳、愛媛県唐子台一五号墳、兵庫県横山一号墳、静岡県新豊院山D二号墳などがあり、決して少なくはない。

なお、纒向3式(新)(纒向遺跡辻土坑4の土器群)を布留式土器の範疇で捉えようとする考え方があり、それによって上記の古墳を布留式期に含めようとする考えがあるが、同期には布留式土器の特徴である布留型甕をはじめ小形丸底壺・小形器台・小形鉢型土器がセットとしてともなっていない段階であり、採用することはできない。

(2)については、近藤氏があげておられる墳丘墓の特性がすべて弥生墓よりは古墳に近い属性であり、墳丘墓は古墳的と考えざるを得ない。古墳的ではあっても古墳ではないという反論に対しては香川県石清尾山猫塚古墳の例が興味深い。石清尾山猫塚古墳は、従来、双方中円墳として紹介されていたが、近年の検討によって、双方中方墳、もしくは二隅突出型方形墳とでも称すべき墳形である可能性が強まった。同古墳には九

古墳一覧表

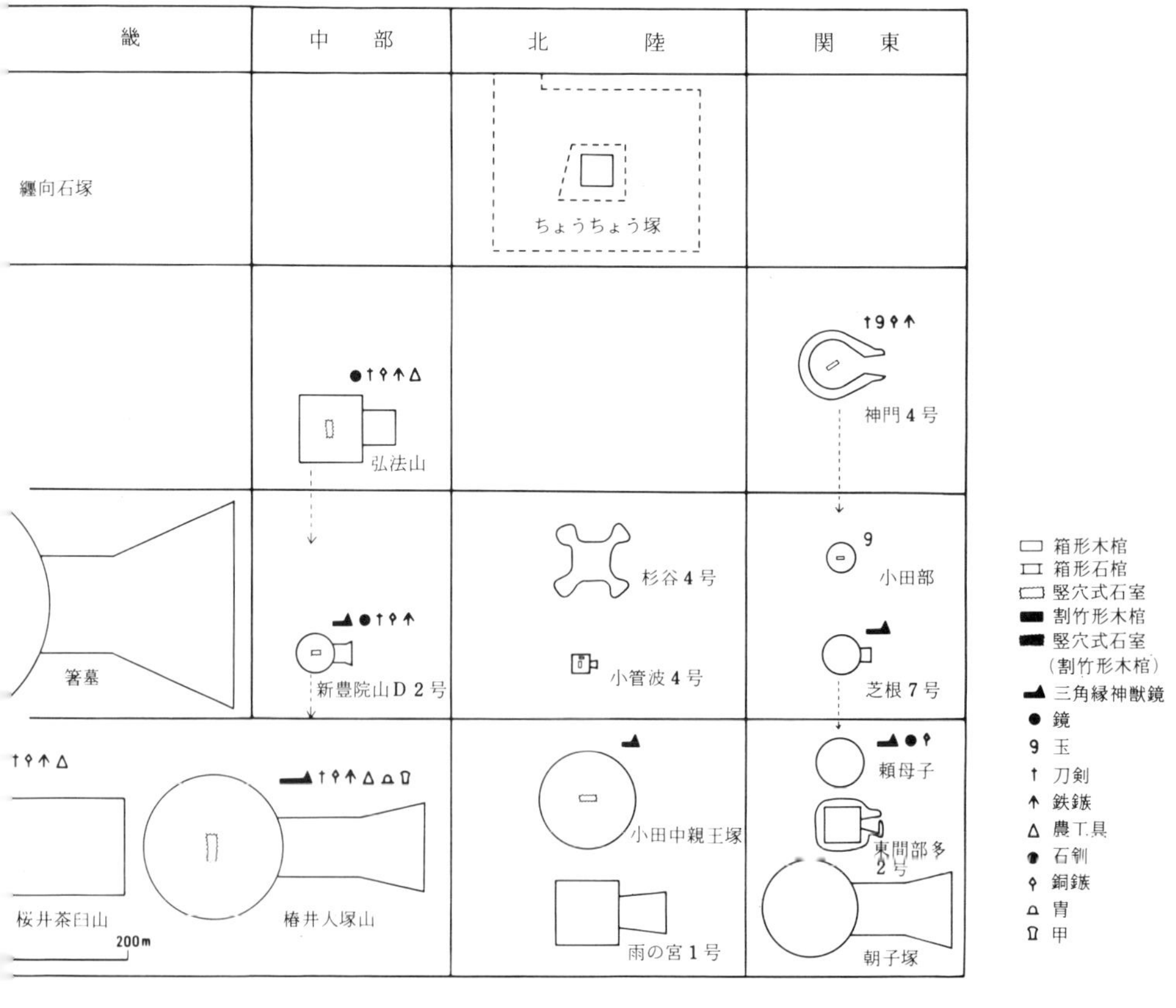

基の竪穴式石室があり、三角縁神獣鏡をはじめ鏡・剣などが副葬されている。埋葬施設と副葬品は定形化した古墳と同じであり、墳形は定形化以前の形態をもつ。これは、墳丘墓なのだろうか、古墳なのだろうか。

この他にも墳丘墓とされている岡山県宮山墓や兵庫県天王山四号墳、奈良県見田大沢四号墳などに鏡・剣・玉が副葬されており、墳丘墓の概念がきわめて曖昧であることを教えている。

なお、前方部端が区画されていないことを根拠として墳丘墓と古墳を区別しようとする都出氏の考え方は説得的でない。周濠をもつ前方後円墳では、周濠幅は後円部側が広く、前方部側が狭くて浅いのが通例である(注4)。狭い周濠部分に隔絶性を

表—1　出現期

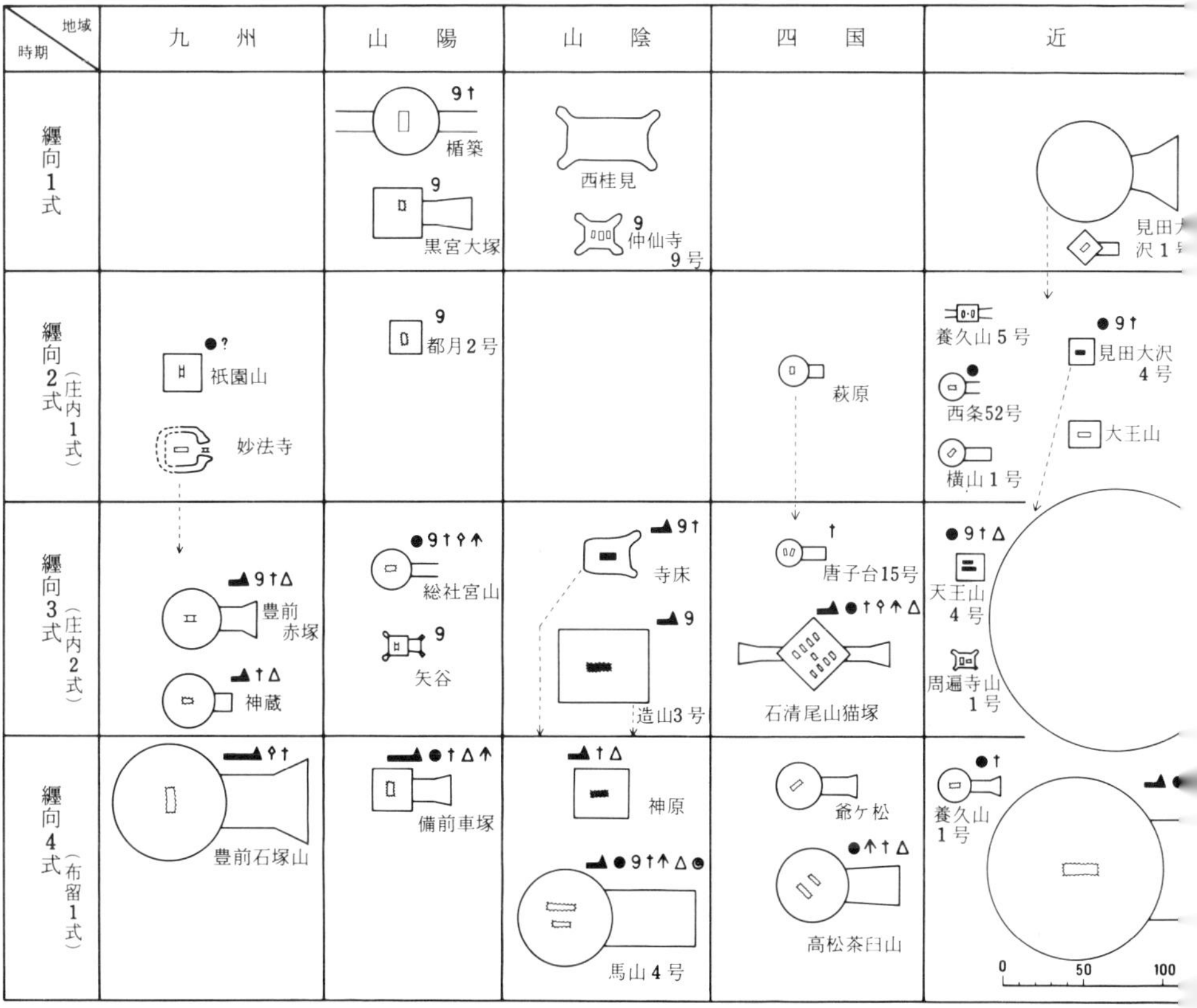

象徴させることはできない。

「古墳とは何か」という近藤氏のすぐれた論考を是とし、「墳丘墓」を非として古墳とは何か、を考えてきた。古墳とは、専用の祭具をもち、整備された祭場をもつ墓である。具体的には、近藤氏のいう墳丘墓の属性が古墳の属性なのである。特殊壺・特殊器台・焼成前穿孔壺に見られる専用祭具の成立こそ重視すべきであろう。

このように考えて出現期の古墳を地域別に整理したのが表一—1である。纒向1式期を前後する頃、岡山には楯築《たてつき》古墳や黒宮大塚古墳が現われ、奈良には纒向石塚古墳が出現する。以下、纒向2・3式期には各地域に拡まり、継続する。詳細は別稿を参照されたい（注5）。王の中の王＝大王墓とよばれるにふさわしい最初の古墳が箸墓であることは一目瞭然であり、ここから大王の世紀がはじまる。

2　古墳出現期の地域性

土器

長野県箱清水式・座光寺原式、群馬県樽式、埼玉県吉ケ谷式の各土器形式のうち、樽式土器に古式土師器（S字口縁甕・小型器台）をともなう事例が報告され、また箱清水式土器の末期に外来系土器が認められることが明らかにされた。

このことは、従来弥生時代後期と認識されていた土器が、小型丸底壺が出現する段階まで継続して製作・使用されていたことを示す。このような例は、鹿児島県成川式・福岡県西新式・近畿第5様式・愛知県欠山・元屋敷式・茨城県十王台式の各土器形式にあり、一般的な傾向である。例えば、近畿地方では弥生後期の叩目調整を行う甕形土器と同種の甕（穂積型甕）が庄内式期には庄内型甕と約1：1の割合で存続し、布留式期にも一部継続している。そしてまた、庄内型甕を製作していない和歌山県では、穂積型甕が庄内併行期の甕の主流をなしている。

いいかえれば、各地で弥生時代後期の伝統的土器形式が、大きな変化をみせずに近畿の庄内式・布留式併行期まで継続していたのである。このように考えることによって、日本列島各地での庄内式併行期無人地帯をもたらすような土器形式変遷観をさけることができる。

周溝墓の継続性

埼玉県では、周溝墓が高塚古墳の出現とともに消滅するという、周溝墓発見の初期に提唱され、その後類例の増加によって否定された考え方が、再び近年の資料を整理した上で提示されたことは驚きである。

大阪府七ノ坪遺跡では五世紀の周溝墓が、奈良県矢部遺跡では六世紀の周溝墓がそれぞれ検出されている。とくに、矢部遺跡では庄内式期から六世紀にいたる周溝墓群が溝を共有して連接しており、まさに周溝墓としての継続である。兵庫県鎌田古墳群などでは丘陵尾根を小さく区画するだけの四・五世紀の低墳丘墓が累々と築かれているのが通例である。

古墳時代には、低塚と高塚の二つの系譜があったのではないだろうか。低塚は、弥生時代前期から周溝墓・台状墓として連綿として続いていた。その中には、福岡県藤崎第六号方形周溝墓のように三角縁二神二車馬鏡をもつものや、近畿・関東の各地で見られる前方後方形周溝墓を含む。低塚階層の中に、さらに階層差が存在することを示しているが、それは決して集団墓から飛び出していない。

大阪府美園古墳、同萱振古墳や長野県佐久市北西久保第一号墳のように、一辺、あるいは径一〇～一五メートルの五・六世紀の低墳丘墓で、多くの形象埴輪をともなう例も低塚系譜の存在を示すものであろう。

前方後円(方)形周溝墓の共通性

前方後方形周溝墓の初現型は、弥生時代後期に認められる方形周溝墓の一片中央にだけ通路をもつ形態であろう。奈良県黒石十号墓(弥生後期後半)は、台状部から見て突出部右周溝を三角形状につくっている。突出部両側周溝を三角形状につくる形態は、大阪府加美《かみ》第一四号墓(庄内式期)や千葉県神門《ごうと》四・五号墳(庄内併行期)に認められる。この形態のまま突出部前面に周溝を廻せば、自ら幅のせまい周溝となる。それが群馬県堀ノ内CK二号墓・同矢中村東第三号墓や埼玉県石蒔B第四号墓などであり、奈良県纒向石塚古墳も同様である。

このように考えると、関東・近畿・九州各地の前方後方(円)形周溝墓は、相互に無関係に出現したのではなく、ある地域で生まれ、他の地域に伝播したと考える方が妥当であろう。現段階では祖型である黒石十号墓と継続する加美一四号墓を根拠に大和・河内を出現の地としておきたい。

そうすると、次のような検討すべき課題が浮かんでくる。

① 前方後円形墓と前方後方形墓を同列に扱ってよいか。

② 他の墳形―中円双方形墓・中方双方形墓・四隅突出方形墓などとの関係

①について意図的な解釈を加えれば、九州の庄内型甕がほとんど大和型に限られていることを根拠に大和と九州(福岡県妙法寺一号墓)との関係を想定し、相応じて河内と南関東との関係を求めることができる。しかし、類例の少ないいまは、このような系譜関係を無理に求めるべきではなく、むしろ突出部三角形状周溝を共有する点を重く見て、両者の強い関係を記憶しておく方がよいように思われる。

②については、中円双方形墓(岡山県楯築)と中方双方形墓(兵庫県養久山五号墓)が瀬戸内中部に、四隅突出方形墓は山陰と北陸にそれぞれ知られており、①の系譜とは無関係に各地の努力によって創出されたと考えておきたい。

3　前期大型古墳の展開

奈良県の一画に成立した最初の大王墓＝箸墓古墳以降、東北南部から北部九州の各地域に前期大型古墳が築造される。分布の大要は図一―1のとおりである。

前方後円墳で竪穴式石室か粘土槨で割竹形木棺を覆い、鏡・剣・玉を副葬する古墳は畿内型古墳とよばれる。畿内型古墳は、前期古墳二二〇余のうちの五七パーセント（一二〇基余）を占め、分布の中心は近畿にある。近畿では、奈良・京都・大阪・兵庫に多く、和歌山にはない。畿内型古墳がヤマト政権を象徴するものであるとすれば、ヤマト政権の力は和歌山におよんでいなかったことになる。近畿周辺部で和歌山と同じ傾向をみせるのは、愛知と三重である。愛知・三重は弥生時代以来特色ある地域圏を形成しているところであり、そのことと畿内型古墳が少

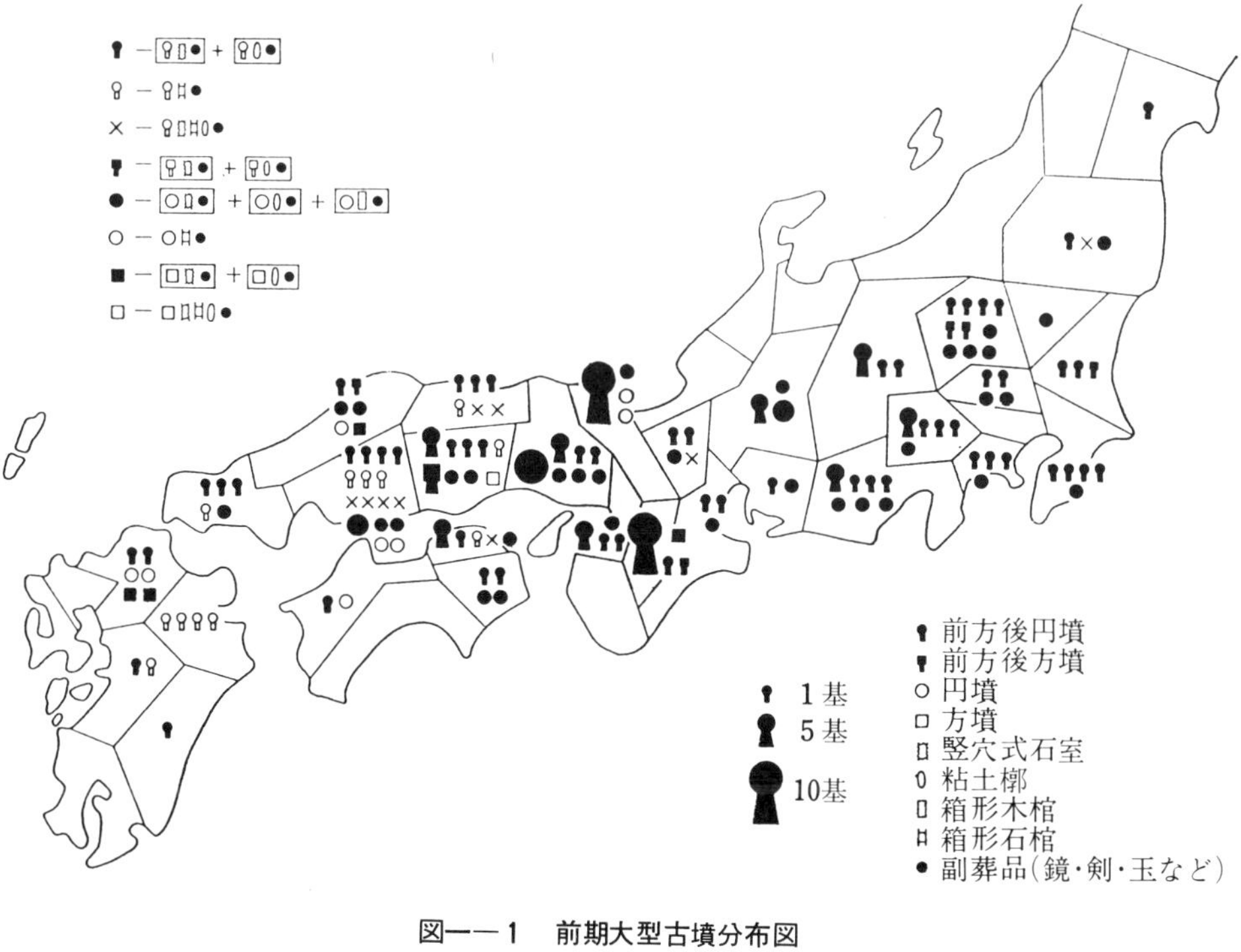

図一―1　前期大型古墳分布図

ないことが関連するのかもしれない。むしろ、より東方の静岡と長野・山梨には畿内型古墳が多い。前者は独自的であり、後者は畿内的といえるかもしれない。畿内的傾向は少ないながらも関東にも認められ、点的には東北南部におよぶ。

北部九州には畿内型古墳は少ない。福岡二基、佐賀一基だけであり、関東の状況とは異なる。畿内型古墳が関東と同程度に分布するのは香川・広島までである。西日本では畿内型古墳と同型であっても異なった類型に属する播磨型古墳（円墳＋竪穴式石室・粘土槨・割竹形木棺＋鏡・剣・玉）や異質な豊後型古墳（前方後円墳＋箱形石棺）が介在し、広島のようにそのすべてがほぼ対等に併存するというあり方を示す地域も認められる。

近畿の前期古墳は、確かに巨大であり、副葬品も多量であるが、西日本でそれを中央政権と意識した地域は岡山と香川にすぎず、他は大地域の中の限られた首長だけが連携を保ち、同地域の多くの首長は独自な墓制を継続し、相互の連携を強めていたものと思われる。静岡以東の中部・関東は、西日本とは異なり、ヤマト政権を中央政権と意識した首長が比較的多かったようである。ヤマト政権は、東方との連携を背景として西日本への拠点的な拡張をはかったのであろうか（注6）。

4　小型古墳の意義

とくに古墳時代前期には、いわゆる畿内型古墳と称される大型古墳とそれに準ずる古墳が注目を集め、群集する小型古墳の存在が忘れられがちである。

弥生時代以来の方形周溝墓群は古墳時代に入っても各地域に継続して営まれている。これらは、古墳時代の墓という意味で古墳にはちがいないが、いま問題としている小型古墳はこれらとはやや趣を異にしている。方形周溝墓の系譜をひく墓は、従前と同様の低墳丘で副葬品をもたず、埋葬施設は箱形木棺が多い。前代と異なるのは、群馬県下郷遺跡（石田川式期＝布留式併行）のように群内にやや大型の前方後方形周溝墓をもったり、一辺中央に陸橋部をもつものが増加する点などである。これ自体、共同体の墓地にありながら他とは異なる墓制を採用する個人の出現を示すものであり重要であるが、小型古墳からなる古墳群は、共同体の墓地から抜け出て、自らだけで墓地を占有する階層の出現を示している。

奈良県磐余《いわれ》池の内古墳群が一つの例である（注7）。

磐余池の内古墳群は、前期大型古墳として著名な桜井茶臼山古墳やメスリ山古墳の西方一・二キロの丘陵上にあり、径一〇メートル〜二五メートル余の円墳八基からなる。埋葬施設は、長さ三メートル〜六メートル余の箱形木棺・割竹形木棺で、副葬品としては三角縁竜虎鏡など五面以上と車輪石・刀剣・短甲などを出土している。

確かに磐余池の内古墳群は前期小型古墳群の中では傑出した副葬品を所持しているけれども、これが大和だけの特殊性でないことは岐阜県竜門寺古墳群のあり方や近年調査された福岡市藤崎の方形周溝墓の箱形石棺から三角縁二神二車馬鏡が検出されている（注8）ことによってもわかる。菅谷文則氏が、小林行雄氏の「大和にはいまさら鏡をあたえて手なづけねばならぬほどの有力者はなかった」という推論に事例をあげて反証している（注9）ことの意味を、前期小型古墳の性格を考えるためにも検証しなければならない。三角縁神獣鏡が大和政権によって「服属の代償」として配布されたのであれば、何故、磐余池の内古墳群や藤崎方形周溝墓に副葬されているのであろうか。これを配布をうけた地域首長による再配布という一面的な解釈だけではなく、菅谷氏も指摘されるとおり、「著しい政治性以外の性格が鏡にあった」と考えることも可能であろう。また地域首長から再配布をうけたものであるとすれば、方形周溝墓を含めて前期小型古墳の政治的性格が問い直されなければならないことになる。

5　古墳前期の薄甕と厚甕

伝統的厚甕の継続使用

弥生時代後期以来の伝統的甕が、古墳時代前期にいたっても製作され使用されている地域は多い。その主な地域を上げれば次のとおりである。

南部九州—成川式土器（成川型甕）
北部九州—西新式土器（西新型甕）
近畿—穂積式土器（穂積型甕）
北関東—樽式土器（樽型甕）
北関東—十王台式土器（十王台型甕）

（　）内の○○型甕という呼称は、○○式土器の中の一つの甕のタイプを示す。

これらはすべて器壁の厚い甕（厚甕）である。これらの厚甕はそれぞれの地域で、古墳時代前期にまで継続することが知られている。

成川型甕は六世紀、西新型甕と穂積型甕、樽型甕、十王台型甕はそれぞれ布留式併行期に継続する。これらの伝統的な厚甕が継続する中に、器壁の薄い甕（薄甕）が搬入されていることもよく知られている。この現象については政治的な解釈がされることが多い。はたしてそうだろうか。本節ではそのことについて考えてみたい。

薄甕の伝播

北部九州の西新式土器は、近畿弥生5様式から庄内式にかけて使用された土器である。そのことを証明するのが近畿の庄内型甕の北部九州への搬入である。北部九州の庄内型甕は、西新式土器にともなって検出される。その庄内型甕は、多くは庄内大和型甕であり、庄内河内型甕はきわめて少ない。例えば、大分県安国寺遺跡や、福岡県柏田遺跡の庄内型甕は大和型であり、数少ない例として福岡県今川遺跡の庄内河内型甕がある。現在、北部九州で知られている庄内型甕を出す遺跡は三〇遺跡に及び、西日本の中では比較的多い地域である。

中部瀬戸内地域には弥生時代後期に上東式土器が発達しているが、庄内式併行期になって酒津式土器（酒津型甕）が盛行する。上東型の甕も酒津型の甕も共に薄甕であり、この地域には岡山市百間川遺跡や、総社市加茂遺跡などに一部認められるものの、近畿の薄甕である庄内型甕はほとんど入っていない。

近畿の弥生時代後半は厚甕の地帯である。庄内式の段階になって厚甕が五〇パーセントほど残ると共に、薄甕である庄内型甕が生まれる。その後、厚甕は小型化し、数を減らしながらも布留式の段階まで継続するけれども庄内型甕が増加し主流を占め、さらに布留型甕へと継続していく。近畿地方は庄内式段階にはこのように薄甕が主流の地域になるけれども、他の地域の薄甕、例えば東海地域の断面S字状口縁甕、中部瀬戸内の酒津型甕などが近畿の中に入ってくる。東海地方では、弥生時代後期の終わりから庄内併行期にかけて欠山式土器が発達する。その中に薄甕である断面S字状口縁甕が発達する。この甕はきわめて伝播力の強い甕で、西は近畿地方、東は関東にまで広い範囲に拡散している。東海地域は庄内

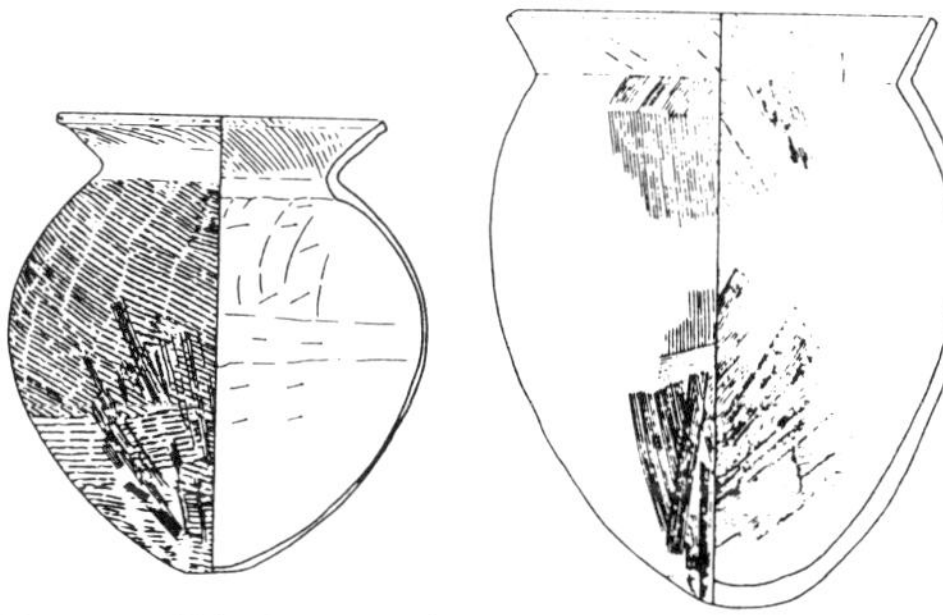

図1―2　北部九州の庄内型甕（左）と西新型甕（右）
（福岡県三雲遺跡サキゾノ1区1号住居出土）

併行期にはこのようにS字口縁甕主流の地域であって、他の地域の甕の搬入はほとんど認められない。ただその中で三河の伊保遺跡など、近畿の厚甕を主流とする遺跡は特異な存在である。

関東は弥生時代後期から古墳時代前期にかけて厚甕の地帯である。南関東の千葉県市原市周辺など、各地で近畿の厚甕である穂積型甕が集中的に出土するのは特異な現象である。代表的な例としては千葉県市原市神門四号墳・五号墳の地域がある。

北関東には弥生時代後期から庄内式にかけて樽式土器が分布する。樽型甕は胴部に櫛描文を飾る長野県と共通する特色をもった厚甕である。群馬県の地域が薄甕地域になるのは布留式の段階で、その時期には石田川式土器の一つのタイプとしての薄甕である石田川型甕が成立する。これは東海地域の口縁S字型甕とまったく同じ形態のものであり、布留併行期の群馬県地域の甕の主流をなす。従来、群馬県では樽型甕から石田川型甕へという変遷が考えられていたが、最近、樽型甕と石田川型甕と併行する東海地域のパレススタイルの壺の共存が知られるようになってきた。群馬県渋川市中村遺跡などがその例である。つまり、群馬県の地域は厚甕地帯での薄甕の移入地域であり、次の段階には薄甕が主流となる地域である。同じく北関東の茨城県の地域には、弥生時代後期から古墳時代前期にかけて十王台式土器が分布し、

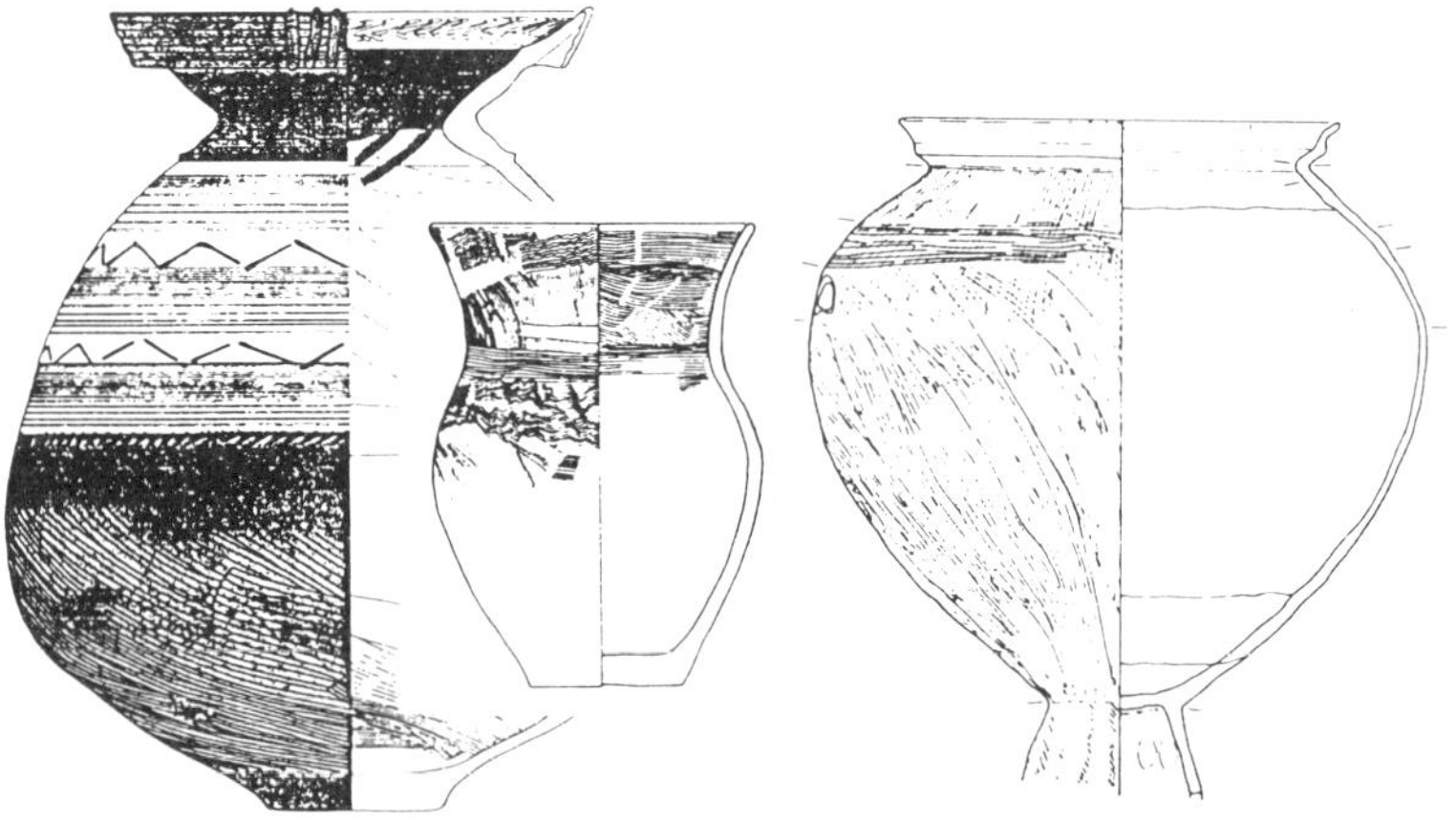

図—3　北関東の樽型甕(中央)とS字口縁型甕(右)
(左2点—群馬県中村遺跡周溝墓　右—同下郷遺跡SK13)

十王台型甕は同じく厚甕であるが薄甕は流入していない。

薄甕・厚甕移動の背景

以上、各地域の状況を概観したが、弥生時代後期から古墳時代前期にかけては各地域で弥生時代後期の伝統的な厚甕が継続すると共に、古墳時代初頭である庄内式期になって薄甕が生まれ、広く移動する状況を見ることができる。例えば酒津型甕は九州、近畿そして山陰に広まり、庄内型甕は九州と山陰に拡まり、一部関東に及ぶ。S字型甕は関東地方に広く分布すると共に近畿地方に及ぶ。この薄甕の移動の中で顕著なのは、九州への庄内型甕の拡散である。西新型甕は厚甕であり、その地域に薄甕である庄内型甕が強く分布することは先に指摘したが、近畿を中心とする庄内型甕が吉備地方にはほとんど姿を見せず、北部九州に比較的数多く分布するのはきわめて示唆的である。

吉備は弥生後期以来、薄甕地帯であり、薄甕を搬入する必要性を認めなかった。それに対し北部九州は厚甕地帯であり、薄甕を積極的に受け入れたと考えることもできる。ただそれならば、なぜ、より近い地域の吉備の薄甕である酒津型甕が北部九州にもっと数多く認められないのかという問題が残る。

北部九州には近年、柳田康雄氏によって指摘されているように、前期古墳である福岡市原口古墳と、同じく那珂八幡古墳などが奈良県纒向石塚古墳と同タイプの墳丘をもつことが指摘されている（『日本の古代』第五巻）。纒向石塚古墳の墳丘は寺沢薫氏の復元によれば、後の前方後円墳とはやや異なった設計原理に基づいており（『橿原考古学研究所論集』第六）、それが北部九州地域に存在するということの意味は大きい。そのような背景があって、庄内型甕が北部九州地域に広く分布しているのかもしれない。酒津型甕が近畿地方に比較的数多く出土するのは、布留式の段階になってからである。酒津型甕の近畿への移入は、薄甕地帯への薄甕の移入であり、これも単なる文化現象とは考え難い。

吉備地域には弥生時代後期の後半以降、器台の特殊化とそれと結びついた特殊な文様をもつ特殊器台系埴輪が成立し、それが奈良県箸墓古墳や同じく西殿塚古墳などに使用されていることは著名である。大和の大王墓クラスの大型前方後円墳に、吉備と同系の特殊器台系埴輪が用いられているということは、当時、大和と吉備との両地域の王が共通する祭祀をもっていたことを示している。ただし、特殊器台系埴輪の生成は、吉備地域でその発展系譜がたどれるものであり、共通する祭祀の主体者は吉備地域と考えなければならない。その背景が酒津型甕の近畿への進出と見ることができるのではないだろうか。

東海地域のS字型甕は、積極的に東方に拡がっている。尾張の地域は伝統的に西方の文化を消化して東方に伝える役割を果たしているように見受けられる。その一つは弥生時代前期の遠賀川式土器、つまり米作りを尾張平野に取り入れ、その技術と共に尾張在地の水神平系土器の東方への拡散が認められる。それは山梨県においても、あるいは福島県においても水神平系の土器が出土していることによってわかる。古墳時代前期初頭のS字型甕の東方への拡散も同じように考えることができるであろう。それは北関東、群馬県の厚甕地帯への強い伝播である。ただしそれは、厚甕地帯への薄甕の伝播であって政治的な理解よりは文化的な現象と考える方がわかりやすい。

高橋一夫氏は、関東の前方後方墳の分布とS字型甕の分布を照合して、古墳時代前期における尾張の将軍の東征を説いておられるが、神奈川県における伊豆半島のつけ根の地帯などのように、S字型甕が多いけれども前方後方墳が見当たらないというように、両者の分布は必ずしも一致しない。S字型甕の分布は文化現象と考えた方がよいように思われる。ただし奈良県纒向遺跡などに見られるように近畿地方へのS字型甕の多量な分布は、薄甕地帯への薄甕の分布であって単なる文化現象とは考え難い。尾張氏の発生については葛城山麓であろうという伝承があるけれども、それと尾張のS字型甕の分布を結びつけて考えることは難しい。尾張の勢力の積極的な近畿への進出と、それによる尾張と近畿との緊密な関係を考えておきたい。

先に南関東への穂積型甕の特異な分布を述べたが、千葉県市原市神門四号墳は福岡市那珂八幡古墳などと同じく、纒向石塚古墳と同系の墳丘形態をもっている。その背景として、厚甕地帯への厚甕の分布という特異な現象が見られたものと理解しておきたい。

なお、山陰には弥生時代後期から古墳時代前期にかけて特色ある土器が分布しており、それらは西は九州から日本海域、東は日本海域を経て関東地方にまで分布している。山陰におけるこの段階の特色ある文化は、四隅突出形方墳である。まさに四隅突出墓体制と呼ぶべき地域的な広がりをもっている。土器の広範な分布に対応する四隅突出墓として、兵庫県加西市周遍寺山古墳や、富山県杉谷四号墳のように、かけはなれた地域への四隅突出墓の分布が認められる。

庄内式段階は各地域、筑紫にも吉備にも出雲にも大和にも尾張にも関東にも王が存在し、それぞれがそれぞれの領域をもち、互いに提携し、あい争っていた段階であろう。そのような社会の動きは薄甕地帯への薄甕の移動、あるいは厚甕地帯への厚甕の移動、あるいは厚甕地帯への薄甕の移動というような現象に反映されているように思われる。

6　長野県弘法山古墳の検討

はじめに

弘法山古墳は、長野県松本市に所在する前期前方後方墳であり、すでに斎藤忠氏らによって報告書が刊行されている（注10）。

報告書では、「弘法山古墳に見られる諸特質」について、次のように要約されている。

弘法山古墳は、比高六〇メートルの丘陵突端にある全長六六メートルの前方後方墳である。埋葬施設は、「一種の竪穴式石室」であるが、「河原石をもって積み、天井石をそなえず、かつ床面もあらく、その面に礫石を敷いたものであり、この点やや粗雑な形式といえる」。しかし、「外被施設としての控え積み石は、広くかつ厚く、まことに雄大な構築を示している」。副葬品は、「鏡（四獣鏡）一面、ガラス小玉（四八一顆）、鉄剣三、鉄斧一、銅鏃一、鉄鏃約二一本」などである。埋葬施設の上からいくつかの土器が検出されているが、「在地の弥生式土器の系統をひく土器は影がうすく、むしろ東海地方西部との関係の濃さを示す土器がほとんどである」。

要するに、弘法山古墳は、「四世紀の中葉前後に、松本平に忽然と出現した前方後方墳であ」るが、「その権威はその後継承されず松本平のすぐれた古墳文化は早くも断絶した」。そして、その被葬者について一志茂樹氏は、「大和朝廷の重要な要人であった大伴氏系の人が、信濃では、最も早くこの地方に定着していること、『あがた』が実在していたこと、この古墳の被葬者が斧鉞を持していたことなど併せ考察し、『あがた』の県主であった大伴氏の墳墓と推考」しておられる（注11）。

私は、以前に古墳出現期の問題を考えたとき、弘法山古墳について次のように評価した（注12）。

弘法山古墳は、纒向2式（新しくみても同3式）の前方後方墳であり、類例としては岡山県黒宮大塚古墳と福岡県妙法寺古墳があるが、規模の点では纒向石塚古墳に次いで大きい。同期の竪穴式石室には、割石小口積みのA型と河原石積みのB型があるが、弘法山古墳はB型に属し、類例としては兵庫県西条五二号墳があるものの、全長五メートルの石室長は布留1式期以降の古墳に匹敵する。

弘法山古墳の副葬品には、鏡・玉・武器・農工具があり、まさに「古墳」副葬品である。

弘法山古墳の報告書第23図1の壺の胴部文様は、纒向遺跡南溝（南部）中層の壺＝纒向2式（『纒向』図83—57）と類似している。いずれにせよ、弘法山古墳の土器群は、箱清水Ⅱ式＝四郷式＝纒向2・3式＝庄内式の範疇で捉えうるものであり、布留式以降ではない。

墳丘と外表施設（図一—4）

墳丘の当初の規模は、

「主軸の長さ約六六メートル、後方部の幅約四七メートル、後方部の長さ約四一メートル、後方部の高さ約七・一五メートル、前方部の長さ約二五メートル、前方部の幅約二二メートル、前方部の高さ約三・五メートル」で、「前方部はかなり狭く小さい。かつ高さも後方部に対して四メートルぐらい低くなっている」（報告書、二二・二三頁）。

墳丘規模は、報告書記載のとおりと思われるが、葺石については疑義がある。

「葺石については、調査の過程において、かなり疑問の点も生じた。すなわち、大体、表土から二〇センチ乃至三〇センチの厚さで、粗鬆な土質の表土層が見られたが、その下には墳丘を構成した土壌があった。——これらの土層の上面には、山石の砕片から成る礫片が、墳丘をめぐって帯状につらなっていた部分があり、これは後方部の北東がわにいちじるしかった。——一方、後方部の頂上部の調査が進むにともない、この後方部にも、同じ深さのところ、すなわち現墳丘の上表面から約二〇センチ乃至三〇センチ下に、一〇条ほどの礫列帯が平行に走っていた状態が顕現されたのであった。この礫石列は、山石の砕片より成るものである」。

「仔細にしらべると、礫石列の間には、黒色の耕土がかなり深くくいこんでおり、——到底当初の墳丘に直接関係するものとはみとめられなかったのであった。その後、現場にきた土地の故老の話によって、この地域にもと桑の植えつけられていたことが明らかにされており、これに関係するものと考えられるに至った。したがって、墳丘の傾斜面や、周裾と見られた礫石列も、同じような構造を示す点から、やはり曽て桑畑に関係したときのものであることが判断されたのであった」（報告書、一八・一九頁）。

調査者が綿密に検討した上での結論であり、従うべきことだと思われるが、報告書第5図（本稿第一—4図）を見たときの〝葺石は生きている〟という印象に従い、さらに考えてみたい。

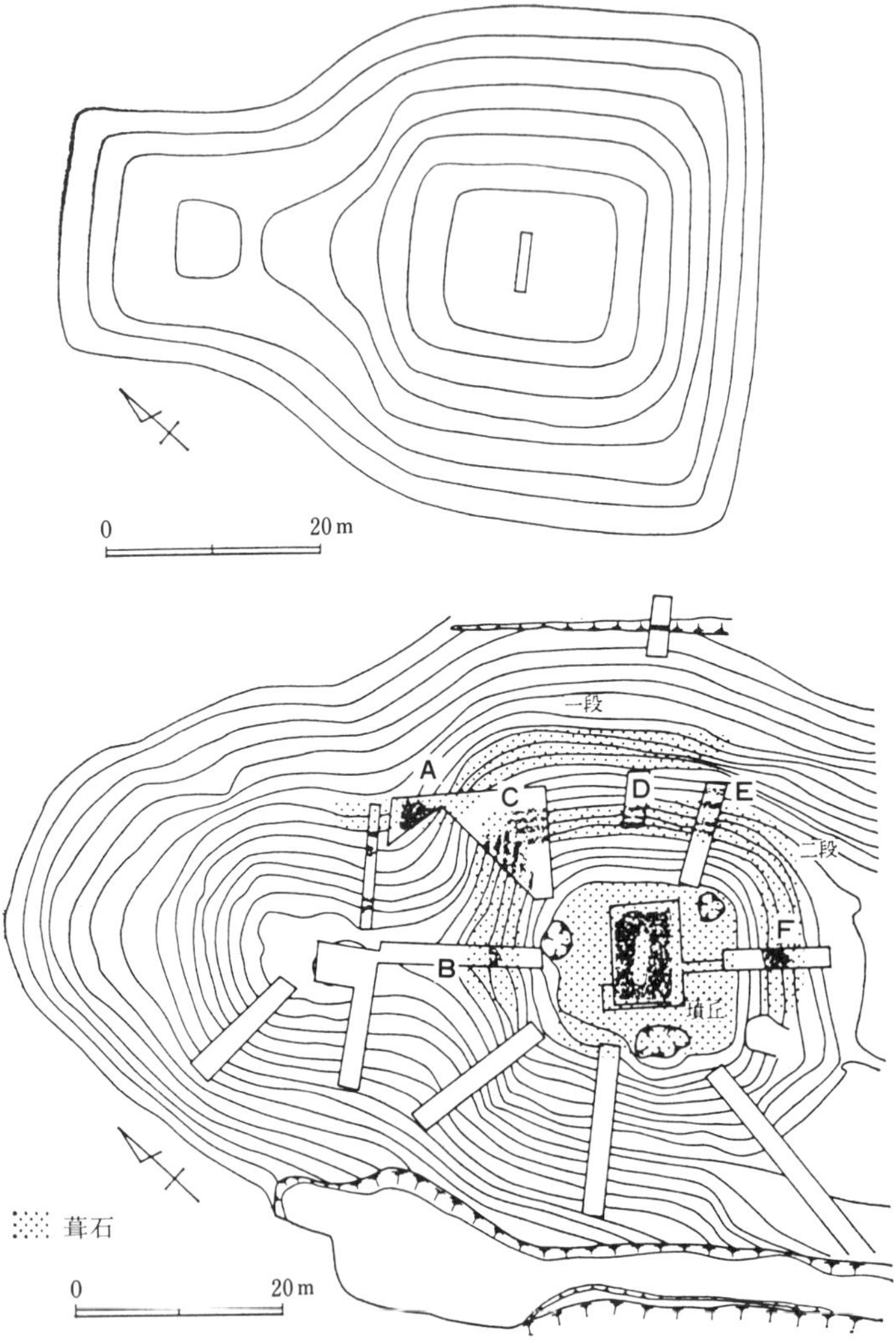

図－－4　弘法山古墳墳丘測量図（上　復元図）

まず、黒色の耕土と故老の言によって桑畑関連のものと判断された墳頂部の礫石列は、報告書図版第八・九によってもそのとおりに見える。墳頂の礫石列は、「山石の砕片より成る」と報告されているが、図版第九によると河原石がかなり含まれていることがわかる。その河原石は、図版第一三以下の石室、並びに石室外被施設を構成する河原石と同種であり、桑畑をつくるときに丘頂まで運搬しなければならない根拠はとくにないし、石室外被施設の河原石が後世に部分的に抜きとられた痕跡も認められない。さらに、図版第一八上段の写真によると、石室上部の上層土砂に河原石と山礫が認められ、墳頂礫石列の河原石と山礫が木棺の腐朽陥没によって陥入してきたものと思われる。このように考えると、「墳頂礫石列」は古墳築造時の施設である可能性が強いのであり、本来、墳頂全面を河原石と山礫によって覆った葺石が、桑畑耕作のときに列状に除去された状況と認められる。

このような観点から、図版第一二の「後方部北東側の裾部の敷石」を見ると、その多くは河原石であり、石室外被施設と同種の河原石による葺石と考えることができる。

以上の検討によって、〝葺石は生きている〟という立場から本来の形を復原すると、図一―4(下段)のようになる。A地点の葺石を根拠に、墳丘裾部に第一段の葺石帯を、B・C・D・E・Fの各地点の葺石から第二段の葺石帯をそれぞれ推定した。その結果、弘法山古墳の外表施設としての葺石は、墳丘全体を覆うのではなく、墳丘裾・後方部中段・墳頂の三地帯に施設されたものと思われる。中段の葺石帯上端は、「現地表下一メートル」の石室外被施設の上面とほぼ一致する。段などをもたない弘法山古墳で、二帯の葺石列は特異である。

埋葬施設

墳頂の「現地表下から約一メートル前後下に人頭大の河原石が敷設されている状態でみとめられた」(一三頁)。これは石室の外被施設であり、「長軸はおよそ八・八メートル――短軸はおよそ五・五メートルにわたる」(一四頁)。

「その中央部は、——長さ五・三メートル、幅一・三メートルぐらいの細長い長方形の区域だけが、河原石の敷設はなく、黒味のある粘土質の土壌から成っている。——この中核部は、かなり堅くしまっている土壌であり、——土師器の破片も随所に発見され、しかも、まとまって同一層上に、かなり多く散在している箇所もあり、遺骸を収め土を被う経過の中で、土師器が供献や祭祀などの目的で用いられたことが考えられた」(二三頁)。

「この中核部にあたる石室は、内壁において——長軸の長さ約五・五〇メートル——短軸の幅約一・三二メートルで、深さは約九三センチである。壁体と控え石積みにある外被施設とを明確にすることは困難なものがあり、壁体そのものの厚さを的確に把握することは不可能であるが、河原石の積み方からみると、壁から三重又は四重ぐらいに河原石をかなりしっかり積み、その外がわを控え石として、外被の河原石を充塡させたものとも考えられ、一応壁体の厚さは、下底近く六〇センチ上縁近く四五センチぐらいとみとめられた。——(壁体部の河原石の)間隙には、粘土をまじえて堅固に積んでいる。しかも、北東がわの短壁は、南西がわの短壁よりも、比較的丹念に面をそろえてあり、——遺骸の頭部を置いたことと関連するようである。——この石室には天井石の施設は見られない」(二五・二六頁)。石室内に「木棺の存在はみとめない方がよいであろう」(二九頁)。「遺骸を安置し、副葬品を収めたのち、土を埋めたのであったが、この場合、黒味のある粘土質のかなり締まっている土を堅めるようにして、入れたものとみなされる」(三〇頁)。

弘法山古墳の河原石積竪穴式石室は、外開きの積み方と一方の短壁を整正につくる手法に特色がある。類例は、兵庫県西条五二号墓や同吉福一号墓にあり、とくに前者は天井石の架構が明らかでなく、その点でも弘法山古墳石室に類似している。

報告書図版第二二以降によって石室側壁を観察すると、下部は河原石を密に積み、上部は河原石の間に土を充塡しつつ積んだように見受けられる。もしそうであるとすれば、香川県鶴尾神社四号墳や長野県森将軍塚古墳の竪穴式石室の築成面と共通し、ひいては粘土槨の上部粘土と下部粘土の段階的製作とも一致する。おそらく、棺下半部を設置する段階の石室築成作業面であり、この面からの副葬品検出例は多い。つまり、弘法山古墳の石室は、規模の点でも王墓級の古墳であり、かつ、石室築成法においても王墓級と共通する要素をもっている。

さらに特異なのは、埋葬後、石室内を土を堅めながら埋め、充填した点である。埋葬後、墓室を土で埋めるという確実な例は知られていない。したがって、現段階では系譜を追うことはできないが、あながち荒唐無稽でないことは、福岡県西平塚D二五号墓の木棺内を土で充填した例（図一—5）によっても知ることができる（注13）。

なお、外被施設とよばれている石室周辺の控え積みは、前期古墳の長大な竪穴式石室に見られる一般的な手法であ

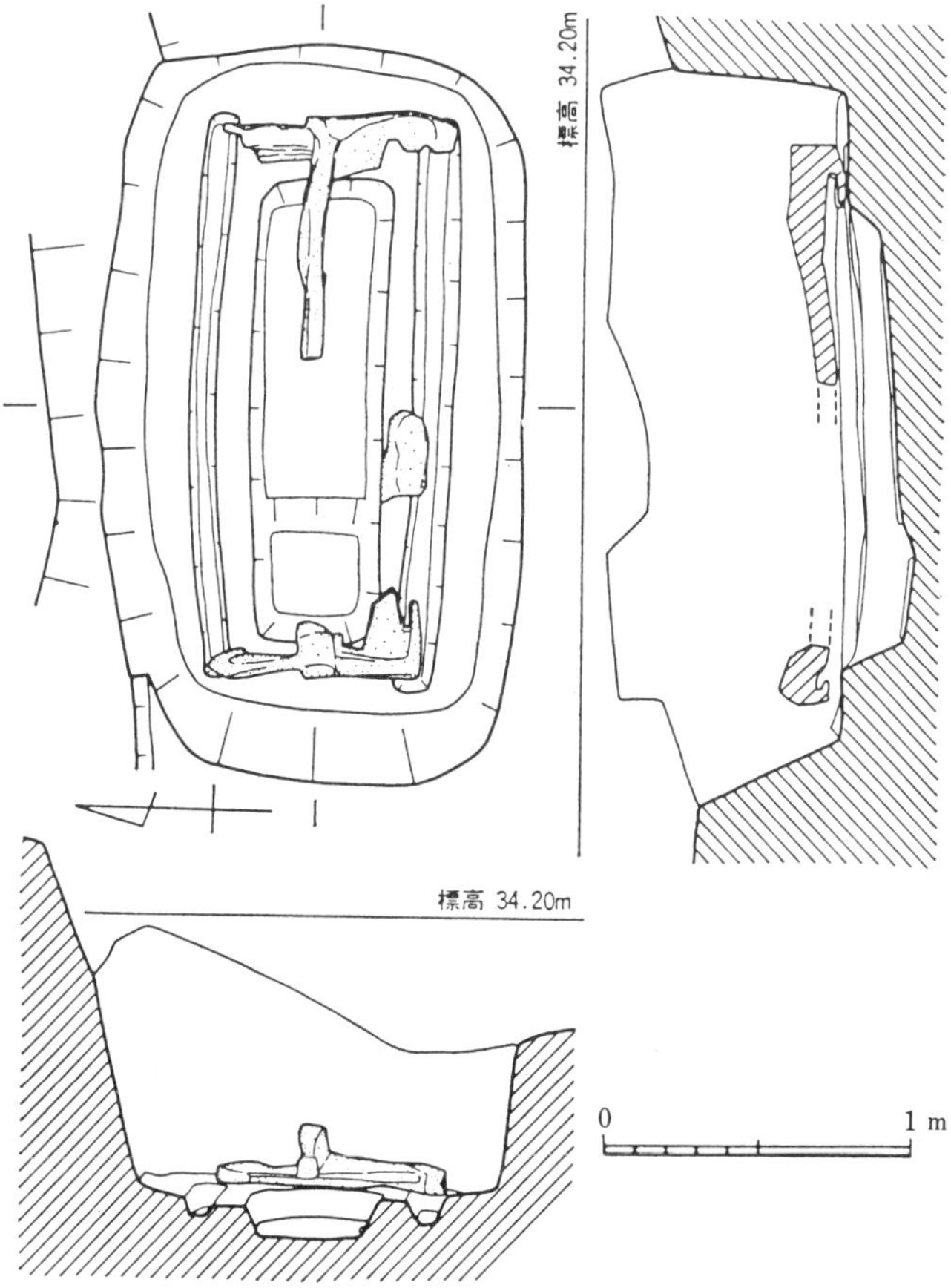

図一—5　福岡県西平塚D25号墓

り、王墓にふさわしい施設である。

副葬品の出土状態（図一―6）

「遺骸は、北東から南西にわたって主軸をもつ石室のほぼ中央部に安置されたものとみなされる」。推定頭部に接して四獣文鏡一面・銅鏃一本と二三九個のガラス小玉があり、（仰臥伸展葬とした場合の）遺体の左側から鉄剣一本と九〇個のガラス小玉、同右側から鉄剣一本と一四五個のガラス小玉が副葬されていた。また、頭部と石室小口との間には、鉄剣一本・鉄斧一個・鉄鏃三群が検出されている。

報告書で指摘されているとおり（二三頁）、三群のガラス小玉は頸飾と左右の手玉と思われるが、手玉の着装例としては古い実例である。遺体の左右に鉄剣が各一本副えられているが、刀をもたない点では弥生時代的な組み合わせと考

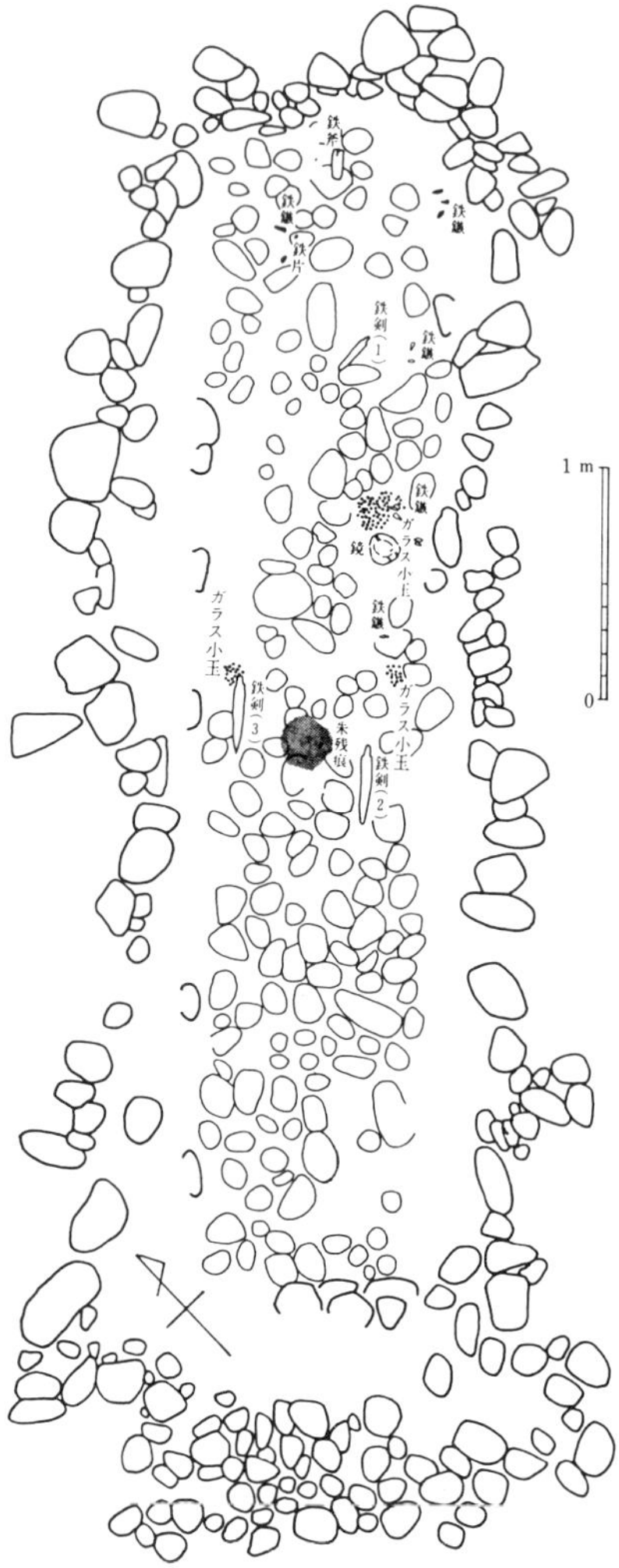

図一―6　弘法山古墳石室内遺物出土状況

えられる。

なお、副葬品ではないが、「竪穴式石室に充満していた土層中、――ことに、石室の外縁と同一面の土層から」検出された土師器群のあり方は特異である。弥生時代後期から古墳時代初期にかけての西日本の土壙墓（木棺墓）の墓壙上層凹部から多量の土器片が検出されることは比較的多いが、前期古墳の長大な竪穴式石室の蓋石上面から検出されることは少ない。すなわち、石室、あるいは木棺の墓壙上部での日常容器を用いた葬送儀礼は、弥生時代的な風習であって、王墓的ではないように思われる。

副葬品

石室内の副葬品は、鏡・剣・玉と斧・鏃であり、石室上部から土師器群が出土している。副葬品の中で問題となるのは鏡と土器であろう。

鏡（図一―7）　鏡は、「半三角縁四獣文鏡」で、面径一一・六五センチある。銘文は、「上方作竟自有真青王?左白乕居右」と読まれ、全体が漆黒色を呈しているので舶載鏡と考えられている。

弘法山古墳の半肉彫獣帯鏡に類似する鏡で土器との共伴関係がわかるのは、香川県石清尾山猫塚古墳と福岡県野方中原遺跡である。両者の土器は、纒向3式（庄内2式）～纒向4式（布留1式）の幅の中に入るものであり、鏡そのものの検討からは、東京都宝来山古墳、愛知県東之宮古墳、京都府西山二号墳の各仿製四獣鏡よりはさかのぼると考えられている（注14）。

他方、奈良県見田大沢四号墳の四獣鏡は、明らかに纒向2・3式（庄内式）土器と共伴していて、仿製鏡である獣形鏡が舶載鏡である獣帯鏡と同時期かより古いという、従来の鏡の研究成果と矛盾をきたしている。鏡の緻密な型式学的研究の成果は尊重すべきであるけれども、土器との共伴関係を重視すれば、纒向3・4式期には獣帯鏡と獣形鏡が共存していた、と考えることができる。見田大沢四号墳鏡より型式学的に古い弘法山古墳鏡は、見田大沢四号墳の纒向2・3式土器と同時期かより古い段階に位置づけられることになり、弘法山古墳出土土器の編年的位置を間接に示すこととなる。

剣・ヤリ・鏃　弘法山古墳の石室内から三本の鉄剣（ヤリ）が検出されている。剣とヤリの区別は困難であるが、前期古墳で、「棺の中、いいかえれば被葬者に直接伴う例は現在のところない」という菅谷文則氏の指摘（注15）によれば、弘法山古墳の例は、剣と考えた方がよいが、遺体から離れて検出された一号剣について報告者は、出土状況から「槍であったと考えてもよい」（五四頁）とされている。

ヤリは、「単純な操法のため、――全く武道に経験を持たない農民などをも有力な攻撃力に変えることができる」（菅谷、三一六頁）のであり、首長による長兵軍の編成が推測されている。弘法山古墳の一号剣がヤリであるとすれば、石室内副葬である点から被葬者が所持していたものと考えられ、長兵軍編成に至る過程を示す資料として重要である。

「石室内床面近くの鏡の付近から――典型的な柳葉形銅鏃」が一本検出されている。一般的に前期古墳検出の銅鏃

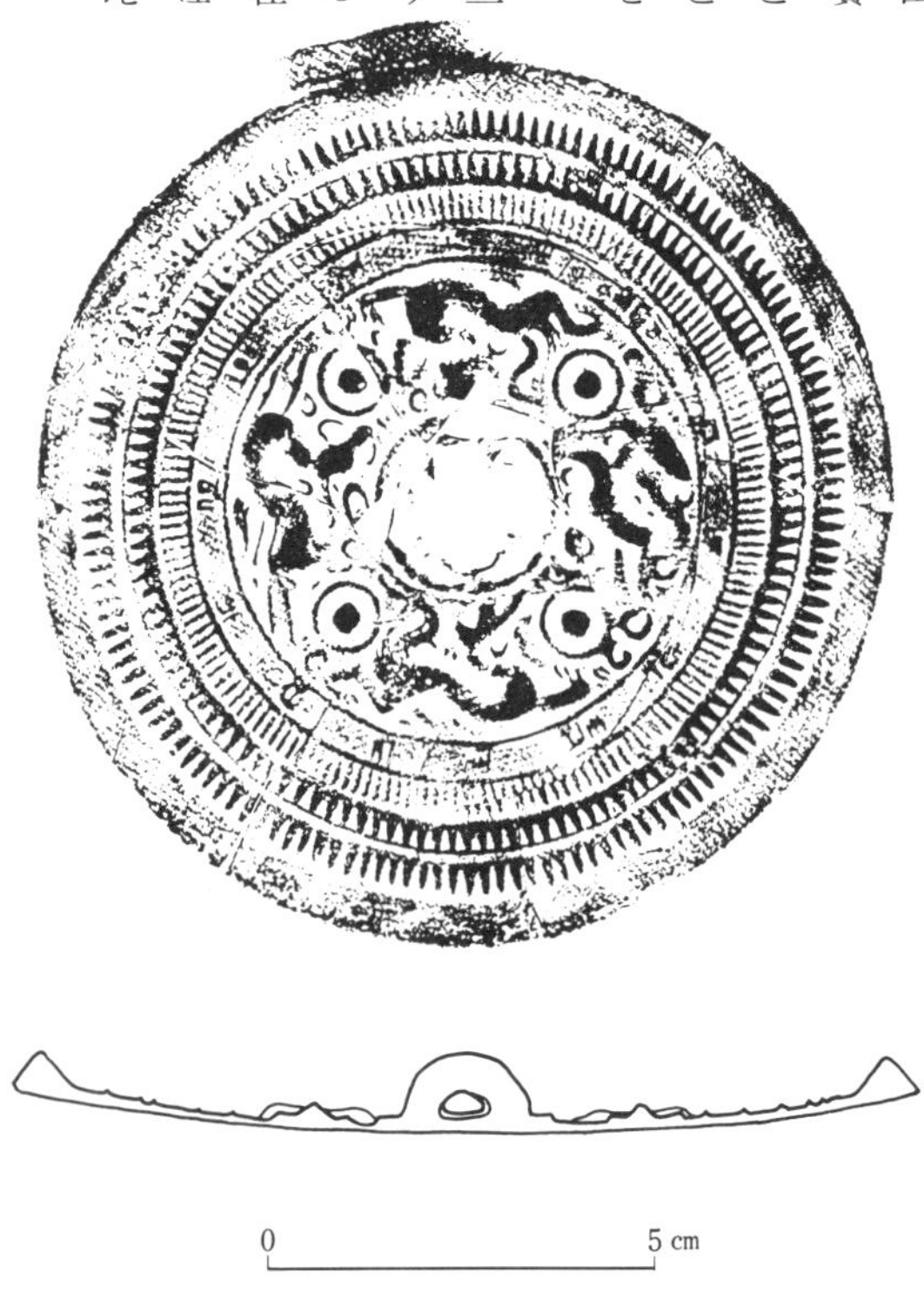

図――7　弘法山古墳半三角縁四獣文鏡拓影及断面図

と同型で布留式以降の所産とされているが、近年、纒向2・3式（庄内式）にともなう例がいくつか知られている。

中部・東海地域の一例をあげると、静岡県月の輪平一一〇号住居の床面上から「甕・壺・銅鏃・ガラス玉などが出土している」（注16）。銅鏃は柳葉形で、全長四・二センチあり、大廓式土器をともなっている（図一—8）。大廓式土器は、纒向遺跡辻土坑4で纒向3式（庄内2式）土器と共伴しており、銅鏃も同時期と考えてよい。弘法山古墳では、この他各種の銅鏃型鉄鏃が出土しているが、これらも庄内式併行期にさかのぼるものと考えられる（図一—8）。

土器　「弘法山古墳で発見された土師器は、そのほとんどが後方部墳頂で出土したものである。——とくに主体部上の中央部から丹塗り高杯五個体分を含む二六五片、北部で高杯片五個を含む一一四片、南部で二〇二片、中央部東寄りの地点で一一片が発見された。——竪穴式石室の中央部直上には、完形に近い姿で遺存していた土師器群があり、底部穿孔の坩形土器をはじめ、坩形土器・器台形土器・高杯形土器・椀形土器が一括して発見された。——これらの土師器はいずれも竪穴式石室の上方、墳頂下二〇—三〇センチの深さに認められており、被葬者の埋葬時か、あるいは直後に用いられた葬祭用の土器であったと思われる」（五九〜六二頁）。したがって、これらの土器によって古墳の時期を比定することが可能である。

「弘法山古墳出土の丹塗壺形土器（引用者註、本稿、図一—9・1、以下同）は、——東海地方西部の終末期弥生式土器の系譜をひく土器で」、図一—9・2も同様で、とくに「岐阜県安八郡輪之内町四郷遺跡出土の壺形土器と近似し」ている。このように、「弘法山古墳の土師器には、

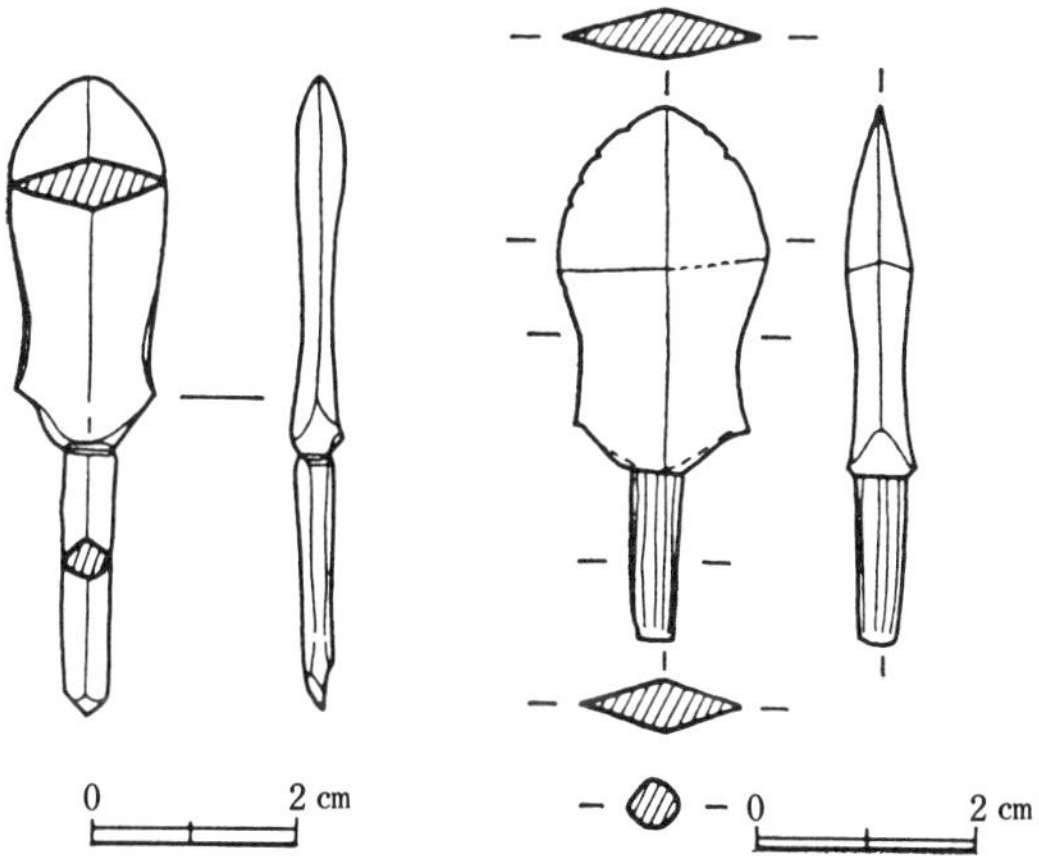

図一—8　銅鏃（左　弘法山古墳、右　月の輪平遺跡）

在地の弥生式土器の系統をひく土器は影が薄い。むしろ、——東海地方西部との関係の濃さを示す土器がほとんどであるといってよい」と指摘されるほどであるが、ここで注意すべきなのは、「松商学園の調査中に——後方部墳頂の地表面下二〇—三〇センチのレベルで発見されている——終末期の弥生式土器とする可能性がある土器片六個」(六〇頁)である。それらは、「長野県における弥生式土器終末期の箱清水Ⅱ式土器としてよい」(六九頁)のであり、在地系土器が共伴していることは明らかである。報告書では、この事実に注意を払われながらも、「墳頂部において執行されたであろう葬祭の儀に用意された土器群の中には、多分弥生式土器は含まれなかった」とされたのは、弥生系の土器が、古式土師器の時期にも継続していることが十分に認識されていなかった段階のことであり、やむを得ないことであった。

現段階では、南部九州の成川式土器、北部九州の西新式土器、近畿の第5様式土器、東海の欠山式土器、中部の箱清水式土器、南関東の前野町式土器、北関東の樽式土器などが近畿の庄内式土器併行期まで継続していることが検証されている。奈良県纒向遺跡で確実に庄内式土器と共伴したのは、欠山式土器と前野町式土器であり、欠山式土器・元屋敷式土器と箱清水式土器・樽式土器の共伴例も長野県御屋敷遺跡などで明らかにされつつある(注17)。

これらの事実をもとに弘法山古墳出土土器を見れば、箱清水Ⅱ式土器と「元屋敷式土器」の共伴例と認識することができるであろう。一般的には、元屋敷式土器は布留式土器に併行すると考えられている。欠山式土器と元屋敷式土器が型式学的に差異があるとしても、時間的な前後関係は東海地域においても事実として確認された遺跡はない。むしろ、千葉県小田部古墳頂部には、「欠山期と、元屋敷期の高杯形土器が出土して」(一二九頁)いて、両者の共存関係

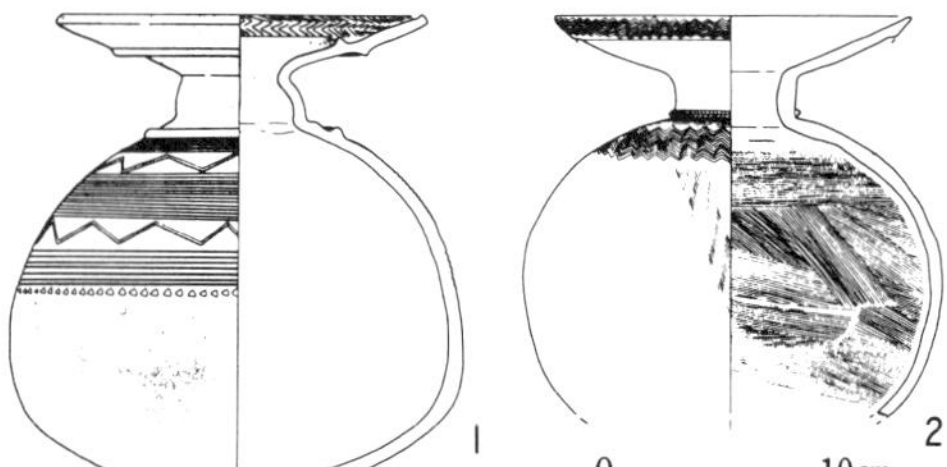

図—— 9　弘法山古墳の土器

を知ることができる。そうすると、箱清水Ⅱ式土器と元屋敷式土器が共伴している弘法山古墳の時期は、近畿の庄内式併行期に相当する蓋然性が高いのであり、布留式土器の段階まで下げて考える必然性は認められない。

弘法山古墳の壺形土器Dに分類されている報告書図版第四六の土器が、纒向遺跡南溝（南部）中層出土の手焙形土器（纒向2式）と酷似していることは、前述の時期比定にさらに根拠を与えるものであろう。

弘法山古墳は、全長六六メートルの前方後方墳であり、規模の大きい河原石積竪穴式石室内に鏡・剣・玉などの副葬品をもつ古墳である。前方部が比較的短かいこと、葺石が墳丘全面に及ばず帯状に施されていること、石室が河原石積みで外傾する積み方であること、埋葬施設上に多くの供献土器をともなうことなどは、より古い様相を示しているが、これら諸特徴を根拠として、弘法山古墳は「古墳」ではなく「墳丘墓」であるという論者があるとすれば、もはや全国に古墳らしい古墳はきわめて限定されることになる。

弘法山古墳は、はたして「松本平に忽然と出現した」のであろうか。弘法山古墳から七〇〇メートル余の丘陵上にある中山三六号墳は、径二〇メートルの円墳とされ、半三角縁六獣文鏡をもつ。伴出した土器（報告書、第三八図）は、弘法山古墳より古い様相をもっている。福島県会津盆地において、会津大塚山古墳に先行する宇内雷神山前方後円墳などの存在（注18）から、在地勢力の発展の中から会津大塚山古墳が誕生したと考えうるように、中山三六号墳に象徴される在地勢力の中から弘法山古墳が成立したと考えることも可能ではないだろうか。確かに供献されている土器は東海地域の色彩が強いが、古墳全体の様相は東海にも近畿にも現時点では類似した大型古墳を求めることはできない。東海、ならびに近畿の豪族が松本平に築造した古墳だと考えるには典型的ではない。

弘法山古墳の系譜を、東海、ならびに近畿に求める見解が主流を占めているように思われるので、敢えて在地勢力の可能性を求めたが、今後、古墳の様相と供献土器の関係が各地域でどのようなあり方をしているのかを整理した上で、弘法山古墳の系譜を改めて検討しなければならないだろう。

注

(1) 近藤義郎「古墳以前の墳丘墓」(『岡山大学法文学部学術紀要』三七) 一九七七年
(2) 真野和夫・宮内克己『宇佐市川部・高森地区遺跡緊急発掘調査概報』四　大分県教育委員会　一九八一年
(3) 中村一郎・笠野　毅「大市墓の出土品」(『書陵部紀要』二七) 一九七五年
(4) その後の調査二例。岡山県楯築「墳丘墓」の突出部前面に底幅四メートル余の溝があることが確認された(楯築弥生墳丘墓第五次調査団「楯築弥生墳丘墓の突出部の調査」(『考古学研究』一二八号) 一九八六年)。「墳丘墓」にも歴然とした区画がある例。奈良県纒向石塚古墳の墳丘確認調査によって、後円部周濠幅約二〇メートル、前方部周濠幅約五メートルであることが判明した。そして、前方部周濠はきわめて浅い(寺沢薫「纒向石塚古墳の調査と二・三の問題」橿原考古学研究所第6回公開講演会資料、一九八九年)。
(5) 石野博信「古墳出現期の具体相」(『関西大学考古学研究室開設三〇周年記念考古学論叢』) 一九八三年
(6) 石野博信「考古資料からみたヤマト政権の発展」(『歴史公論』七七) 一九八二年
(7) 泉森　皎ほか『磐余・池の内古墳群』奈良県教育委員会　一九七三年
(8) 浜石哲也・池崎譲二『藤崎遺跡』福岡市教育委員会　一九八二年
(9) (注7)に同じ。
(10) 斎藤　忠『弘法山古墳』松本市教育委員会　一九七八年
(11) 一志茂樹「斧鉞考―長野県松本市弘法山古墳の歴史的位置」(『信濃』二八―四) 一九七五年
(12) (注5)に同じ。
(13) 秀嶋龍男『西平塚遺跡地区』春日市教育委員会　一九八一年
(14) 勝部明生「鏡について」(『見田・大沢古墳群』奈良県教育委員会) 一九八二年
(15) 菅谷文則「前期古墳の鉄製ヤリとその社会」(『橿原考古学研究所論集』第三　吉川弘文館) 一九七六年
(16) 渡井一信・湯川悦夫・加納俊介『月の輪遺跡群Ⅲ』富士宮市教育委員会　一九八二年
(17) 北武蔵古代文化研究会・群馬県考古学談話会・千曲川水系古代文化研究所『古墳出現期の地域性』一九八四年
(18) 生江芳徳「会津坂下町の大型古墳」(『福島考古』一七) 一九七六年

第二章　祭祀と王権

祭祀とは「かみまつり」である。したがって、「葬送祭祀」といえば、葬送が「かみまつり」であることを主張していることになる。いいかえれば、被葬者が「かみ」である段階の葬送である。現代の葬式における被葬者は「かみ」ではない。いつから被葬者が「かみ」でなくなったのか。いつ被葬者が「かみ」であったのか。結論的にいえば、古墳時代前・中期の被葬者は「かみ」であり、古墳時代とは被葬者を「かみ」として祭った時代である。

古墳時代にはさまざまな「かみまつり」が行われていたものと思われる。山の神、海の神、水の神、天の神、地の神……、さまざまな神をさまざまな機会にまつりあげたのであろう。豊穣を祈るとき、安全を祈るとき、雨を乞うとき……。「苦しいときの神だのみ」は古墳時代にもあったにちがいない。さまざまな「かみまつり」はどのような形をとって行われたのであろうか。それが考古資料としてどのように残されているのであろうか。

いわゆる祭祀遺跡は、祭祀遺物が存在することによって証明されている。祭祀遺物とは、滑石製模造品などの祭祀専用具＝形代《かたしろ》である。祭祀には祭具が使用されたであろうことは十分に想像できる。しかし、祭祀専用具を必ずしも必要とはしなかったであろう。日常用具を使用して「かみまつり」を行うことはむしろ通常のことであろう。彦国葺が出陣に際して大和・和珥武鐰坂上に忌瓮を鎮めて勝利を祈願した（崇神紀）ときの忌瓮が、祭祀専用具とは考え難い。祭祀専用具はむしろ「かみまつり」が形式化した段階に成立する形代であり、おそらく祭祀を司る者＝司祭者＝巫覡の成立と一体のものであろう。増田精一氏が人物埴輪の成立を重視し、「埴輪人物は被葬者の殯に仕えた人々の像であり、その像を作ったということは、そうした人々をものとみる、すなわち被葬者あるいはその後継者が、彼らの階級を遥かに下等のものとみてはじめて成立しえたのである」(注1)と指摘された点を、前述の背景の中で理解したい。

以下、祭祀専用具成立以前にも「かみまつり」は行われていた、という理解のもとに古墳時代の祭祀の系譜をあとづけてみたい。

1　火と水と稲穂のまつり

弥生時代の集落には、完形土器を含む穴をともなうことが多い。さきに検討したように(注2)、これらの穴の多くは貯蔵穴と考えられるが、そのうち水辺にあるものについては他の機能を考えた方がよいかもしれない。機能の一つとして、縄文時代以来の堅果類のシブヌキも検討すべきであるが、穴の中に含まれている遺物によっては祭祀的な性格を認めてよいものがある。次に、奈良県纒向遺跡を例にとってそのあり方を紹介しよう。

纒向遺跡は、奈良盆地東南部にある古墳時代前期を盛期とする集落跡である。調査によって推定居住地の北辺は河道地帯で、西辺は墓地であることが判明した。古墳時代前期の土坑群は、河道地帯の中州状地形部と墓地周辺部にあり、土坑基数と継続期間からみて前期前半には年ごとのまつりが、同後半には年二回のまつりが行われていたことを推定した(注3)。

まつりに際しては、湧水点に達するまで穴を掘り、時にはその隣接地に建物(仮建築)を建てた。まつりのあと、穴の中に廃棄された遺物群(容器・煮沸具・盛付具・焼木・水鳥形木製品・舟形木製品・箕・籠・竪杵・稲籾・機織具など)から

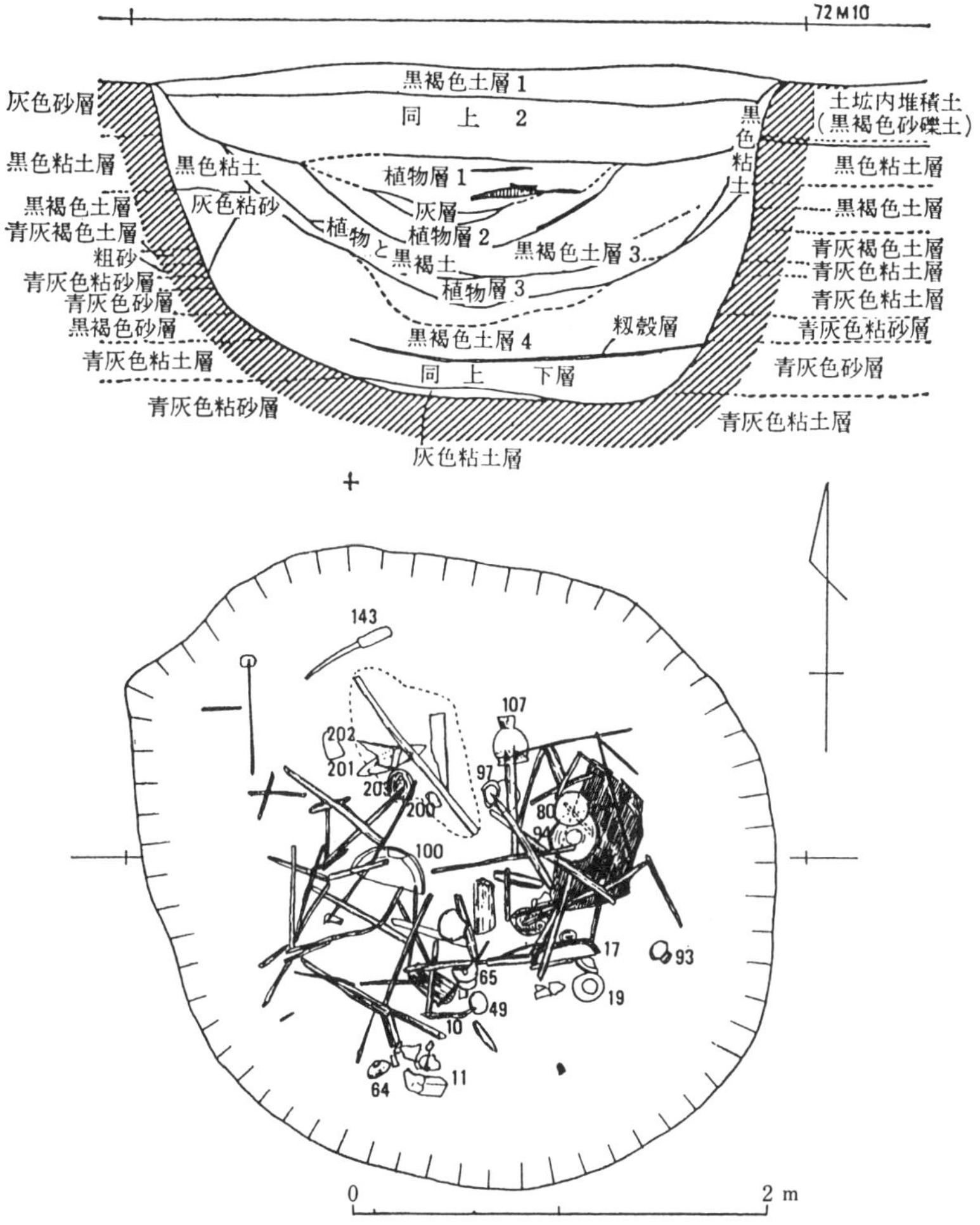

10・17　槽　　　　201　舟形木製品
100　大型高杯　　　202　盤（漆塗）
200　鳥舟形木製品　203　檜皮

図二―1　纒向遺跡におけるまつりの用具をおさめた穴

推測されるまつりの内容は、稲籾を脱穀し、炊飯し、盛りつけ、儀礼ののち共食する過程が考えられる。機織具は、これら祭事に際して特別に布が織られたことを示すものであろう。このような形態の祭祀を「纒向型」と仮称する。

纒向遺跡においても、以上のような祭事形態を復原しうるほど豊富な遺物群をもつ土坑はわずかであるので、弥生時代以来の完形土器を含む水辺の土坑が同様なまつりの内容をもっていたとは考えられない。両者に共通しているのは水辺にあること、穴を掘ること、火の使用を推測させることなどは、農耕祭祀が底辺にあって、その上に後述する朝鮮半島の祭祀型の要素が加わった結果と考えることができるかもしれない。例えば、『魏志』や『後漢書』に見える高句麗の東盟祭の伝承には「大穴」の記載があり、三品彰英氏のいわれるように東盟祭が穀母神をまつるもの（注4）であれば、纒向の穴との関連を考えることができるが、明らかでない。

纒向型祭祀の遺物群について見るならば、『延喜式』大膳職式の「御膳神」・「竈神」や新嘗祭の条などにあげられている用材の品目と一致するところが多いことに気がつく。ただ、直ちに纒向土坑群のまつりとこれらのまつりを直接に結びつ

図二―2　纒向遺跡の建物跡と土坑

けることはできないが、少なくとも『延喜式』に記載されている諸祭祀のうちいくつかの祖型が古墳時代前期にあることを推定しておきたい。

2　壇場と立物のまつり

壇場とは「まつりのにわ」であり、立物とは柱、盾、埴輪など壇場に樹立されたものとする。つまり、「壇場と立物のまつり」とは、一定区域に祭場を設け、立物を樹立して行うまつりである。

現在、壇場と推定しうる遺構には二種ある。一つは水辺の壇場（石見型）であり、他は丘陵上の壇場（玉手山型）である。

水辺の壇場

奈良盆地中央部の寺川流域に石見遺跡がある。石見遺跡には「幅六メートルの周濠のある径約三〇メートルの不整円形の微高地の周縁に埴輪や木製品が」あり、「内側の平坦地には古墳の痕跡はなかった。遺物は、多数の形象埴輪、円筒埴輪、木製品および若干の須恵器と土師器とである。形象埴輪は人物三、鹿、馬、水鳥、盾、蓋などがある。木製品には長さ約一メートルの」鳥形四「のほか、笠状の円盤形木製品一三、その他多数の加工跡のある柱状木製品があった」。「これらの遺物は六世紀初頭を中心とする時期に考えられ」、「治水関係の祭祀遺跡の可能性がつよい」(注5)。

調査者の一人、森浩一氏はこれより早く「形象埴輪の出土状態の再検討」を行って、「古墳に関係のない出土例」に注目され、その立地上の共通点として「河川に沿った個所が圧倒的に多い」ことと「五〜六世紀になって現れた新しい祭の址である」ことを指摘しておられる(注6)。

このように、低地を周溝で区画し、溝内に埴輪や木製品をもつ古墳以外の遺構を石見型と仮称する。古墳周濠に埴輪や木製品をもつ例は比較的多いので、盛土を失った古墳跡との区別は必ずしも明らかではないが、埴輪では人物・小孔をもつ盾(石見・纒向)、巫女像(石見・野畑)、木製品では鳥形(石見)、笠形(石見・纒向)、羽形(纒向)などの近畿地方の古墳ではあまり見られない組み合わせがあって、差異の一端を示している。

時期的には奈良県纒向遺跡で森・I式後半の須恵器を伴出する同種遺構が検出されて、五世紀後半にさかのぼることが明らかとなった。水辺の壇場には、人物埴輪が登場する。まつりに奉仕する人を、みうちとしてではなくものとしてみる段階のまつりであり、まつりの階層分化と形式化が進展した形態と考えられる。

高丘の壇場

大阪府柏原市の玉手山丘陵は、古市古墳群に先行する前期古墳群として著名である。昭和四四年以来、堅田直氏はその一画で明らかに埋葬施設をもたないが古墳状形態をもった遺構群を明らかにされた(注7)。その時期は、堅田氏によると古い段階のもので、さかのぼっても五世紀後半代であり、新しい段階のものは八世紀に及ぶという。この遺構群は、堅田氏もいわれるように古墳以外の祭場であり、これを玉手山型と仮称する。

図二―3　石見遺跡の鳥形木製品出土状況

玉手山型祭祀は、居住地から離れた丘陵の一画を祭場とし、継続的に営まれている。推定五世紀段階の遺構は不整形で比較的小型の壇場であるが、八世紀には丘陵を前方後円形に整形している。壇場には柱穴列をともなうが、とくに顕著な遺物はない。玉手山型祭祀は、現在のところ河内・古市古墳群に近い玉手山丘陵の一画に限られているが、各地での類例の増加は期待できる。例えば、すでに古墳として発掘調査したが埋葬施設が検出されていない遺構の検討が必要であろう。

中国には、「天子が天帝を祀るために都城の南郊に設けた祭壇施設」があり、郊祀円丘・天壇などとよばれている（注8）。林陸朗氏の検討によると、高句麗・新羅には文献の上では認められないが、『百済本紀』には一〇例の祭天の記録がある。そのうち付会的記事の多い部分を除いても近肖古王以降の三例が即位最初の正月に「祭天地於南壇」の記載があり、もっとも信憑性の高いと考えられる東城王一一年（西暦四八九）冬一〇月の条の「祭壇」が公州邑古図（李朝）に認められると指摘されている。

日本では、「桓武天皇および文徳天皇が長岡京および平安京の南郊たる交野の地に円丘を設けて、昊天上帝を祀った事実」があり、また、雄略紀以降には「壇をある地に設け、即位式を行い、そのあとにそこを宮地とする」記載例が和田萃氏によって注目されて「仁徳・履中・安康・顕宗・仁賢・斉明の即位式にも同様の推測をなすことができる」という（注9）。

中国・朝鮮・日本の文献から壇を設けて行う事例を若干要約した。正史に登場する「壇」という制約があるうえに、文献に記載されている「壇」が円、あるいは方の台状部を構築しているのかどうかも必ずしも明らかではない。しかし、三者は天子の即位式に関連した場であることと建物をともなう点で共通している。ただし、朝鮮の祭壇は中国本来の郊祀円丘と異なるという林陸朗氏の指摘があるし、日本の桓武以前の壇場は宮殿そのものであって、祭天の儀も明らかではなく郊祀円丘と直ちに結びつけることが難しい（注10）。

このような制約があるにもかかわらず、朝鮮と日本の壇場の事例をながく引用したのは、玉手山丘陵に見られた遺構が壇場をなすことと柱穴列をもつ点で前記諸例とすて難い一致点を見出したからである。

それでは、玉手山型祭祀は、天皇の即位式、あるいは（今後各地で検出されるであろう類例を考慮して）首長位につく儀礼が行われた場なのであろうか。それは、遺構・遺物の上で何ら検証できない。

では、祭天の儀礼が行われたのであろうか。これについても遺物の上では何ら検証できないが、さきにあげた壇と柱穴列の一致からその可能性を考えておきたい。少なくとも、さきに検討した纒向型の地的宗儀に対比すれば、天的宗儀に移行している祭祀形態である可能性は高いのであり、それが少なくとも六世紀以降河内の地で構築物を設けて執行されていた意義は大きい。

3　神奈備山のまつり

従来の祭祀遺跡の研究で注目されていたのは、冒頭に紹介したように神奈備型神体山や磐境と滑石製模造品などの祭祀遺物の出土地である。ここで三輪山型と仮称するのは、早くからいわれていた神奈備型の神体山に対する祭祀である。

奈良県三輪山の遺跡については、樋口清之氏らによって調査・研究が行われ、山腹の磐境と山麓の山の神祭祀遺跡などについて報告されている（注11）。

山の神遺跡は巨石をともない、素文銅鏡、滑石製模造品（勾玉・剣・鏡）、土製品などが出土していて「農具の多数存在する」点に三輪山信仰との関連を見出されている。

さらに注目すべきは、『雲根志』に「和州三輪山にて穿得たり」と記載されている四点の琴柱形石製品である（注

12)。材質は「色薄白く、厚さ四分、石の性少くやはらかにて上品ならず」の記述からみて、軟質の碧玉か滑石製品であろう。琴柱形石製品は、古墳時代前期後半から同中期前半に多い遺物であり、古墳の中心主体に副葬されていることが多い(注13)。三輪山例は、森本六爾氏のA式とC式(注14)で両時期にまたがるが、石上神宮禁足地からはC式が出土している(注15)。三輪山例が三輪山内のどの地点かは明らかではないが、山内では他に遺物の出土が知られていないことと石上神宮例から見て、禁足地出土である可能性が強い。なお、三輪山禁足地からは子持勾玉も出土している。

このように考えると、三輪山型祭祀が少なくとも四世紀後半には開始され、琴柱形石製品C式と子持勾玉に示されるように五世紀代に継続し、纒向遺跡出土の和泉産の古式須恵器からも五世紀後半以降大田田根子伝承に象徴される祭祀体制に転換しつつ継承されたことが考えられる。

なお、琴柱形石製品の意義を重視すれば、四世紀後半段階の三輪山型祭祀に関与した人々は古墳被葬者階層の人々であり、ほぼ同時期と推定できる九州・沖ノ島の鍬形石(注16)などに象徴される「国家祭祀」創祀の状況とも軌を一にしていて興味深い(注17)。

4　かみまつりの展開

前項までに検討した祭祀形態の性格と継続時期を要約すれば表二―1のとおりである。墓墳型祭祀については説明を省略したが、古墳が首長権継承儀礼の場であれば、古墳は墓であると同時に祭場である、と理解した。

纒向型祭祀の消滅と石見型祭祀の成立

纒向型祭祀は、建物と穴と火と水にかかわる年ごとに行われた農耕儀礼であり、古墳時代前期を中心として行われた。それは、弥生時代に系譜をたどりうるものであり、古墳時代中期以降には変質して継続しているように見受けられた。

水にかかわる農耕儀礼として纒向型に共通するのが石見型祭祀である。石見型祭祀は、水辺に環溝を掘り、溝に囲まれた平坦地で埴輪と木製品を使用した祭祀が行われた。盛行するのは、古墳時代中期中葉から同後期前半である。

纒向型祭祀が盛期を終えてから、石見型祭祀が開始されるまで半世紀以上の間があいている。この間には、墓墳型祭祀が盛期を終り、三輪山型祭祀が新たにはじまっている。纒向型と石見型は、農耕儀礼として共通していてもこの間には断絶があり、祭祀の内容にも質の異なる点が見受けられる。

纒向型祭祀が、稲籾・炊飯具・供膳具・機織具などをもって農耕儀礼本来の形を整えているのに対し、石見型祭祀は、人物・盾・家・鳥などの埴輪や木製品を主たる祭祀具としていて両者には系譜的なつながりは見出し難い。おそらく、纒向型祭祀は弥生時代以来の地的宗儀としての形態を保っているのに対し、石見型祭祀はほぼ併行する玉手

表二―1　祭祀型の変遷

祭祀型	性格	古墳時代前期 1 2 3 4 5	同・中期 6 7 8 9 10	同・後期
纒向型	農耕儀礼（新嘗？）	··———···	·········	·········
墓墳型	首長権継承儀礼	··—————	—————	·········
玉手山型	祭天の儀礼？		———	———
石見型	治水？		———	———
三輪山型	神体山	———	—————	———

山型祭祀の祭天の儀を背景とする天的宗儀の色彩をもつからであろう。また、石見型祭祀は環溝をめぐらして祭場を固定する傾向があり、この点でも纒向型祭祀との差異を示している。

墓墳型祭祀と玉手山型祭祀

前方後円墳が首長権継承儀礼の場として盛行するのは古墳時代前・中期であり、玉手山型祭祀はほぼ継続してはじまる。前述のように「壇場」を文献の上で推定しうるのは仁徳紀以降であり、雄略紀ではほぼ確実であるらしいが、これを玉手山型祭祀に比定するのは難しい。つまり、玉手山型祭壇が登場したことによって、古墳が葬送の場に戻り、首長権継承儀礼は独立した壇場で執行されるようになった、とはいい難い。

墳墓が首長権継承儀礼の場となったことが古墳時代を意義づけるものであるとすれば、それが終ったときは古墳時代の終りと考えなければならない。例えば、穴沢咊光氏が説かれるように(注18)、六世紀の南関東で「前方後円墳出土刀に比較して何ら遜色のない」頭椎大刀が横穴墓から出土する事例は、「従来のような古墳の規模の大小であらわされる伝統的身分秩序とは全く異なった」新しい秩序の成立を示唆するものであり、前方後円墳の変質を示している。また敏達紀によれば、西暦五八五年の天皇崩御ののち殯宮がおこされ、誄《しのびごと》がなされた。和田萃氏によれば(注19)、殯宮における誄は実質的な皇位継承儀礼であり、儀礼の場が墓地から離れたことを示している。

墓地から離れて独立した場で行われる首長権継承儀礼の内容は、農耕儀礼としての纒向型祭祀が加味されたものであろう。その上に、玉手山型祭祀成立の思想的背景となっている中国・朝鮮の影響のもとに、文献にあらわれる「壇場」として成立するのであろう。「壇場」は、墓地や原野に存在するのではなく、のちの宮殿に比定しうる場所に求めなければならず、それは王の居館である。

ここで参考になるのは、古墳に樹立されている家形埴輪の配置と近年検出されつつある同時期の掘立柱建築群の配置である。前者については、藤沢一夫氏が群馬県赤堀茶臼山古墳の家形埴輪群を中国の明器としての家の配置を基礎に復原された殿舎配置（注20）があり、後者については、さきに高倉管理形態との関連で復原したいくつかの遺跡の事例（注21）がある。この二つの作業でも、直接「壇場」を比定しうる資料には恵まれていないが、首長層の建物配置が定形化してくる過程は「壇場」設置の前提と認めてよいであろう（注22）。ことによると、群馬県三ツ寺遺跡の八〇メートル四方の整備された遺構は「壇場」にふさわしいものかもしれない。

玉手山型祭祀は、墓墳型祭祀にかわる「壇場」とは考え難いが、その思想的背景は、墓墳型祭祀を発展的に解消せしめる要因であり、その出現が古くみて五世紀後半にあることは、少なくとも六世紀段階での王権の変質を示唆するものであろう。そして、玉手山型の祭天の儀が、直接には百済の影響によるものであるとすれば（注23）、王権変質の契機も百済に求めなければならないだろう。

5　古墳立柱

『日本書紀』推古天皇二十七年十月の条に次のような記事がある。

「砂礫を以て檜隈陵の上に葺く。則ち域外に土を積みて山を成す。仍いて氏毎に科せて、大柱を土の山の上に建てしむ。時に倭漢坂上直が樹てたる柱、勝れて太だ高し。」

欽明天皇陵に、堅塩媛（きたしひめ）を改葬するにあたって大柱を立てて祭ったという。昭和五一年、纒向石塚古墳を調査したとき、前方後円墳のくびれ部の墳丘裾周濠内に一個の柱穴を見つけた。その付近の周濠内には柱や丸い棒や鋤や鍬や弧文円板など、多数の木製品が堆積していた。京都府今里車塚古墳では、前方後円墳の墳丘裾をめぐって約二メートル間隔位で柱穴があり、一部には柱根そのものが残っていた。さらに今里車塚古墳からは笠形木製品が出土している。この二例を含めてここ十数年、古墳周濠の調査が進むと共に、周濠内にさまざまな木製品が含まれていることがわかった。兵庫県和田山町池田古墳の建築用材らしきものや、奈良県五条市辻ノ山古墳の盾や、古くから知られているものでは応神陵の笠形木製品などがある。これらの木製品は、古墳祭祀にかかわって墳丘に立てならべられたものが、後に周濠内に倒壊したものを含むであろう。

本節では古墳墳丘祭祀の一環としての立柱について考えてみたい。

事例の検討

① 纒向石塚古墳（奈良県桜井市太田）（図二―4）

纒向石塚古墳は全長八八メートルの前方後円墳で、幅二〇メートルの周濠をもつ。周濠内の一部を調査した結果、後円部周濠からは鋤二本と鶏状木製品などが出土し、南くびれ部からは柱三本と丸太状木製品十数本、鋤、鍬、弧文円板などが出土している。南くびれ部の周濠底に径三〇センチ余の柱穴があった。その付近に倒れていた丸太は径二〇センチで、長さは二メートル二〇センチあり、表面は全面をきれいにうり削りしている。丸太状木製品は、径六・七センチ、長さ五・六メートルですべて皮をはぎ整形している。周濠内から出土した三本の柱状の木製

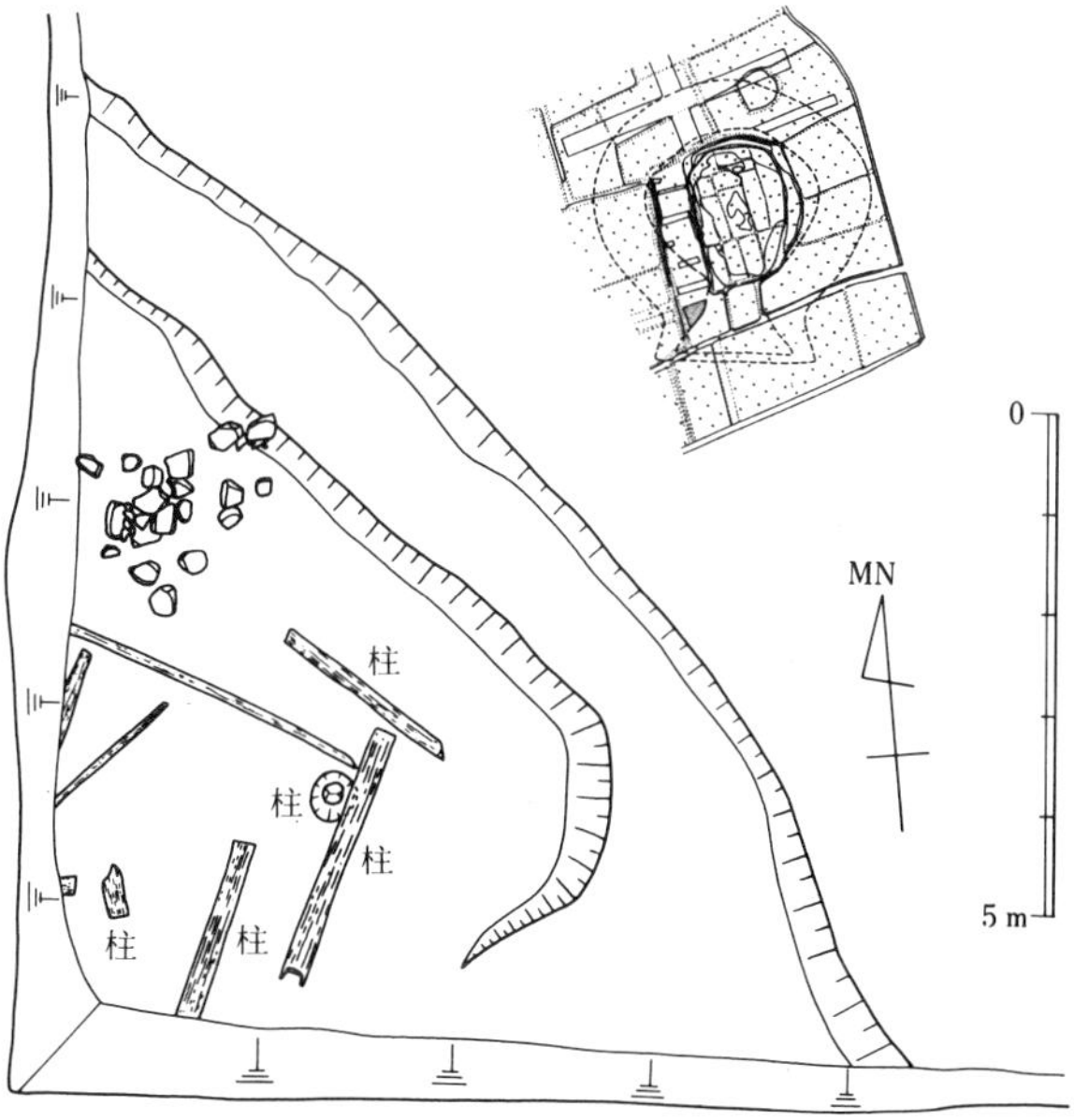

図二―4　石塚古墳周濠内木製品出土状況

品は、見つかった柱穴から復元すれば少なくとも一本は周濠内に立てられていたのであり、おそらく他の二本も、あるいは未発掘部分に埋まっているであろう数本を含めて、墳丘裾の周濠内に、ある間隔をおいて立てならべられていたものと思われる。そして、周濠内から出土している弧文円板などは、一面に彫刻があり、他の一面は何ら彫刻が施されていないので、一方から見るようにつくられていたと考えることができる。つまり、弧文円板は墳丘裾に立てられた柱の上に飾られたものであろう。時期は周濠内出土土器から纒向1式と考えられる。

② 玉手山九号墳（大阪府柏原市円明町）（図二―5）

玉手山九号墳は全長約六四メートルの前期前方後円墳である。第一段テラスのくびれ部の付近に二・七メートル間隔で埴輪列がならび、その埴輪列の間に同じように二・七メートル間隔で柱穴が三本検出された。柱穴の大きさは直径五〇センチ、深さ三〇～四〇センチの不整円形で、墳丘の他の部分では検出されていないので、くびれ部に限られるものと考えられている。報告書では「形象埴輪に代わる何らかの木製品、例えば蓋、鳥形、高杯、盾などの木製品が樹立されていたのであろう」と考えられている（注24）。

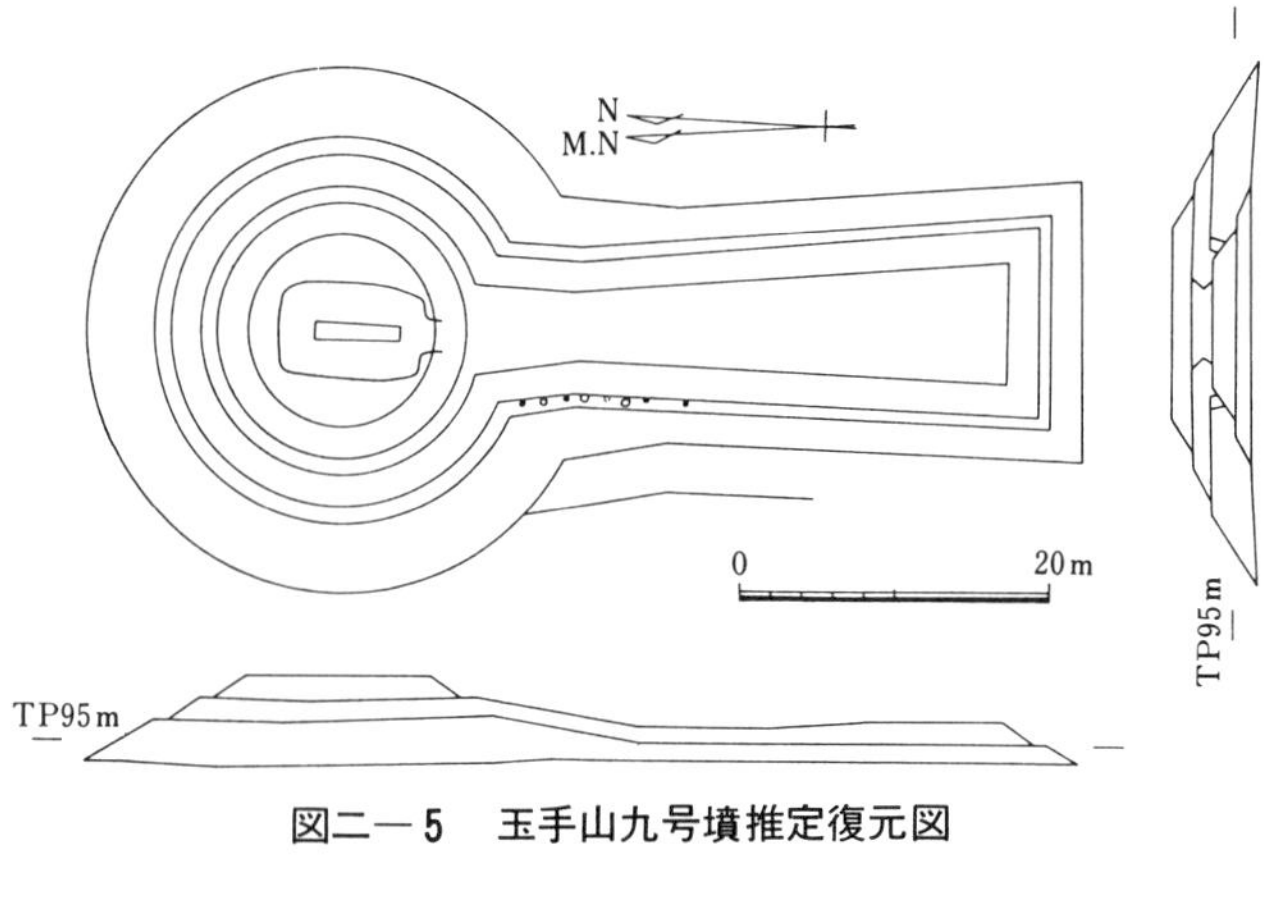

図二―5　玉手山九号墳推定復元図

③　今里車塚古墳（京都府長岡京市今里）（図二―6、図二―7）

今里車塚古墳は全長約七四メートルの、五世紀前半の前方後円墳と考えられている。墳丘裾のテラス部分から木の柱列が検出された。「墳丘北側のテラス部では四本（No.1～No.4）。南側テラス部では二本（No.5・No.6）及び柱掘り方一ケ所（No.7）を検出した。各柱は盛土を行った後に地山面まで達するか、または、地山を若干掘り下げる所まで掘り切り、その中に柱を埋め込んでいる。柱掘り方と根石の関係から、この柱は墳丘斜面に葺石が葺かれる以前に建てられていたことが判明した。検出した柱は、No.1・No.3・No.5の三本が他の柱より大型で、一本おきに大型・小型と柱の大きさを異にし、この柱は後述するように大きさだけを異にするだけでなく材質も異なる。柱の木取りも大型のものは心去材、小型のものは心持の丸太材を利用している。柱はテラス部盛土内に埋設されている部分は残りが良好であったが、地上に出ていたと思われる部分は自然条件などにより腐朽してしまっている。

各柱の間隔は心々間直線距離でNo.1～No.2間三・九〇メートル、No.2～No.3間三・八八メートル、No.3～No.4間三・九〇メートル、No.5～No.6間四・〇六メートル、No.6～No.7間四・〇〇メートル、各柱間の中心からの角度の平均値は九・七三度を計測した。また、

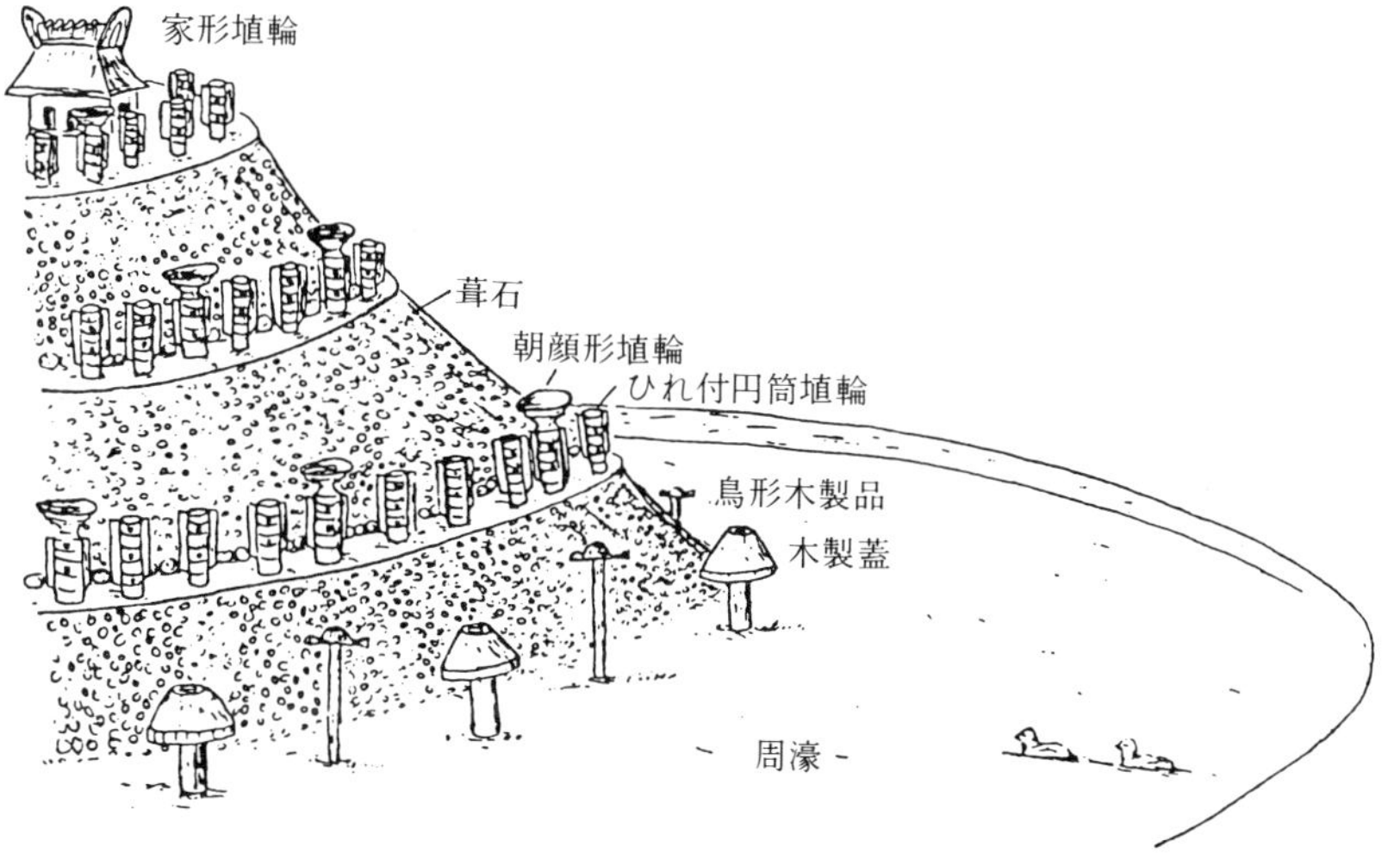

図二―6　今里車塚古墳後円部復元模式図

№5柱近くの周濠内から折れた痕跡をもった柱を検出した。この№5と折れた柱は両者の年輪・形状・検出地点などから同一の柱と考えられるが結合はしなかった」。

今里車塚古墳は円筒埴輪の他に、蓋形埴輪と家形埴輪などの形象埴輪の断片が見つかっている。古墳の南側周濠から笠形木製品が三点出土している。大きいのは直径五五センチで中央に一〇センチ×一五センチの長方形の穴があけられている。小さい方は直径四〇センチほどで中央の穴は見当たらない。いずれも表面がはなはだしく風化しており、長い間風雨にさらされた後に周濠内に落ち込んだものと考えられている。古墳の裾から出た柱穴は、径一五センチ～二〇センチあり、現在残っている部分の深さは三〇センチ～五〇センチほどである（注25）。

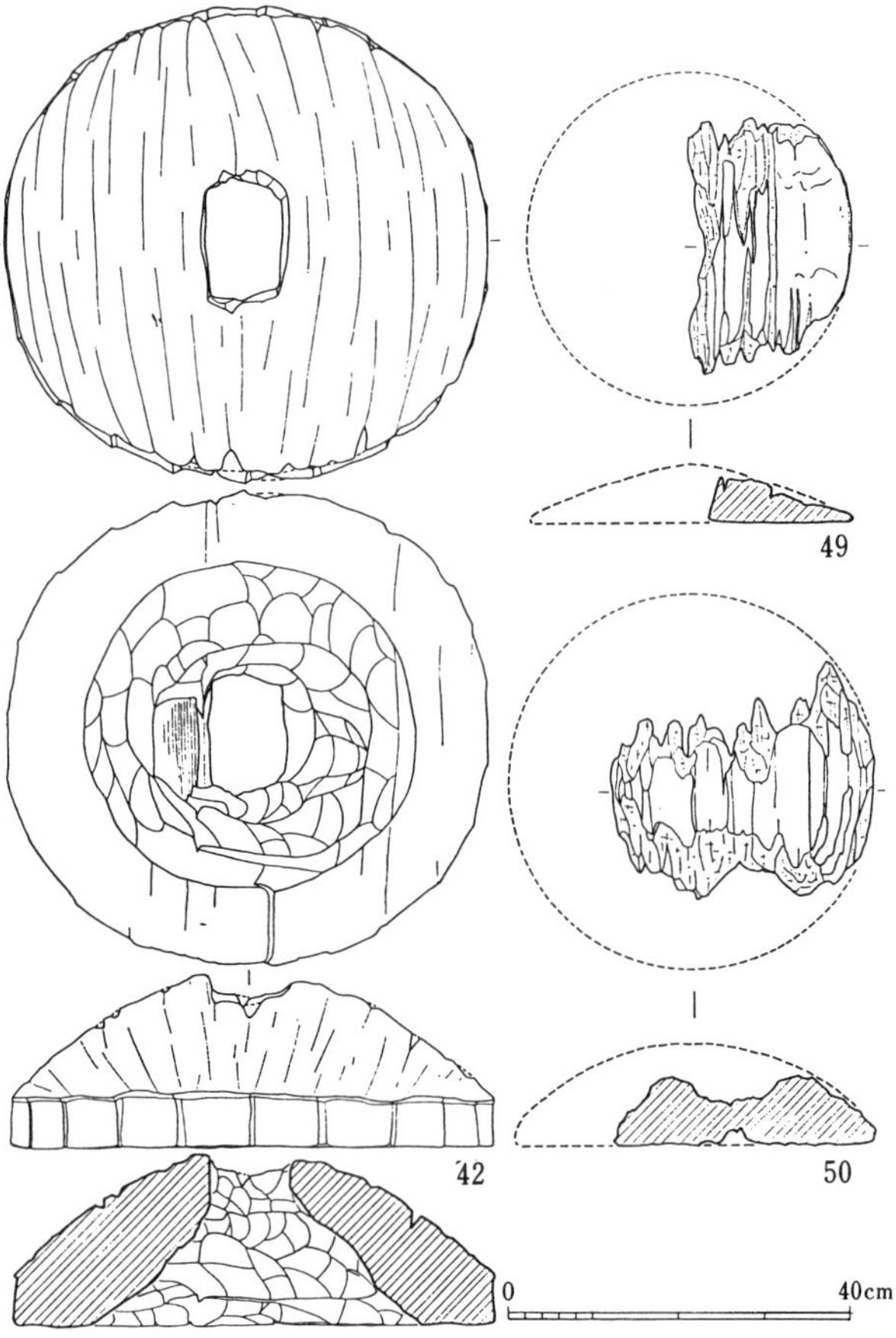

図二―7　今里車塚周濠ＳＤ1280，SD1227出土木製品実測図

④　五色塚古墳（兵庫県神戸市垂水区五色山）

五色塚古墳は全長一九四メートルの前期末、中期初めの兵庫県下最大の前方後円墳である。史跡整備にともなう発掘調査によって柱状の遺構が検出されている。

「この遺構は、前方部・後円部ともに東側中段の埴輪溝に接して発見され、他の地点では全く発見されていない。遺構と遺構の間隔は前方部では約五・三メートル、後円部では約六メートルある。掘方の径約四〇センチ、深さは表土をとりのぞいたのちの現墳丘面から四〇〜七〇センチである。柱状の穴の大きさは径約一六センチ、深さ四〇〜七〇センチ、中には掘方と柱状の穴の間に上・中段の葺石と同質の石を入れて、柱を固定していたと推定されるものもある」。

五色塚古墳の埴輪は鰭付円筒埴輪、朝顔形円筒埴輪、蓋形埴輪などが出土している。

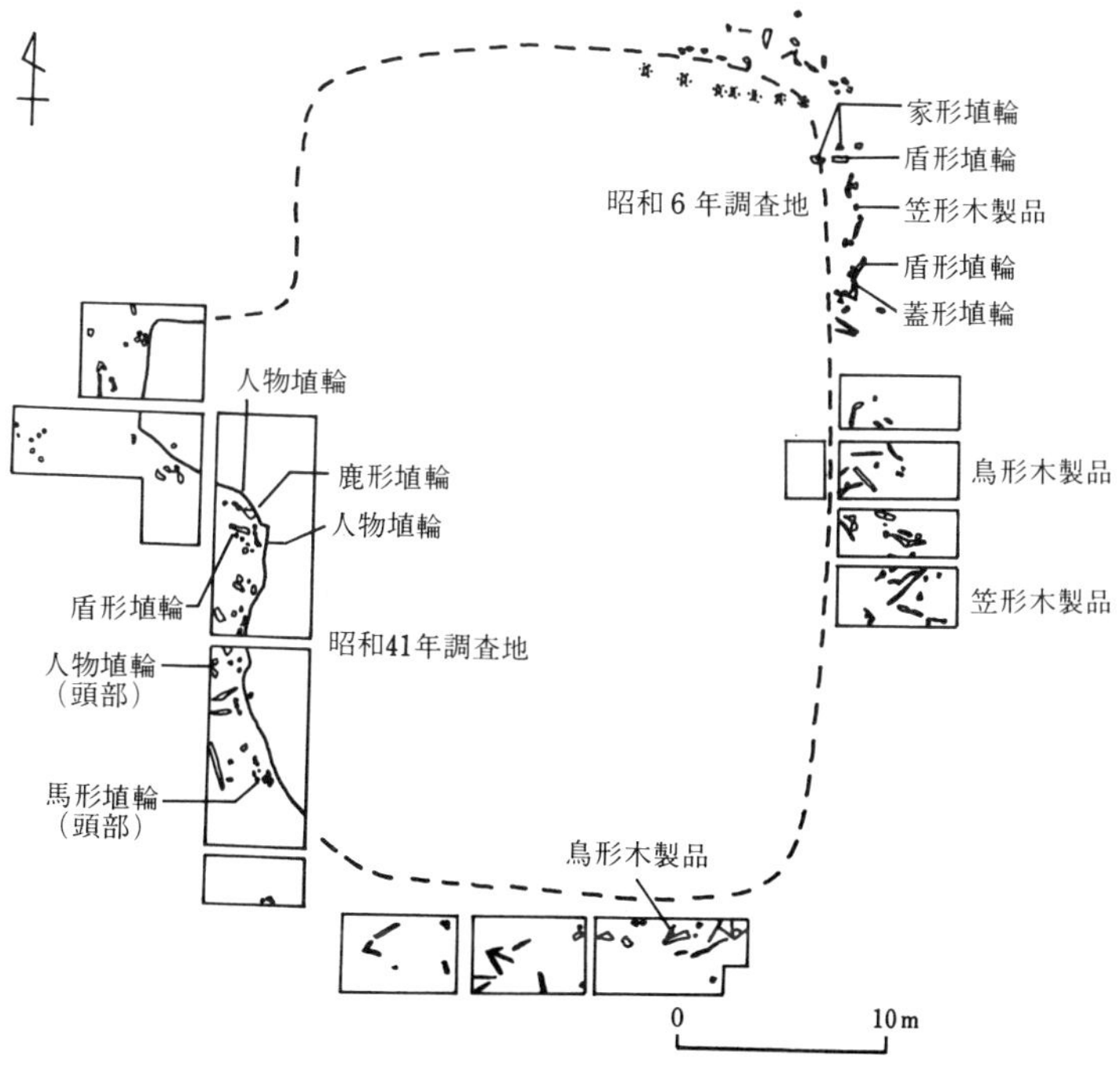

図二―８　石見遺跡遺物出土状況

⑤　石見《いわみ》遺跡（奈良県三宅町石見）（図二―8、図二―9）

石見遺跡は奈良盆地中央部にある古墳時代中期後半の祭場、あるいは方墳である。昭和六年と昭和四一年の二回の調査によって長辺約四一メートル、短辺約二二メートルの長方台状部の長辺に、推定幅六メートル、長さ六メートルの方形張り出しをもつ遺構があることがわかった。その周濠部分から多くの形象埴輪（人・鹿・盾・蓋など）と木製品（鳥・笠形など）が出土している。鳥形木製品は四個あり、三個は笠形木製品とほぼ同じ位置にあった。石見遺跡の木製品については以前に柱の上に飾られる鳥と、笠形木製品の組み合わせとして紹介したことがある（注26）。石見遺跡が祭場であるとすればその祭の一環として、古墳であるとすれば古墳祭祀の一環として、柱の上に鳥と笠形木製品が飾られることがあったことを示すものであろう。

図二―9　石見の鳥と笠復元想定図

⑥　姫ノ城古墳（熊本県宇土市姫ノ城）（図二―10）

姫ノ城古墳は全長八五メートルの中期の前方後円墳である。墳丘の裾に石製蓋と報告されているものがある。これは径約五七センチ、高さ約二三センチの円錐台形をした笠形石製品と、径二五センチ、長さ一三〇センチの柱が取り付くものである。柱の下は土に埋め込まれるようにとがらせてある。下面のほぞ穴が貫通していないことなど、笠形木製品との相違もある。

なお、同じく石製品としては、奈良県新山古墳出土の燭台形石製品、または台座形石製品と呼ばれているものがある。ところが、径一五・八センチのものと径一六・二センチのものとの二個あり、中央に方形の穴を穿つこと、平坦な下底面から垂直な立ち上がり部分のある台部をもつことなど、笠形木製品に似たところがある。しかし、上面の笠形部分に三段のくり方を加えた段をもつことや、中央の穴が貫通していないこと、下面にえぐり込みがないこと、木製品を模造した石製品に穴が貫通していないこと、下面にえぐり込みがないことなど、笠形木製品と違っている。

⑦　以上のほかにも、古墳から柱または柱穴が出土している例としては次のものがある。

もっとも早く注目されていたのは、明和八年（一七七一）に出土した奈良県明日香村欽明陵周濠内の柱である。これは『書紀集解』の著者、河村秀根が『日本書紀』推古天皇二十七年十月の条に、欽明天皇陵に各氏がきそって大柱を立てた記載に対応させて考証している。現在この柱は失われており、どのような大きさのものであったかは明らかでない。

また、岡山県両宮山古墳の前方部側の周庭からは、三・九メートル間隔で二本の柱穴が検出されている。この場合は周庭上にも柱が立てならべられたことがあることを示している。

また、笠形木製品の出土例としては、この他に奈良県新庄町飯豊陵周濠と、同じく奈良県高取町市尾墓山古墳、同

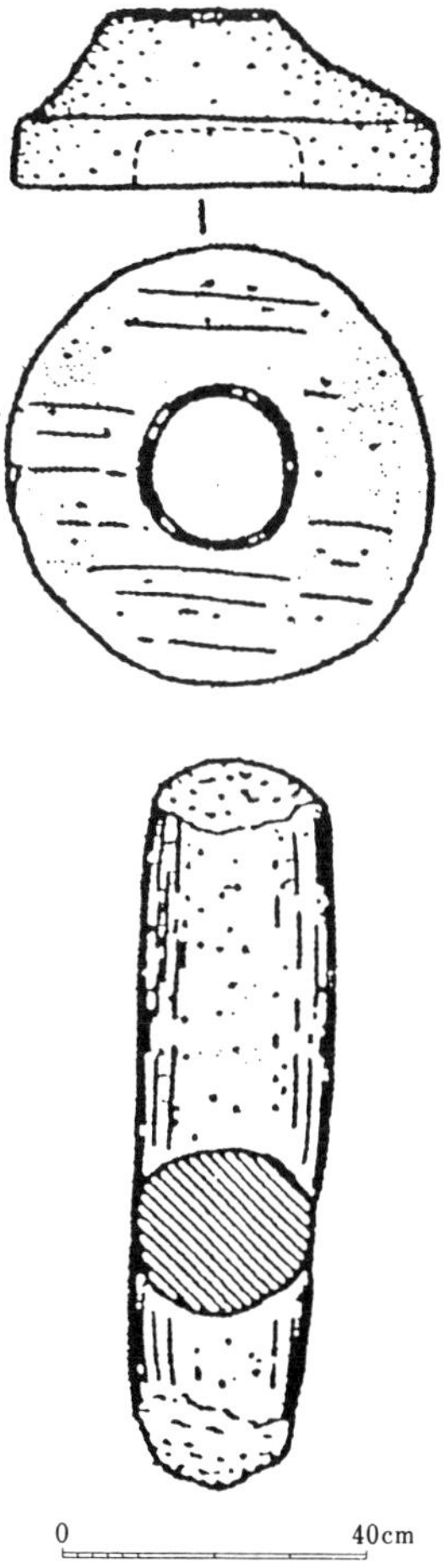

図二—10　姫ノ城古墳
笠形石製品

じく奈良県田原本町黒田大塚古墳周濠、同じく奈良県桜井市纒向遺跡などがある。黒田大塚古墳の周濠では石見遺跡と同様な鳥形木製品も出土している。纒向遺跡では石見遺跡と同様の祭場の一部と思われる区域を調査し、幅五メートルの周濠内から棟飾り形の木製品と笠形木製品などの他、棒状の木製品や家形埴輪、人物埴輪などの形象埴輪が多く出土した。六世紀の初めと考えられる。

要約

① 時期

古墳立柱の時期は、現在の資料によれば古墳時代前期から後期まで継続されているように思われ、なかでも古墳時代前期・中期が多い。ただし弥生時代の方形周溝墓の隅に、柱穴状ピットをもつ例が兵庫県川西市加茂遺跡（図二―11）に見られる。また、兵庫県尼崎市田能遺跡の古墳時代前期（布留式期）の方形周溝墓では、周濠内から数多くの建築用材が出土した。これらの点から見て、前方後円墳の成立の前段階に、墓地に柱を立てるという儀礼がすでに存在した可能性は考えておかなければならない。もしそうであるとすれば、墓地に柱を立てるという儀礼が、弥生時代にすでにあって、前方後円墳成立後、その中に組み込まれていったということになる。六世紀は前方後円墳での首長権継承儀礼が行われなくなる段階であるが、その段階にいたっても古墳に柱を立てるという儀礼が継続しているらしい。それは推古記の記事に見られるような追葬にともなう大祭であろうか。

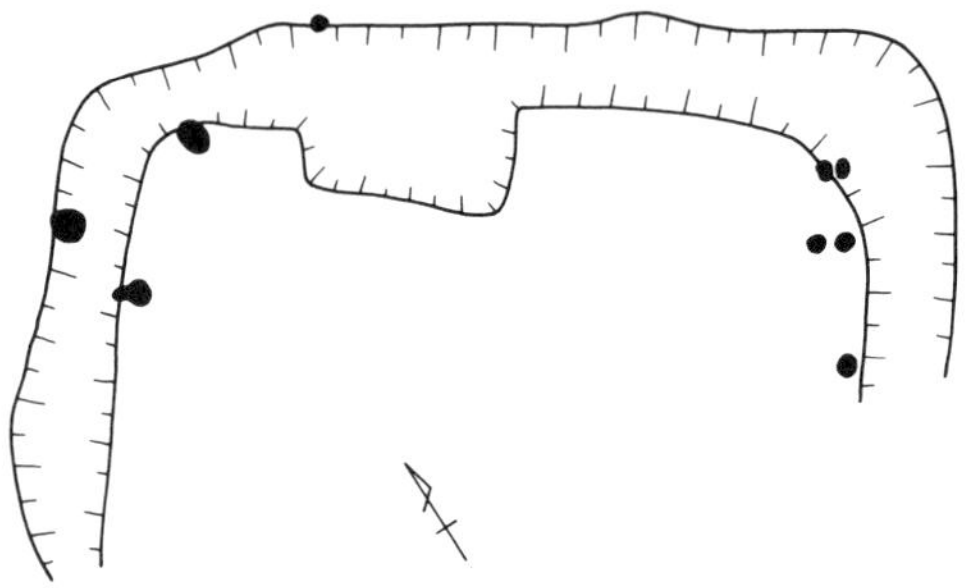

図二―11　兵庫県加茂遺跡
（方形周溝墓と柱穴〔黒丸〕）

②　分　布

古墳立柱は数少ないながら近畿地方に集中する。近畿以外では岡山県の両宮山古墳における外堤立柱、熊本県姫ノ城古墳における石製蓋などが認められる。古墳時代前・中期における大和と吉備の関係は、特殊器台ならびに特殊文様の分布と、王権を奪取しようとした星川皇子の乱に象徴されるように、きわめて親密なものであったと思われる。そのことを背景にして、両宮山古墳における立柱儀礼が行われたのであろう。熊本県姫ノ城古墳における石製品の立柱は、九州独自の石人石馬の文化の系譜とからめて考えなければならない。九州の石人石馬は、基本的には形象埴輪の石製品化であると考えてよい。姫ノ城古墳の笠形石製品と棒状石製品の組み合わせにしても、木製品の石製品化と考えれば、石人石馬全体が埴輪の石製品化、埴輪の九州的表現と考える一つの根拠となるであろう。そのように考えると、近畿を中心とする古墳立柱の儀礼が九州地域におよび、それが石製品として具体化されたものが姫ノ城古墳であると考えることができる。ただし、分布とその系譜関係は、現在の十数例の資料の中だけのことであって、今後、変更する可能性は大きい。たまたま弥生中期の資料、ならびに古墳前期初頭の資料が近畿に片寄っている現状からの一つの解釈にすぎない。

③　立柱の位置

1　墳丘裾に一定の間隔で立てる場合（纒向石塚古墳・今里車塚古墳）

2　墳丘の中段のテラスに立てる場合（玉手山九号墳・五色塚古墳・姫ノ城古墳）

3　外堤に立てる場合（両宮山古墳）

時期的に早いのは墳丘裾周濠内の立柱であり、前期後半から中期にかけて墳丘中段テラスにつくられる事例が見受けられる。そして同時に中期には、外堤への立柱も行われるようになった。前段階では墳丘平坦部での柱穴痕跡は注意されていない。なお、埴輪との併用は玉手山九号墳・今里車塚古墳・五色塚古墳などで認められるところであり、今里車塚では埴輪と柱が交互に配置されているような場合もある。つまり、埴輪と立柱は相反するものではなく、お互いに補完しあうもの、補完しあう祭具である。

④ 柱頭の飾りもの

古墳の裾、あるいは中段などに柱を立て、その柱の上に何を飾ったのだろうか。具体的には先にもふれた各地で見出される笠形木製品がその候補の一つである。笠形木製品と柱の共伴例は今里車塚古墳と石見遺跡にあり、石製品では姫ノ城古墳にある。そこから復元される形は、柱の頂部に笠形品をのせる姿を復元することができる。石見遺跡の場合はそれに鳥形木製品が加わる。その形は図二―9のように下半部は円形、上半部は断面方形の柱をつくり、上部や下段に鳥形木製品をすえ、頂部に笠形木製品をすえるという形ではなかっただろうか。さらに纒向石塚古墳では、片面にだけ彫刻する弧文円板があり、これも柱頭を飾った可能性がある。

その他、纒向石塚古墳には細い棒の先に飾られたらしい飾り物の断片も出土しており、柱にも大小があるので、その大小の飾り物が纒向石塚にも用いられていたかもしれない。そのような儀礼が纒向1式の段階に、すでに行われたことが考えられる。

⑤ 機 能

何を目的として古墳に柱を立てるのだろうか。その柱の上部を飾ったと思われる笠形木製品や鳥形木製品は、今のところほぼ同時期の集落で多量に木製品を出土している遺跡からも類例の出土をきかない。つまり笠形木製品や鳥形木製品は、祭祀にともなう用具のように思われる。木製品による祭祀専用具が、古墳時代にあったことを示している。

古墳の墳丘上部では、柱穴が検出されていないということを先に述べたが、それは墳丘頂部の保存状況の悪さや、調査時における目的意識のなさから柱穴が未検出であるということも十分に考えられる。

本来は大型古墳の墳丘頂部に柱穴があったのではないか、柱が立てられているか、あるいは建物が建てられていた可能性があったのではないかと考えられる資料がある。それは奈良県桜井市メスリ山古墳の後円部の墳頂部にならべられていた埴輪の配置によって復元的に考えられる。メスリ山古墳は全長二五〇メートルの前期前方後円墳である。その墳頂部には円筒埴輪が長方形にぎっしりとならべられており、その所々に大形の円筒埴輪が配置されている。その大形埴輪の配列をたどると、あたかも二間×四間で一面に庇をもつ建物の柱位置を思わせる（図二―12）。さらに、その妻側の柱位置の延長上に

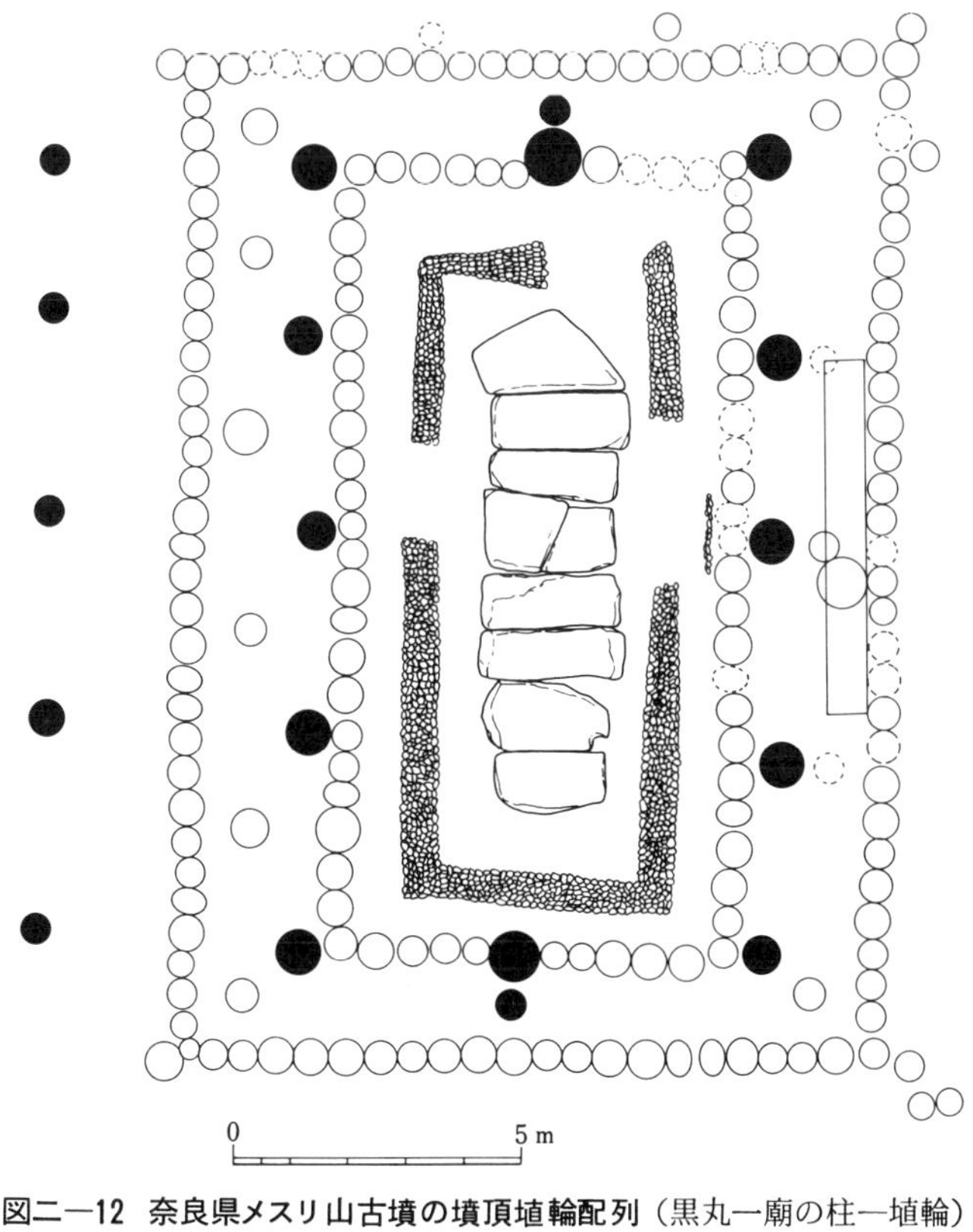

図二―12　奈良県メスリ山古墳の墳頂埴輪配列（黒丸―廟の柱―埴輪）

庇状の埴輪配列を示す部分がある。大形円筒埴輪の部分を柱と考えれば、片面に庇をもつ二間×三間の建物が前方後円墳の後円部中央部につくられていることになる。このような例は他に求めることはできないが、ここで考えられるのは中国の秦代以来、盛んに行われている陵寝制度である。中国の陵寝制度とは、墓に祖廟を建て祖先を祭る施設をもつ。日本の古墳にはそのようなものが認められないというふうに従来から考えられているけれども、メスリ山古墳の大形埴輪の配置から見ると、あながちそういうふうに決めてしまうこともでき難いように思われる。そしてそれは、方形周溝墓四隅の柱穴（兵庫県加茂遺跡）や、周濠内の建築用材（兵庫県田能遺跡）などに見られるように、弥生時代にまで遡ることも考えておかなければならない。中国陵寝制度の影響を受けた聖廟が、前方後円墳の中央部につくられていたとすれば、その周囲にめぐらされている多くの埴輪列は、聖廟をとりまく外郭施設であり、その外郭施設に配して、より背の高い柱をメスリ山の墳頂部の大形埴輪と同じような意識で点々と配列することがあってもよい。早い時期には墳丘裾に柱を立てならべ、五世紀後半から六世紀にはその柱の上に飾るものを立てる。古い段階にはその柱の上には弧文円板などの葬具を置き、中期後半から後期にかけては笠形木製品や鳥を置いて、祖廟の周囲を区画したのではないだろうか。そこには高橋美久二氏も考えておられるように、時によっては布を垂らし、推古記に表現されているような大柱や、きれがたなびき群臣がその周囲に集う姿も見られたのではないだろうか。

中国陵寝制度の影響が、日本の古墳に表現されていると今の段階で明言することはできない。しかし、少なくとも日本の古墳に柱を立てる儀礼があり、それは特殊なことではなくて今後、各地でぞくぞくと検出されてくるのではないかと思われる。それは埴輪と併用されて古墳の墳丘、ならびにその周辺を飾ったのであって、七世紀の大柱を立てる追葬の儀礼にまで継続していくものであった。

6　おわりに

四、五世紀の祭祀形態を、纒向型・墓墳型・玉手山型・石見型・三輪山型の5型に分けて検討し、さらに居館内壇場型の存在を予測した。

纒向型祭祀と石見型祭祀は、農耕儀礼として共通する面はあっても、前者は弥生時代以来の系譜をたどりうるのに対し、後者は中国・朝鮮の天的祭儀を思想的背景としているように推測された。

墓墳型祭祀は、古墳が首長権継承儀礼の場として意義づけられているときの祭祀形態であり、玉手山型祭天の儀のもつ思想を契機として発展的に解消するものとした。そこには、王権が共同体の枠から離脱し、王の居館に「壇場」を設ける方向を推測した。これを壇場型祭祀と仮称する。壇場型祭祀は、このあと七世紀以降の宮殿建築の中に定着していくのであろう。

注

(1) 増田精一『埴輪の古代史』新潮社　一九七六年　九一頁
(2) 石野博信「弥生時代の貯蔵施設」(『関西大学考古学研究年報』一) 一九六七年
(3) 石野博信「三輪山麓における祭祀の系譜」(『纒向』) 一九七六年
(4) 三品彰英「朝鮮の新嘗」(『新嘗の研究』二) 一九五五年
(5) 森　浩一・伊達宗泰・白石太一郎「奈良県石見遺跡の調査概要」(日本考古学協会昭和四一年度大会研究発表要旨) 一九六一年
(6) 森　浩一「形象埴輪の出土状態の再検討」(『古代学研究』二九) 一九六一年
(7) 堅田　直「玉手山丘陵南端部の調査—所謂郡田遺跡について」(『古代を考える』七) 一九七六年。詳細については堅田氏からご教示いただいたことを感謝する。

(8) 林　陸朗「朝鮮の郊祀円丘」(『古代文化』二六―一) 一九七四年

(9) 和田　萃「殯の基礎的考察」(『史林』五二―五) 一九六九年

(10) 西嶋定生氏は「古墳出現の国際的契機」(『日本の考古学』Ⅳ月報4　一九六六年)で、中国王朝の圜丘・方丘の制が前方後円墳の背景にあると想定されているが、本稿ではたとえ変質していても中国の制のとおり、祭祀の場として導入されているのではないかと考える。

(11) 樋口清之「三輪山上に於ける巨石群」(『考古学研究』一) 一九二七年
同「奈良県三輪町山ノ神遺跡研究」正・続(『考古学雑誌』一八―一〇・一二) 一九二八年

(12) 木内石亭『雲根志』巻五神代石六　一七七三年

(13) 泉森　皎「池の内古墳群の遺物と遺跡に関する考察―石製品」(『磐余・池の内古墳群』) 一九七三年

(14) 森本六爾「琴柱形石製品に対する一二の考へ」(『日本考古学研究』) 一九四三年

(15) 宮地直一・柴田常恵・大場磐雄『石上神宮宝物誌』大岡山書店　一九二九年

(16) 宗像大社祭祀遺跡調査隊編『沖ノ島Ⅰ』宗像大社復興期成会　一九七〇年

(17) 遺構・遺物をとくにともなわない山の神信仰は縄文時代以来ありうることであり、それが蛇神信仰として継続していることは、神話の検討を通じて、あるいは文化人類学の分野から指摘されたとおりであろうが、ここでは考古学的に検討しうる範囲にとどめた。

(18) 穴沢咊光・馬目順一「頭椎大刀試論」(『福島考古』一八) 一九七七年

(19) (注9)に同じ

(20) 野上丈助「埴輪生産をめぐる諸問題」(『考古学雑誌』六一―三　一九七六年)に引用の「群馬県赤堀茶臼山家形埴輪配置復元藤沢案」による。

(21) 石野博信「弥生・古墳時代の高倉管理形態とその変遷」(『橿原考古学研究所論集』) 一九七五年

(22) 水野正好氏は「埴輪体系の把握」(『古代史発掘』七　一九七四年)で、前方後円墳の前方部と後円部に設けられている壇を文献に見える「壇・壇場」の「初源的な姿を示すもの」とされている。本稿ではその機能的な一致は認めうるとしても、「壇場」は王の居館内にあってはじめて「壇場」としての意義を見出しうるものと考えておきたい。

(23) (注8)に同じ。

(24) 安村俊史『玉手山九号墳』柏原市教育委員会　一九八三年

(25) 『京都府埋蔵文化財発掘調査概報』一九八〇年

高橋美久二「長岡京市今里車塚古墳の笠形木製品」(『山城郷土資料館報』三) 一九八五年。本項は当論文に負うところ大きい。

(26) 末永雅雄『磯城郡三宅村石見出土埴輪報告』(奈良県報告一三) 一九三五年

森　浩一・伊達宗泰・白石太一郎「奈良県石見遺跡の調査概要」(日本考古学協会昭和四一年度大会研究発表要旨) 一九六六年

石野博信「石見の鳥」(『青陵』五八) 一九八六年

第三章　五世紀の変革

古墳時代の歴史は、古墳の編年によって前期・中期・後期（一般的には、およそ四・五・六世紀）、あるいは前期・後期に区分されている。そして、各時期は単に古墳の編年としてではなく、社会の変革を示すものとして語られることが多い。すなわち、前期には鏡・剣・玉に象徴される祭祀体系によって支配され、中期には新たに武器の多量副葬に象徴される軍事的社会へと変質し、後期には小型古墳の増大に象徴される古墳被葬者階層の拡大が進められた、という。これらの事象は一面の事実を伝えているとしても、時期を画するほどの現象なのであろうか。他の文化事象を含めて考えると、五世紀中葉を古墳時代史の一つの画期として重視しなければならないのではないか。

以下、いくつかの事象について考えてみよう。

1　宅　地

弥生時代には環濠集落が成立し、消滅する。これは、集落を区画するものではあるが、個々の住居と付属建物を区画するものではない。これとは別に、縄文時代、あるいは弥生時代集落で二棟一組、あるいは三棟一組の住居単位が存在することが指摘されている（注1）。弥生時代後期の実例としては、和歌山県船岡山遺跡で二棟一組五単位の集落が検出された（注2）。船岡山遺跡の場合、二棟の住居は軒を接し、隣の二棟との間は三〇メートル余離れている。しかし、これは二棟の住居構成員による共同生活を示すものではあっても、一家族、あるいは一親族による宅地の萌芽と見ることはできない。

　宅地の成立は、古墳時代前期に出現する家形埴輪群によって類推することができる。家形埴輪は、住居、倉、納屋、楼などのように建物が機能別につくり分けられており、これらによって構成される宅地が十分に推定できる。例えば、奈良県佐味田宝塚古墳出土の家屋文鏡に描かれている四棟の建物を祭祀的建物一、住居二、倉一と見て一つの豪族屋敷を考え、また、群馬県赤堀茶臼山古墳の家形埴輪群によって主屋一、付属棟五からなる古墳時代中期の豪族屋敷を推定することができる（注3）。

　しかし、佐味田宝塚古墳の家屋文鏡について木村徳国氏は、「四棟のワンセットを、――当時、もっとも尊く・ありがたく・おそろしきもの四者を、神像のかわりに、その住居（またはかかわり深い）建築によって

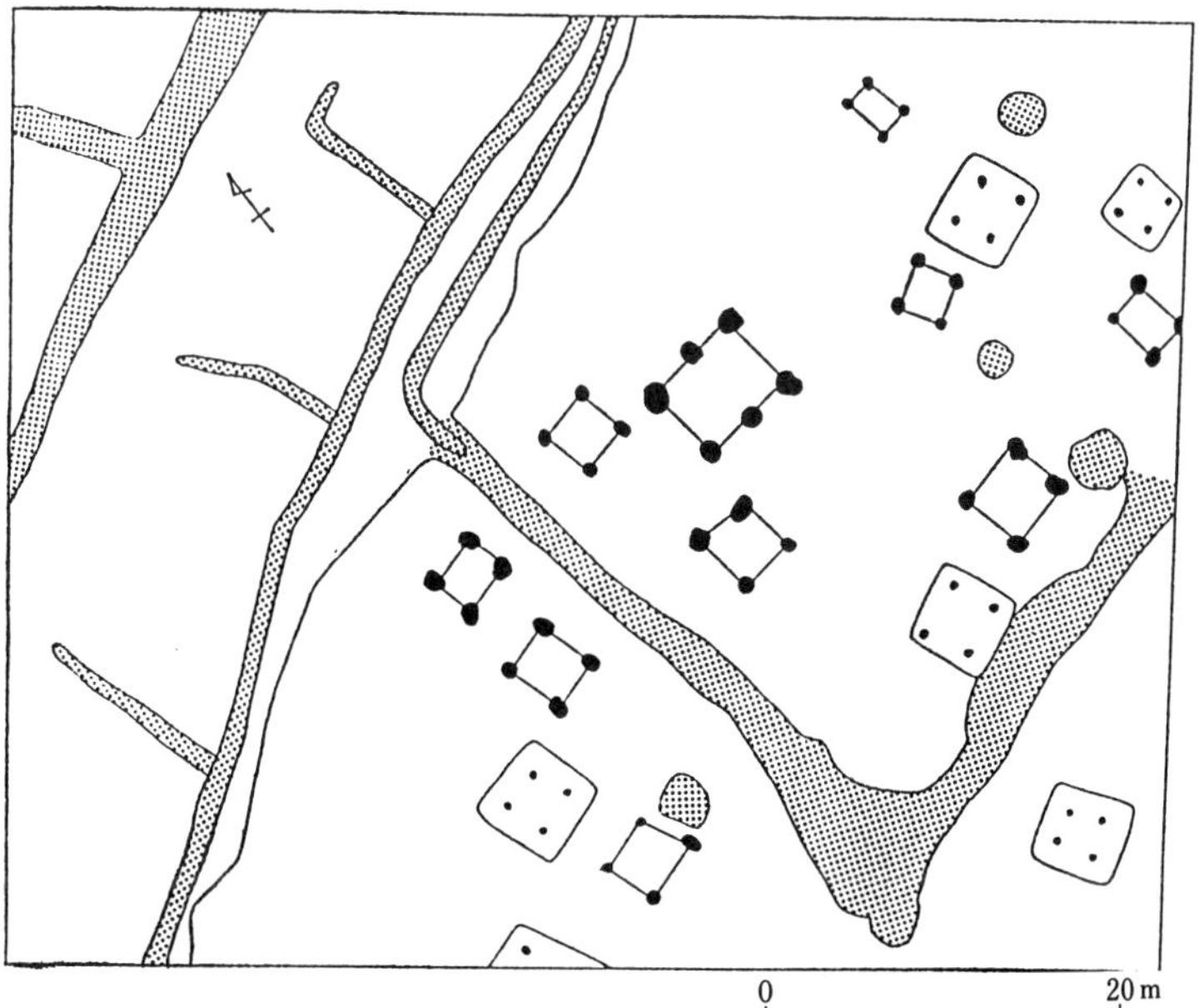

図三－1　静岡県小深田遺跡の宅地

表現しようとしたもの」(注4)と考えておられる。つまり、家屋文鏡の四棟は現実の豪族屋敷とは次元の異なるものとなる。傾聴すべき見解であり、家屋文鏡を根拠として古墳時代前期の豪族屋敷の存在を説くことは保留すべきかもしれない。しかし、静岡県小深田遺跡では古墳時代前期の宅地が検出されている。幅二メートル前後の溝によって東西四〇メートル余、南北三五メートル余の範囲が長方形に区画され、区画内には、七棟の掘立柱建物、三棟の竪穴式住居と井戸がある(注5)。同様の区画は連続しているらしい。現段階ではもっとも古い宅地の遺構である。同種の遺構は奈良県小泉遺跡(注6)にもあるが、遺構の状況がやや不明確である。小深田遺跡の遺構と各地の家形埴輪を例証として、古墳時代前期に宅地が成立していることを主張することもできるかもしれないが、現段階では萌芽期として位置づけておく方が穏当であろう。

宅地をいくつかの遺構によって明確に捉えることができるのは、古墳時代中期後半である。発見の端緒は、群馬県三ツ寺Ⅰ遺跡である(注7)。三ツ寺Ⅰ遺跡の宅地は、一辺約八〇メートルの方形台状で、二カ所に張出部をもち、まわりに幅約四〇メートル、深さ三メートルの堀をめぐらすという大規模なものである。台状部の周囲には回廊状の施設がめぐり、内部もまた回廊状施設によって分割され、その一画には身舎が三間×三間で

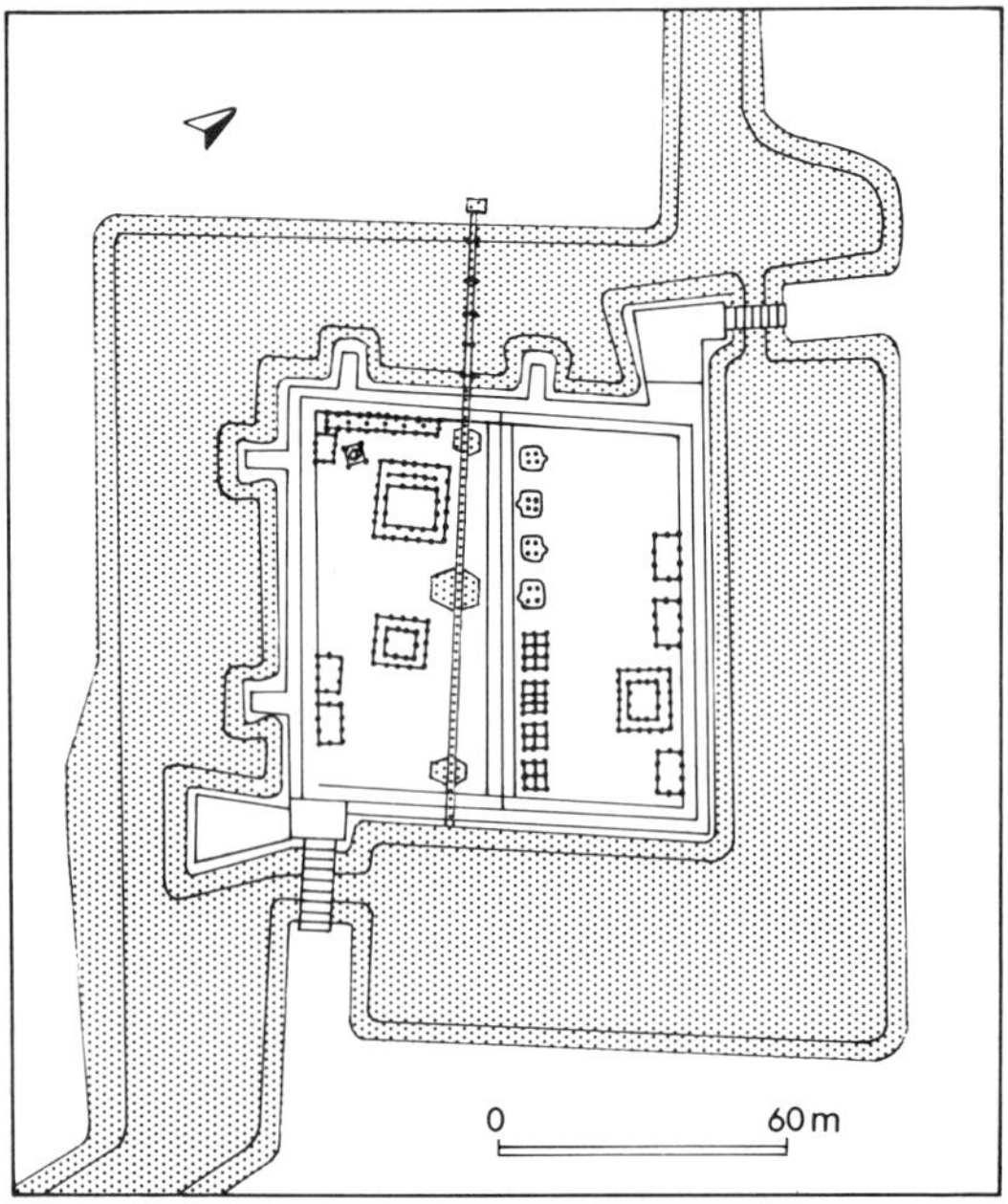

図三－２　群馬県三ツ寺Ｉ遺跡の宅地

四面に庇をもつ古墳時代とは考えられないほど整然とした建物が設けられている。遺物には、古式須恵器と土師器（和泉式、あるいは鬼高1式）のほか、多量の祭祀具（滑石製模造品――剣・勾玉・鏡・斧などのミニチュア）がある。遺構の年代は、須恵器や滑石製品から見て、五世紀後半と考えられる（注8）。

五世紀後半にこのような整然とした区画と建物が存在することは、まったく予想されていなかった。そして、区画の方位は、近隣の保渡田三古墳と関連する可能性があり、もしそうであれば、同地域に一定の方画地割の存在を予測させることにもなる。しかし、三ツ寺Ⅰ遺跡の遺構は、あまりにも整然としていて、古墳時代中期の群馬県における普遍的な豪族屋敷とするには躊躇せざるを得ない。

その理由は、つづいて検出された群馬県原之城遺跡の宅地遺構である（注9）。原之城遺跡の宅地は、一〇〇メートル×一二〇メートルの方形区画のまわりに幅一〇メートル～二〇メートルの溝をめぐらし、区画内周縁には基底幅一〇メートル余の土塁がめぐる。さらに、区画内にはL字形の溝があって、内区と外区を区別し、外区には区画と方位が一致しない掘立柱建物と竪穴住居がある。区画内東北隅には手づくね土器約三〇〇点と石製模造品（鏡・剣・勾玉など）の祭祀具が集中している。遺構から検出される土器は鬼高2式であり、六世紀後半に比定しうる。これは、三ツ寺Ⅰ遺跡の例とほぼ同種であるが、区画内の建物配置は雑然としている。

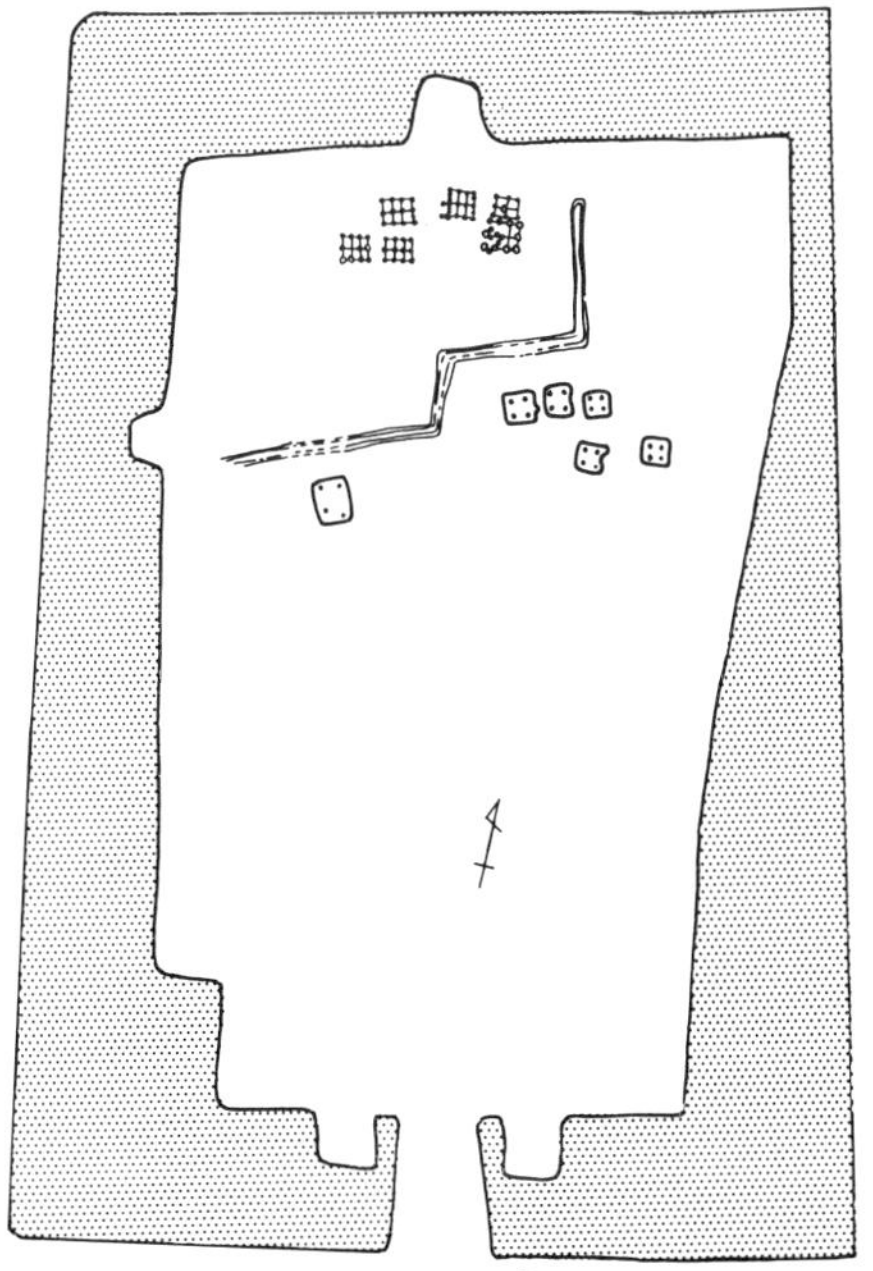

図三－3　群馬県原之城遺跡の宅地

近畿では、神戸市松野遺跡の類例がある(注10)。松野遺跡は、大きくは二つの宅地が重複しているように思われる。小は、三五メートル×四〇メートルの範囲を柵列で区画し、区画内に三棟の掘立柱建物をもつ。大は四〇メートル×五〇メートルの範囲を柵列で区画し、区画内に二~三棟の掘立柱建物をもつ。柵列のまわりには幅五メートル余の溝が部分的に設けられている。柱穴掘形内の須恵器から遺構の年代は六世紀前半と考えられている。

三ツ寺I・原之城・松野三遺跡の遺構から考えられる五・六世紀の豪族屋敷は、一辺四〇メートル~一〇〇メートル余の方形で、周囲を土塁・環濠・柵列などで区画していることがわかる。原之城・松野両遺跡では、区画内の建物は必ずしも整然と配置されていない。この差が、時期差・地域差・階層差・機能差のいずれであるのかは類例が少ないため明らかではないが、五・六世紀の豪族屋敷は特定階層を除いて左右対称の整然とした建物配置をとることはなかったのではないか、と考えられる。他方、群馬県赤堀茶臼山古墳の整然と

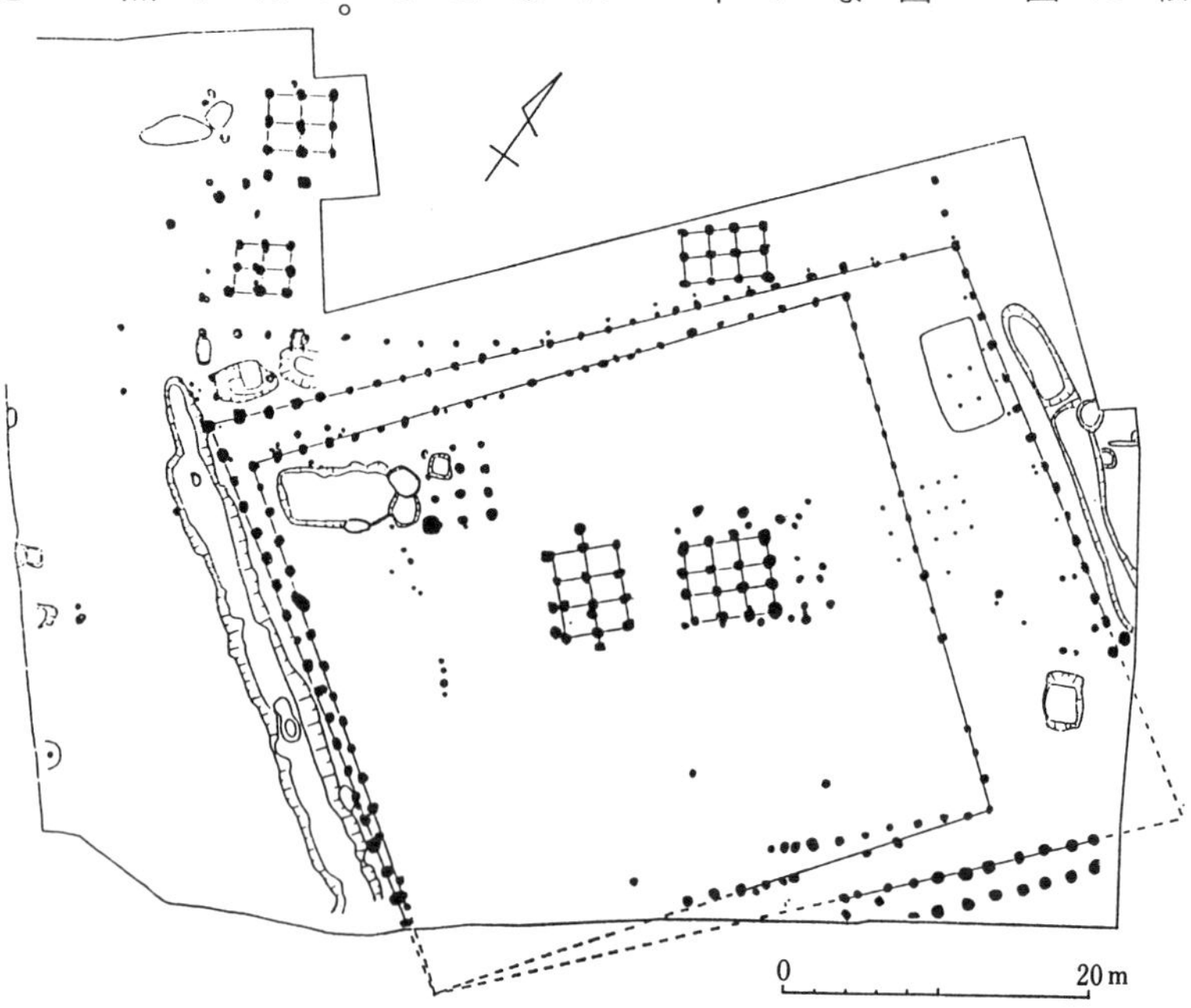

図三-4　兵庫県松野遺跡の宅地

した左右対称形の建物配置は、あたかも七世紀以降の官衙の建物配置を思わせるものであり、五・六世紀の「特定階層」とは、赤堀茶臼山古墳被葬者級の豪族を含む、と考えることができる。

要するに豪族屋敷は、四世紀に萌芽し、五世紀後半には方形区画形態を成立させていた。そして、屋敷内建物配置には左右対称形と非対称形の二者があり、前者は七世紀以降の官衙的遺構に連なる可能性が強い。いいかえれば、律令的社会の萌芽が五世紀後半〜六世紀前半に認めうることとなる。ことは重大であり、単に建物配置だけではなく、他の事象をあわせて検討しなければ明らかにはし難い。

2　方画地割

前項で、五世紀後半〜六世紀の豪族屋敷が方形区画をもつ事実に注目し、群馬県三ツ寺Ⅰ遺跡の方形区画の方位と近隣の保渡田古墳群の方位が一致する可能性から一定地域での方画地割の存在を類推した。このことは、群馬県下で数多く検出されている六世紀の整然とした方画の水田遺構の存在と一致するものである。

昭和五一年に群馬県日高遺跡で四世紀末の火山灰に覆われた水田跡が検出されたのを契機として、各地で数多くの水田跡と水路などの関連遺構が検出されている。古くは、従来縄文時代晩期と認識されていた夜臼式期から新しくは近世に及ぶ。

水田跡はいうまでもなく生産遺跡である。水田区画と水利のあり方は、水田を経営した集団のあり方と結びついており、その変遷は経営集団の変遷と結びついている。このような認識に基づいて、律令体制の整備と前後して施行されたと考えられている方画地割がどのような経緯を経て出現し、展開したのかを発掘された水田区画などを通じて整理してみたい。方画地割に注目するのは、これが土地利用の政治的規制を象徴する形態と考えるからである。

なお、八賀晋氏は水田区画を三つの類型に分類された（注11）。

一、谷底状の湿地に立地し、比較的広い区画をもつもの（岡山県津島遺跡、滋賀県大中の湖南遺跡）。

二、微高地縁辺に立地し、地形の傾きにあわせて区画を施す。上位水田の区画は等高線に沿って小さく台形状になり、下位水田の区画は方形で大きい（岡山県百間川遺跡、三重県北堀池遺跡）。

三、ほぼ同様の区画を連続させる規格性のある水田（群馬県熊野堂遺跡）。

そして八賀氏は、時代的には一↓二↓三と展開したものと考えておられるようである。

結論をさきに述べれば、私は、一・二類型は、微高地とその縁辺を自然地形に沿って利用する形態としては同一類型で捉えるべきものとし、第二に方画地割の発生期を設け、第三にその展開期を設定しうるものと考えている。

自然地形に対応した区画

八賀氏の一・二類型に当る。区画は概して不整形で、方形

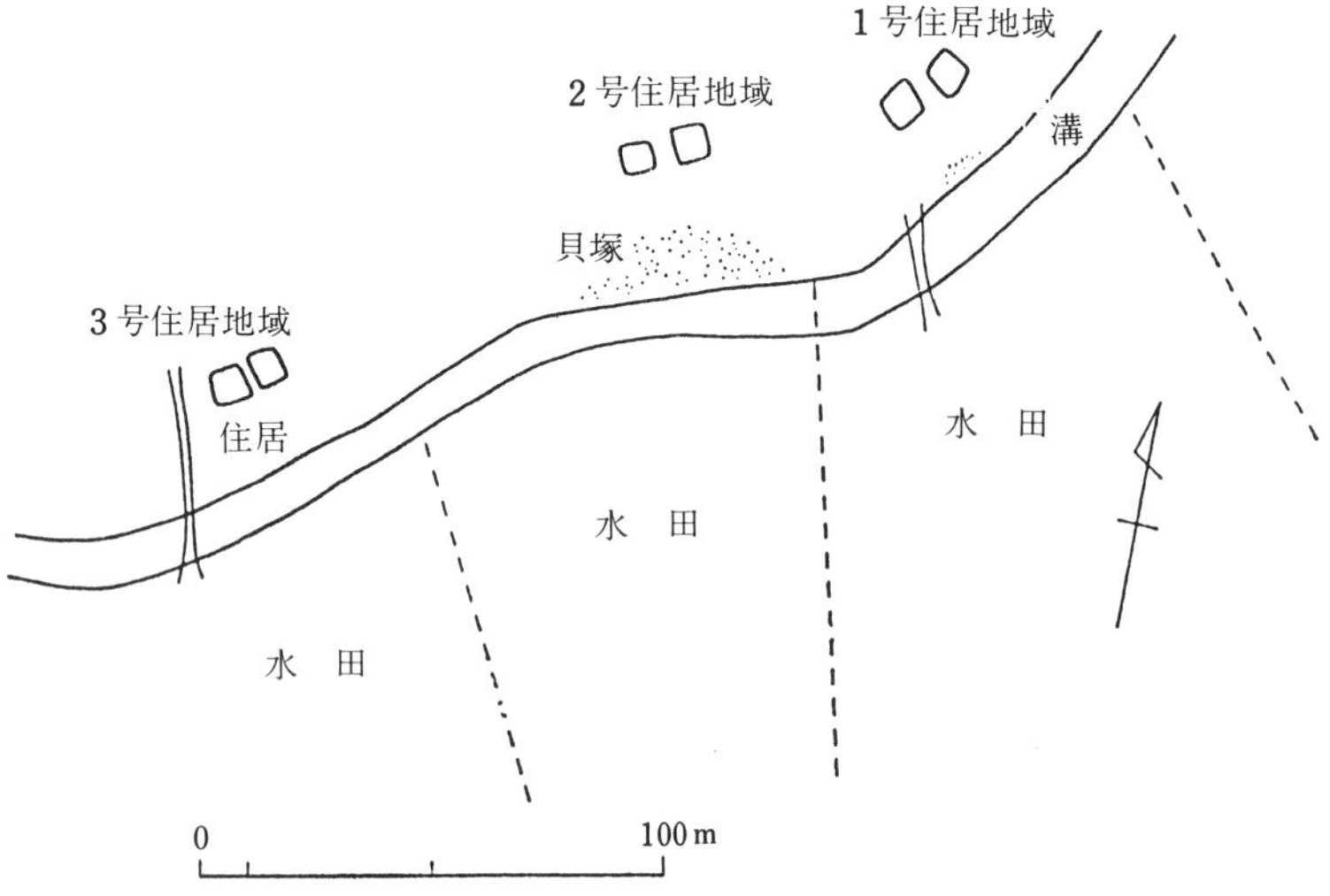

図三－5　滋賀・大中の湖南遺跡（弥生中期）

区画をとる場合も大畦畔による方形大区画はもたない。低地では大区画（大中の湖南遺跡―図三―5）、微高地では小区画（北堀池遺跡―図三―6）をなす。

この段階の水田は、居住地に接して営まれているのも一つの特色である。岡山県百間川遺跡では微高地上に住居があり、微高地と周辺低地が水田に利用されている。居住地と水田が相接して対応している状況はさきに見た大中の湖南遺跡の場合も同様である。

居住地に接した場所に自然地形と対応した区画をもつ水田を経営するあり方は、弥生時代前期（福岡県板付遺跡・岡山県津島遺跡）から古墳時代中期（大阪府八尾南遺跡）に一つの盛行期間をもっている。しかし、この類型は、現代の居住地に近い谷田に見られるように、もっとも自然な形態であり、永く継続するものと思われる。

方画地割の出現

(1) はじめに一つの実例を紹介しよう。

群馬県芦田貝戸遺跡では、浅間C降下軽石層（四世紀前半）下の水田跡は方形区画であるが大区画をもたず、水田跡に接して居住地があるのに対し、榛名二ッ岳降下火山灰層（FA―六世紀中葉〜末葉）下の水田跡は小区画が連接する整然とした方画地割の中に大区画が設けられ、隣接する住居群は認められないという。群馬県下ではFAに覆われる整然とした水田区画が熊野堂遺跡や新保遺跡に認められ、芦田貝戸遺跡の特殊性でないことを示している。

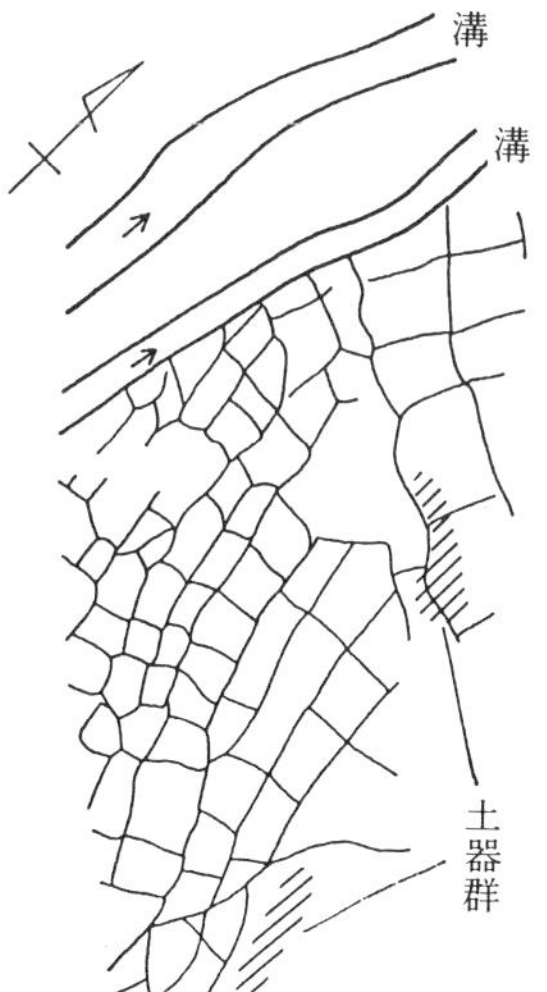

図三－6　三重・北堀池遺跡
（古墳前期）

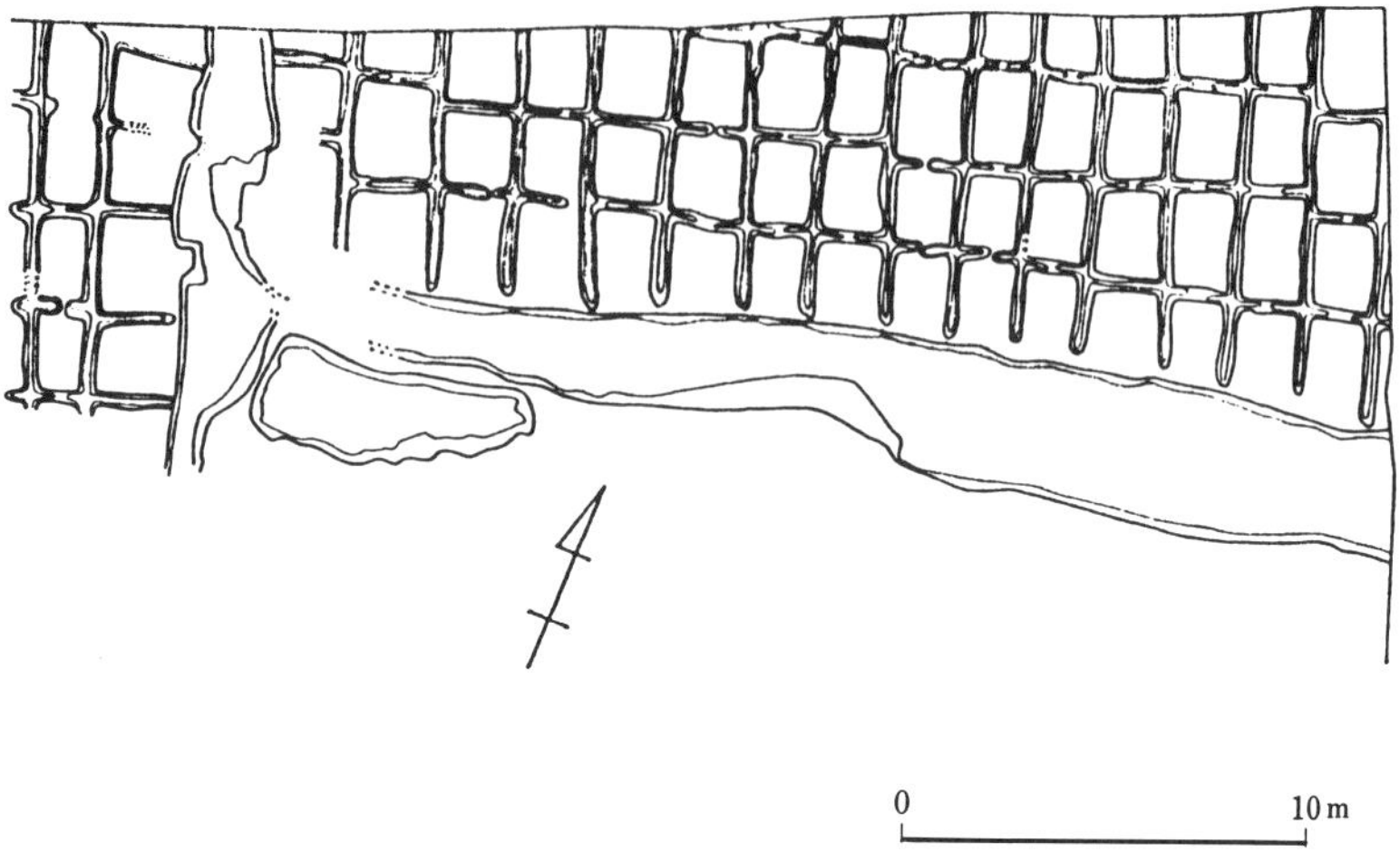

図三－7　芦田貝戸遺跡（ＦＡ下－古墳後期）

図三－8　芦田貝戸遺跡（Ｃ軽石下－古墳前期）

つまり、四世紀前半以前には第一類型の水田区画をもち居住地と接していたのが、六世紀中葉以前には方画地割に基づく水田が居住地から離れて造営されたことを示している。

一九八一・八二年に検出された群馬県三ッ寺遺跡と原之城遺跡の六世紀前半の一辺八〇メートルの方形屋敷地の存在と重ね合わせて考えると、群馬県では六世紀前半に一定地域ごとに方画地割が施行されていたことを示唆しているのかもしれない。

(2)天平十五年（七四三年）弘福寺田数帳や天平二〇年（七四八年）弘福寺三綱牒に記載されている条里坪付は、八世紀中葉段階には条里制が施行されていたことを確実に示している。一方、現在地表面に遺存している条里的地割の発掘成果によると、後述するように八世紀と認めうる考古学的資料はきわめて稀である。

ここで考えられることは、六世紀方画地割の系譜にのって、八世紀に国家レベルで施行されたのが「条里」であり、その施行範囲は従来考えられているような面的な広がりをもたなかったのではないか、ということである。

奈良県十六面遺跡では、奈良盆地条里地帯の中央部で、現存条里に斜行する八世紀の水田区画が検出された。水田区画は旧河道の方向に沿っており、部分的な現象と理解することもできるかもしれないが、現存条里が河川をこえ、丘陵を隔てても直線的に連続している原理からすれば異質なことである。十六面地域に八世紀に条里が施行されていたのであれば、旧河道流域であっても現存条理に見合う直線的な水田区画があってしかるべきであろう。

方画地割は、六世紀前半、あるいは五世紀後半に萌芽し、各地域の豪族によって施行された（第一期A）。それが、条里呼称をもって国家レベルで採用されたのは八世紀であるが、施行範囲は依然として限定されていた（第一期B）、と考えておきたい。

現存条里の成立

九州から東北南部までの平野には、近年の圃場整備によってかなり破壊されてはいるものの広く条里的地割が遺存している。そのうち坪界などを発掘調査しているのはおそらく数万カ所に達し、坪界部分で先行する畦畔・溝などを検出しているのは数千カ所であろう。そして、先行する遺構の時期を限定できる資料に恵まれた例は数百カ所程度であろう。

考古学的に現存条里の施行起源を追求するには未だ資料不足の憾みは免れない。それにしても、数百カ所の資料で八世紀に遡上りうるのは大阪府美園遺跡など僅少例に限られ、多くは平安時代以降、とくに十二世紀以降の資料が圧倒的に多い。ここに、「条里は奈良時代」という漠然とした定説に対する疑念が生じてくる。

いくつかの実例を紹介しよう。

奈良県稗田・若槻遺跡は、大和国添上郡京南路東三条一里に所在する奈良・平安時代の遺跡である。ここでは、二〇カ所余で条里坪界に相当する畦畔・水路を切断調査し、八カ所で現地表下六〇センチ～八〇センチで十二世紀の溝などを確認した。さらに、調査地域の現耕作土・床土下には、全面に平安末～中世の耕作痕跡と考えられる「中世素掘溝」があり、現地表面が、平安末・中世以降に形成されたものであることを教えている。

奈良県箸尾遺跡は、大和国広瀬郡一四条三里に相当するが、ここでも稗田・若槻遺跡と同様の成果が得られている。「中世素掘溝」は奈良盆地のいたるところで検出されており、現条里区画とほぼ一致している(注12)。

なお、奈良盆地には条里区画に一致する数多くの池が築造されているが、唐古遺跡をはじめとする池底の調査によって中世の井戸などの遺構が検出されており、この種の池灌漑による水田経営の多くは中世以降と考えられる。

つまり、条里坪界下層遺構の時期と「中世素掘溝」、池底の遺構などのあり方から、奈良盆地の条里区画の多くは十二世紀以降に整備されたものと考えざるを得ない。

まとめ

古代方画地割の成立過程を次のように要約しておきたい。

第一期　自然地形に対応じた地割
主として弥生時代から古墳時代中期に盛行した地割で、微高地縁辺、ならびに微高地上に認められる。水田は居住地の近くに営まれ、いわば職住接近の自然村落型である。

第二期　初期方画地割
古墳時代後期から奈良・平安時代にかけて方画地割が施行され、居住地と水田は分離する。六・七世紀には各地域ごとに、八世紀以降には国家レベルで行われたが、部分的な施行にとどまっている。

第三期　方画地割の成立
十二世紀以降、日本列島の平野部に認められる条里地割が完成した。現存する条里区画の多くはこの段階に成立した。

十二世紀は武士の胎動期と一致する。

3　専用祭場

古墳時代祭祀の類型と変遷については前章で述べたので省略するが、弥生時代以来の系譜をひく、「火と水と稲穂のまつり——纒向型祭祀」に代って登場するのが、専用の祭場を新たに設ける「壇場と立物のまつり——石見型祭祀」である。「纒向型祭祀が、稲籾・炊飯具・供膳具・機織具などをもって農耕儀礼本来の形を整えているのに対し、石見型祭祀は、人物・盾・家・鳥などの埴輪や木製品を主たる祭祀具としていて両者には系譜的なつながりは見出し難い」のである。石見型祭祀は、従来の地的宗儀に対して天的宗儀との関連を考えうるものであり、その成立は六世紀初頭である。

4　祭具量献

祭祀はあらゆる時代に行われており、祭祀を行うには何らかの器具が用いられている場合が多いのは通常のことであろう。そして、ある時期以降、祭祀専用の器具が製作され、使用されるようになる。祭祀専用具の消長をたどることによって、祭祀の定式化をたどることができるであろう。

祭祀専用具の一つに滑石製模造品がある。小林行雄氏は、滑石製模造品には大きく二種あることに注目されている（注13）。「案・杵・坩・履などの、大型で一品が一、二点ずつ納められているものと、刀子・勾玉のように、同種の品がそれぞれ一〇〇個以上にのぼるもの」の二者であり、「古くは一品一、二点ずつであった石製模造品が、滑石製の小型粗製の同種品を多数に副葬する傾向に変化していったのである」。そして、小林氏は奈良県宮山古墳や大阪府カトンボ山古墳などを例証として、「畿内における同種多量の石製模造品副葬の風習が、五世紀の初頭から中葉にかけておこなわれた現象」とされた。小林氏は、三重県石山古墳東棺の刀子一二四個、斧一一個などの石製模造品は、滑石製勾玉を多量にもつカトンボ山古墳とは異質であるとして、滑石製品の同種多量副葬例から除外しておられるが、石山古墳以前にこれほどの滑石製品をもつ古墳が認められないことからすれば、これを含めて祭具量献の萌芽と認めることができるであろう。

祭祀遺跡出土の滑石製模造品は、主として臼玉・剣形品・有孔円板であり、臼玉がもっとも多い。この品目は古墳出土品とは異なり、刀子・斧などをあまり含んでいない。

滑石製模造品を多量に使用する祭祀遺跡が古墳での祭具量献の時期とほぼ併行するものとすれば、両者の品目のちがいは祭祀の内容のちがいとして重視すべきであろう。古墳は墓であり、祭祀遺跡は墓ではないことは当然であるが、祭具の相違はこの差をこえているように思われる。臼玉・剣形品・有孔円板が、高橋健自氏や大場磐雄氏の推定（注14）どおり、管玉・剣・鏡の模造品であるとすれば、あたかも前期古墳における玉・剣・鏡と一致する。玉・剣・鏡をもつ前期古墳被葬者が、各地の王であり、古墳で王権継承儀礼を行ったものとすれば、五世紀後半以降にその模造品によって執行された祭祀は王権と何らかのかかわりをもったものと考えなければならないだろう。かかわりの内容は未だ明らかではないが、ことによると、王権の変質を示唆するものかもしれない。

5　前方後円墳の変質

前方後円墳は、古墳時代の開始とともに、王権継承儀礼の場として出現し、展開した、と考えられている。このような前方後円墳の性格が、六世紀段階には変質するらしい（注15）。和田萃氏の研究（注16）によると、殯とは王権継承儀礼そのものであり、それは墓以外の場所（殯宮、のちには宮殿）で行われる。記・紀などの文献資料によると、王位継承儀礼として殯は六世紀前半にはじまる。そうすると、六世紀の古墳は、もはや王位継承儀礼の場ではないのであり、事実として各地に六世紀の前方後円墳が築造されていようとも、六世紀を古墳時代とよぶことはできないことになる。

前方後円墳の被葬者が王であり、王がカミであるとき、前方後円墳はカミまつりの場であった。六世紀に前方後円墳がカミまつりの場でなくなったとき、かつてのカミまつりの場も畏怖の対象ではなくなったのではないか。前期大型前方後円墳である行燈山古墳（「崇神陵」）の隣接地に横穴式石室墳がつくられたり（注17）、奈良市歌姫横穴の床面に、近くの塩塚古墳の埴輪を転用する（注18）などは、その例証であろう。

他方、渋谷向山古墳（「景行陵」）や奈良県瓦塚古墳（注19）（中期前方後円墳）のように円筒埴輪列に須恵器が伴出している例は、古墳を古墳と認識した上での追祭祀を考えさせ、一律にはいかない。ともかく、古墳がいつまで古墳として認識されていたのか、宮殿がいつまで宮殿と認識されていたか、など、遺跡の推移は、王権の変質過程を検討する上でも、重要な課題であろう。

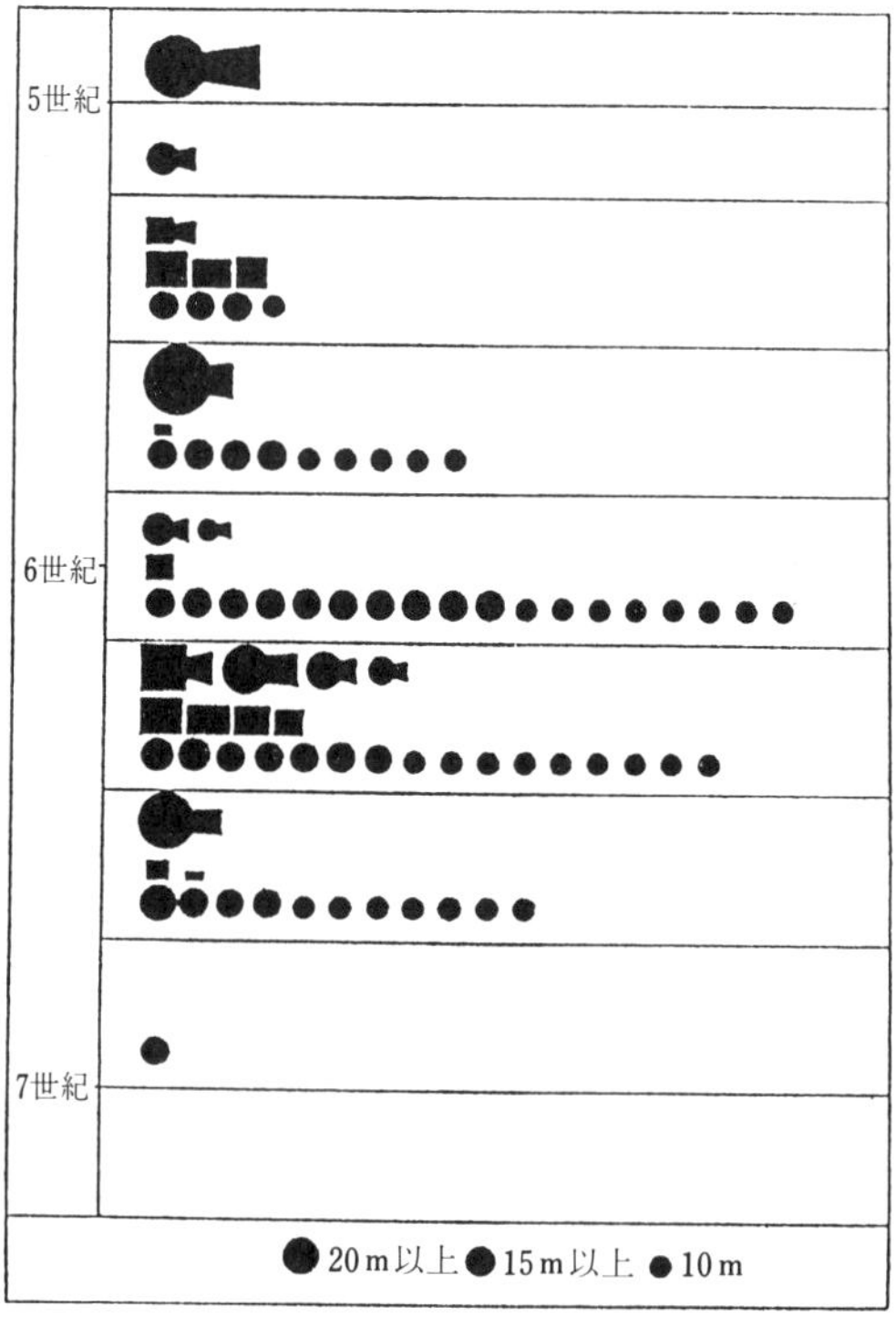

図三－9　新沢千塚のつくられた時期と数

6　群集墳

かつて、群集墳の成立は六世紀を特徴づけるものとされていた。現時点では、六世紀に群集墳が盛行することは確かではあるが、その成立は五世紀後半にさかのぼることが判明してきた。その契機は、奈良県新沢《にいざわ》千塚古墳群の調査であり、つづいて同県火野谷古墳群、同県石光山古墳群などがある。

新沢千塚古墳群は、総数約六〇〇基からなり、一部は前期にさかのぼるものがあるものの、数を増すのは五世紀後半で、盛期は五世紀末から六世紀前半である。発掘調査したのは一二〇基余であり、そのうち五世紀代の古墳は約二五パーセントで、六世紀中葉までの古墳は約七〇パーセントである（注20）。

石光山古墳群の時期別基数は表三―1のとおりである（注21）。群の形成は五世紀後半にはじまり、盛期は六世紀前半であって新沢千塚古墳群の傾向とほぼ一致している。

古墳が群集するということは、端的には被葬者階層の拡大を意味するものであり、社会構成の変革を示すものである。この現象が畿内にとどまらないことは埼玉県生野山古墳群（注22）や福岡県池の上墳墓群（注23）などによって類推しうることであり、関東以西の主要地域において進行したものと考えられる。

表三―1　石光山古墳群の時期別基数

	須恵器形式	古墳数
	Ⅰ式後半	12
500	Ⅱ式	25
	Ⅲ式	14
600	Ⅳ式	2

7　ま　と　め

宅地、方画地割、専用祭場、祭具量献、前方後円墳の変質、群集墳などの成立がおよそ五世紀中葉から後半にはじまることを考えた。次に、これら相互の関連を検討してみたい。

居宅の周辺を方形に区画して宅地とし、居館を構えることと耕地を方形に地割することは規を一にしたことであり、一定地域に方画地割が形成されつつある段階の現象と考えられる。かつて耕地は、自然地形に合わせて、等高線に沿うように、したがって不整形に区画されており、住居もまた溝などで区画されることはなかった。方画地割は、自然地形を規制して出現する。いわば不自然な地割であり、周辺居住民の合意がなければ成立し難いであろう。そこに住民の意思を統合する権力の成長をよみとることができる。成長した権力が方画地割の一画に宅地を構える――それが居館の成立である。古墳出現段階に、大型前方後円墳を築造しうるほどの首長の成長がありながら、居館を構えることが顕著でなかったのは、前方後円墳が支配者層にとっては政治的記念物であっても、民衆にとっては宗教的記念物

＝カミまつりの場であったからにほかならない。首長が居館を構えることは、民衆との隔絶――民衆の中のカミから支配者層のためのカミへと脱皮して行くことを示すものであろう。

前方後円墳の変質は、まさにカミまつりの場の変質であった。変質したカミが登場するのが、すでにその前段階から用意されていた専用祭場であり、祭祀用具もまた模造品が量産されて供献されるようになった。もっとも、時間的には祭具量献↓専用祭場↓前方後円墳の変質と進んでいるので、まつる側の意識の変化があって模造祭具を生み、まつる側の意識の変化を背景として前方後円墳の祭場から墓への変質が進行した、と考えた方がよいかもしれない。

これらの変革とほぼ併行して群集墳が成立してくるのは、個々の変革がそれぞれ独立しておこるのではなく、また単に支配者層だけの事情によるものではなく、中堅層の増大をともなう社会的な変革として進行したことを示すものであろう。そして、これらの変革がこの時点でおこる契機の一つとして朝鮮半島からの思想・文物の導入が考えられる。例えば、四世紀末～五世紀前半の陶質土器、鉄素材（鉄鋌）、農具（「鋳造鉄斧」、U字形スキ先）、武器（甲冑）の移入があり、中でも韓国福泉洞古墳群の革綴短甲は日本からの将来品と考えるよりも、韓国で生まれ、日本の古墳時代武器に、――戦闘に大きな影響を与えたものと考えるべきであろう。ここに、古墳時代史の中での五世紀中葉の変革を提唱する所以がある。

表三―2　宅地・祭場・墓の変遷

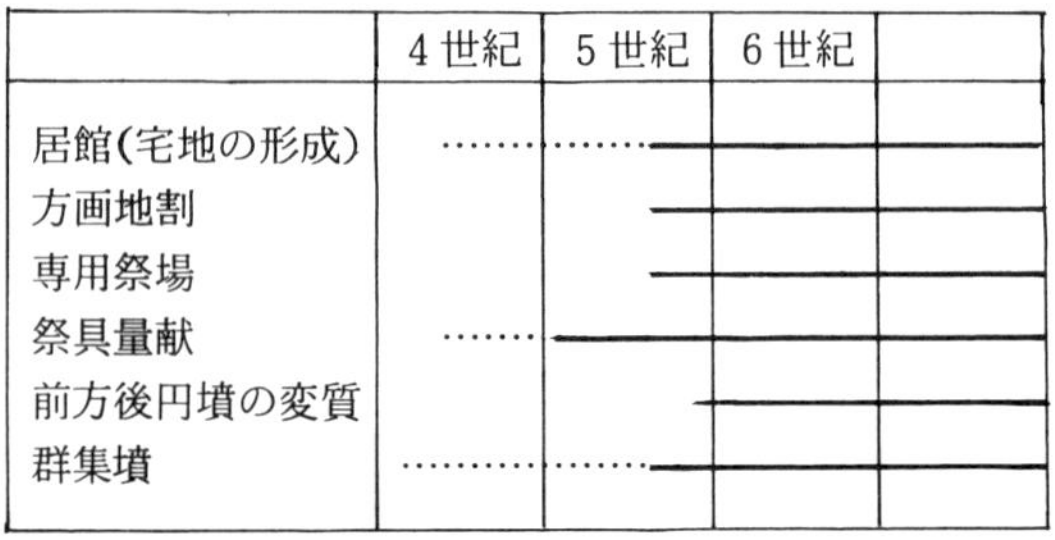

注

(1) 水野正好「縄文時代集落研究への基礎的操作」(『古代文化』二一―三・四) 一九六九年
(2) 土井孝之『船岡山遺跡発掘調査概要Ⅱ』和歌山県教育委員会　一九八一年
(3) 藤沢一夫復元案(『考古学雑誌』六一―三、野上丈助論文引用)
(4) 木村徳国「鏡の画とイヘ」(『家』社会思想社) 一九七五年
(5) 原川　宏ほか『焼津市埋蔵文化財発掘調査概報Ⅱ』焼津市教育委員会　一九八二年
(6) 橿原考古学研究所、伊藤勇輔氏調査
(7) 『三ッ寺遺跡説明会資料』群馬県教育委員会　一九八一年
(8) 須恵器は森Ⅰ式後半に相当し、埼玉県稲荷山古墳の須恵器よりも古いものを含む。稲荷山鉄剣の辛亥年を四七一年と考え、須恵器を礫槨埋葬時かそれ以前とみれば、およそ五世紀後半の年代がふさわしい。
(9) 中澤貞治『原之城遺跡・下吉祥寺遺跡』伊勢崎市教育委員会　一九八二年
(10) 『松野遺跡現地説明会資料』神戸市教育委員会　一九八一年
(11) 八賀　晋「登呂水田の問題点」(『歴史と人物』) 一九七九年
(12) 中井一夫「いわゆる中世素掘溝について」(『青陵』四七) 一九八一年
(13) 小林行雄「中期古墳時代文化とその伝播」(『古墳時代の研究』青木書店) 一九六一年
(14) 高橋健自『古墳発見石製模造器具の研究』帝室博物館　一九一九年
大場磐雄『祭祀遺跡』角川書店　一九七〇年
(15) 石野博信「古墳の発生」(『歴史公論』四―三) 一九七八年
(16) 和田　萃「殯の基礎的考察」(『史林』五二―五) 一九六九年
(17) 笠野　毅「崇神天皇陵陪冢い・ろ号の外構柵設置箇所の調査」(『書陵部紀要』二七) 一九七五年
小島俊次・北野耕平「奈良市歌姫町横穴」(『奈良県抄報』一二) 一九五九年
河上邦彦・今尾文昭「奈良市塩塚古墳」(『奈良県遺跡調査概報』) 一九七八年
(18) 河上氏は歌姫横穴と塩塚古墳との関係について指摘しておられる。なお、新しい古墳での古い埴輪の転用については間壁葭子氏から示唆をうけ、河上氏の見解については千賀久氏の指摘をうけた。

(19) 久野邦雄・関川尚功『斑鳩町瓦塚一号墳発掘調査概報』奈良県教育委員会　一九七六年
(20) 泉森　皎『新沢千塚の遺宝』千塚資料館　一九七八年
(21) 河上邦彦「石光山古墳群の築造過程」(『葛城・石光山古墳群』奈良県教育委員会) 一九七六年
(22) 菅谷浩之・駒宮史朗「児玉町・美里村生野山古墳群発掘調査概報」第六回遺跡発掘調査報告会発表要旨　一九七三年
(23) 橋口達也『池の上墳墓群』甘木市教育委員会　一九七九年

第四章　五世紀の地域勢力

五世紀は、「巨大古墳の世紀」といわれ、大山古墳（「仁徳天皇陵」）をはじめとする超大型古墳が築造された時期である。まさに前方後円墳の時代の盛期である。しかし、盛期の中に各種の変革が進行していたことは前章で見たとおりである。本章では、変革を通じての各地域勢力のあり方を検討してみたい。

従来、古墳時代の地域勢力を考える場合、各地域の大型古墳を中心として畿内政権とのかかわり方を検討する方向で進められてきた。確かに大型古墳は、ある時期、それぞれの地域を代表する勢力であったことは確かであろう。そして、畿内政権とのかかわり方が、時の地域政権にとって政権維持のための重要な要素であったことも一面の事実であろう。しかし、五世紀の畿内政権は、律令国家ほどの支配体制はとり得ていないのであり、日本列島を東西に奔走して政権拡張をはかることを必要とした時代である。いいかえれば、各地域に強い独自性をもった政権が存在し、地域政権相互に連携を保っていたことも十分に考えられるのである。

このような意味で、本章では各地域の大型古墳と畿内政権との関係は問わず、できれば大型古墳を無視して、中・小型古墳のあり方から地域勢力の態様を考えてみたい。例えば、五世紀には長持形石棺が王者の棺として登場する。しかし、各地域の王の多くが長持形石棺を採用しているわけではない。長持形石棺の採用が、畿内政権との密接の度合いをはかる尺度とされているが、それは、同様の意味をもたせられている墳形としての前方後円墳ほど波及していない。つまり、各地域の埋葬施設の相違を検討することによって、地域勢力の独自性の度合と合従連衡を推定しうるのではないか、と考えた。副葬品の組み合わせ・配置は、地域性が強いと考えられるが、各地域を比較しうるほどの確実な調査例が少ないため参考にとどめることとした。

以下、日本列島を西から東へ、地域性の強い埋葬施設を抽出してみよう。

1　地域性の強い埋葬施設

(1)　地下式板石積石室—南九州西部

地下式板石積石室は、径一〜三メートル余の円形墓壙（まれには長方形墓壙がある）を掘り、墓壙壁に沿って板石を立て並べ、遺体をおさめ、副葬品とともに土を埋め板石で合掌形に覆う葬法である。古くは弥生時代の鹿児島県堂前遺跡（注1）や、長崎県松原遺跡（注2）にはじまる。分布の中心は、熊本県南部と鹿児島県北部であり、高塚古墳とくに前方後円墳の分布地域にはない。

図四—1　地下式板石積石室
（鹿児島県吉松町永山遺跡）

地下式板石積石室は、弥生時代以来の系譜をひく地域色の強い葬法であり、五世紀代を通じて特定地域に営まれており、六世紀に及ぶ。石室内径は一・五メートル以下のものが多く屈葬が想定されること、遺体安置後土で室内を充塡すること（おそらく棺は使用していない——「石室」と呼称しているが、室空間はない（注3））、副葬品は屍床に納置せず埋土とともに入れること、など高塚古墳の葬法とは明らかに異なっている。しかし、副葬品は海岸部の地下式板石積石室は比較的豊富であり、鹿児島県出水市溝下遺跡（注4）のように短甲・冑・矛など、高塚古墳と遜色ないものがある。

地下式板石積石室を構築した人々は、高塚古墳を受容しなかった。短甲などの副葬品をもっている点からみて、高塚古墳を造営できなかったのではなく、受容しようとはしなかった地域勢力の存在を想定することができる。

(2) **地下式横穴**（注5）――南九州東部

地下式横穴は、径一メートル余の竪坑を掘り、坑底から横に羨道・墓室を掘りこむ。横穴を地下に掘る、まさに地下式横穴であり、横穴内に箱形石棺などを置く例もある。古い段階には、墓室の天井を家形につくり、屍床をもつものがある。はじまりは、宮崎県六野原《むつのばる》地下式横穴群に見られるように五世紀前半であり、六・七世紀に継続する。分布の中心は、宮崎県南部であり、鹿児島県北部・東部に拡がっている。宮崎県西都原《さいとばる》古墳群や鹿児島県唐仁《とうじん》古墳群などの高塚古墳地帯と重複し、横穴式石室や横穴とは境界地域での重複を除き、分布地域を異にする。

地下式横穴の副葬品は、高塚古墳と同等かそれ以上の豊富さを示している。例えば、宮崎県六野原六号墳では、鏡・刀剣・玉類・鉄矛・鉄斧・鉄鏃・馬鍬と短甲・衝角付冑など（注6）があり、全体として見ても、鏡・玉と武器・武具類をもっている。

地下式横穴は、埋葬施設の形態としてはきわめて強い個性をもち、分布地域も旧日向国（大隅地方を含む）に集中する特性をもちながら、高塚古墳――前方後円墳と共存し、副葬品では拮抗している。地下式横穴には、本来径三メートル、高さ一メートル程度の盛土が地上標識として存在したらしいが、広大な土

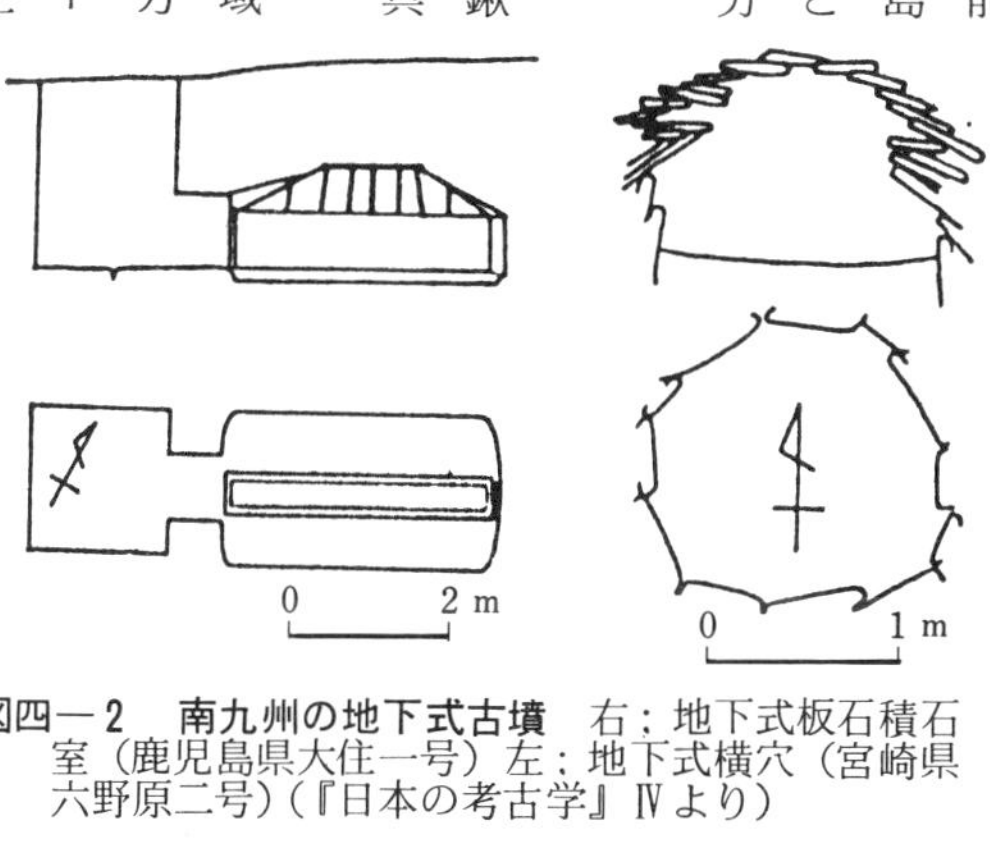

図四―2　南九州の地下式古墳　右；地下式板石積石室（鹿児島県大住一号）左；地下式横穴（宮崎県六野原二号）（『日本の考古学』Ⅳより）

地を占有する大型古墳とは異なり、墓によって地上に権威を象徴しようとする意図はない。しかし、豊富な副葬品をもつ点では、現世での権威は高塚古墳と対等であったと考えるべきであろう。このことは、西都原古墳群において、高塚古墳と地下式横穴が重複していないことや、副葬品の中に蛇行剣を多くもつという独自性（全国一五例のうち六例）（注7）などからも知ることができる。蛇行剣については、「南九州経略の手だてとして、大和政権が辺地族長へ授受した畏怖支配の象徴」（注8）とされているが、近畿地方には四例（大阪府七観古墳、同富木車塚古墳、和歌山県寺内六三号墳、兵庫県亀山古墳）しかなく、しかも中・小古墳に限られている。むしろ、蛇行剣という非実用的な剣を葬送祭祀に使用する風習は日向地域のものであり、近畿の類例は日向文化の拡散と考えることも可能であろう。

地下式横穴の出自は明らかではないが、少なくとも五世紀中葉以降、高塚古墳と拮抗して日向地域に盛行した墓制であり、地域勢力の独自性を示すものである。

(3) 竪穴系横口式石室——北部九州

竪穴系横口式石室とは、基本的には「割石小口積みの竪穴式石室に簡単な横口部を設けた構造」（注9）である。簡単にいえば、竪穴式石室を横穴式石室に改造した初期のもの、と考えることができる。竪穴系横口式石室の最初のものは福岡市老司《ろうじ》古墳で、五世紀初頭であり、同系石室は六世紀前半まで継続する。老司古墳は、「全長九〇メートルの前方後円墳であり、福岡平野では最大規模をほこる。後円部に三基、前方部に一基の計四基の石室が構築されており、「各石室とも豊富な副葬遺物が出土して」いる。三号石室は、「玄室長三・二メートル、高さ一・四メートル。周壁は扁平割石を小口積みするが、南側小口壁の中央は床面から〇・五メートルのところを開口部とし、階段状の構造を設けている。いわば小口壁面を凸字形に外方に突出させた形状であり、その左右側壁は横穴式石室の袖部に類する構造といえる。その突出した小口壁端の上部から、長さ九メートル、幅二メートルの墓道が前方部に向ってのびている」(注10)。他の三石室もほぼ同様である。

竪穴系横口式石室は、「老司古墳以降、特に北部九州で発達し、――五世紀中葉から後半には東九州の南部を除いてほぼ全九州の各地に出現し、さらに五世紀後半〜六世紀前半にかけて山口・広島・岡山・鳥取の中国地方や四国・畿内の一部にまで、構造上類似する石室が分布するようになる」(注11)。

竪穴系横口式石室は、老司古墳において地域最大の前方後円墳の埋葬施設として出現する。その後も、福岡県石人山古墳(全長一二〇メートル――八女市)や同勝浦一四号墳(全長九七メートル――宗像市)のような各地域の最大級の前方後円墳の埋葬施設として継続し、福岡県前原町釜塚古墳(径五六メートル)や佐賀県玉島古墳(径四〇メートル)のような大型円墳にも採用されている。つまり、竪穴系横口式石室は、墳形を問わず、五世紀の北部九州における主要な埋葬施設であった。

前方後円墳が大和政権の承認を得てはじめて築造しうる

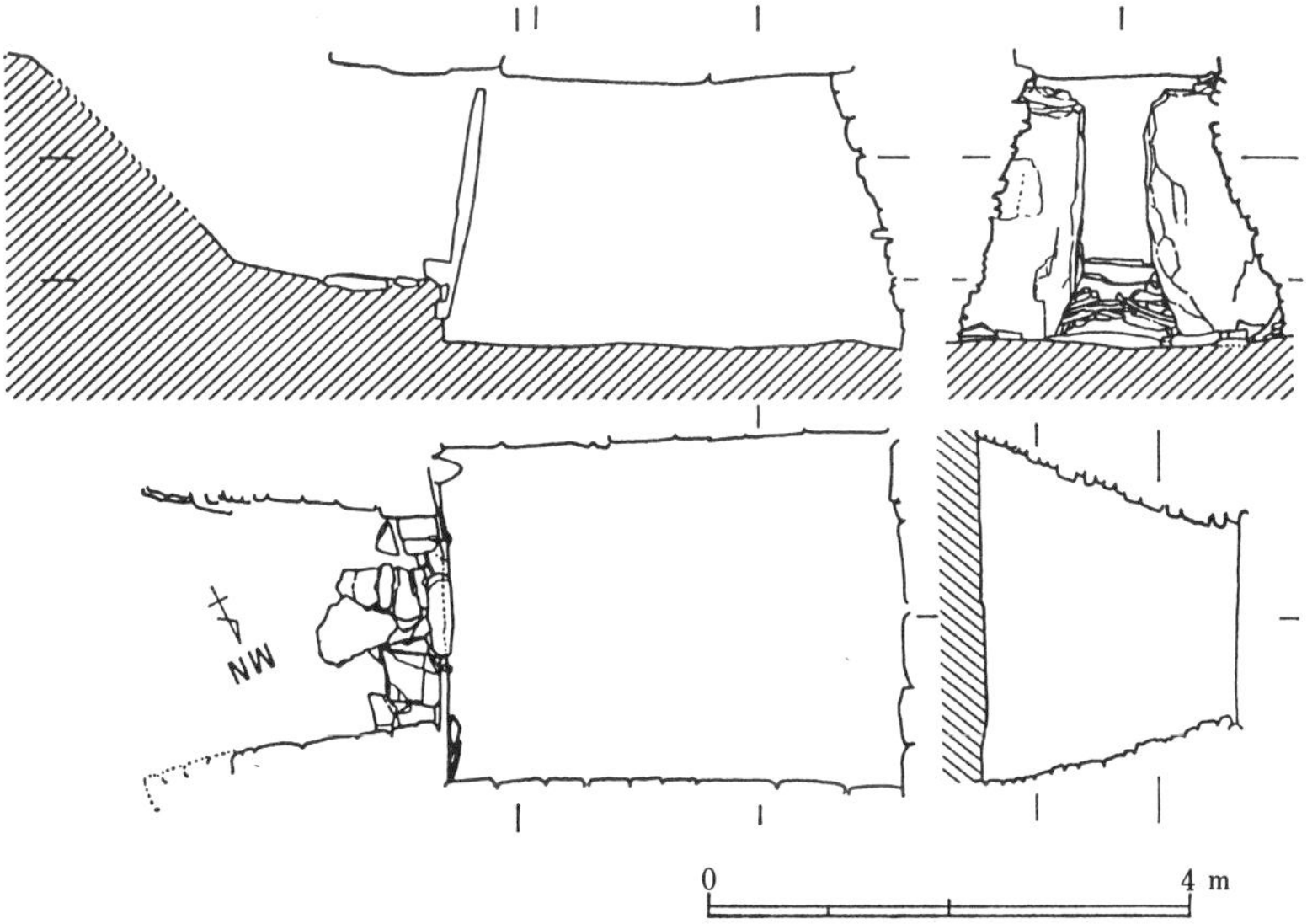

図四―3　竪穴系横口式石室　福岡県釜塚古墳(柳沢一男論文(注9)より)

ものであるとしても、五世紀の北部九州では埋葬施設によって強烈に自己主張を行っていることがわかる。自己主張は、大地域の首長層も小地域の首長層も同様であった。それが、畿内系の横穴式石室に変容するのは「磐井の反乱」を契機とする六世紀前半〜中葉であるらしい（注9）。それ以前における山陽・山陰・近畿などへの竪穴系横口式石室の拡散は、北部九州系「造墓集団の介在」があってはじめて可能なことである。「造墓集団の介在とは、新たな造墓にあたって、当該地に派遣という形態をとることになるのであろう。すなわち、こうした関係は造墓集団を介して、彼らを包括する首長と当該地首長との、何らかの交渉をもとに行われたと推測される」（注10）。「九州の竪穴系横口式石室と直接的な系譜関係を辿りうる」山口県朝田一区二号墳、岡山県三輪山六号墳、愛媛県東宮山古墳、奈良県ムネサカ四号墳、三重県おじょか古墳などは、五世紀後半〜六世紀前半における北部九州首長層――筑肥政権による拠点的進展を示すものであろう。

(4) 肥後型横穴式石室――熊本

肥後型横穴式石室とは、「矩形、方形の平面形玄室に短い羨道を連接し、玄室周壁の下部には――板石をめぐらし、さらにその内部に区画した屍床を配する形態的特徴をしめす」（注11）。「その成立は五世紀の第3四半期、そして終末は六世紀第一・二四半期の交わり頃」である。

分布の中心は、熊本県中央沿岸部であり、一部福岡県に及び、点的に岡山県千足古墳がある。肥後型横穴式石室は、「百済漢城期のⅢ類を祖型とし」、「特定豪族のもとで渡来した造墓集団によって開始された」のであろう。

肥後型横穴式石室は、五世紀後半〜六世紀前半における熊本県の主流となる埋葬施設であり、装飾が施される。竪穴系横口式石室にくらべると九州以東への伝播力は小さい。

(5) 横　穴

横穴は、六世紀には全国的に分布し、地域によっては主流となる埋葬施設である。近年、福岡県竹並《たけなみ》遺跡と大分県上ノ原遺跡群で五世紀後半の横穴が検出され、先行する北部九州の竪穴系横口式石室や南九州の地下式横穴との関連で、その出自が検討されるようになった（注12）。初期横穴墓は単葬墓であり、墓道が墓室より高いタイプ（竹並遺跡）と墓道が墓室より低いタイプ（上ノ原遺跡）がある。

その系譜については、今後類例の増加をまって検討されねばならないが、少なくとも豊前南部（福岡県東南部と大分県北部）における五世紀後半の埋葬施設として出現し、六世紀前半には各地に拡まったことが考えられる。

(6) 箱形石棺

箱形石棺は、弥生時代以来古代に及ぶ埋葬施設であり、その分布も汎日本的である。因みに『日本の考古学』古墳時代上（河出書房　一九六六年）によって五世紀と思われる箱形石棺を抽出すると、比較的多い地域は次の三カ所である。

(A) 北九州東部・中国西部・四国北部、(B) 山陰・北陸、(C) 関東東北部・東北南部

A地域は、古墳時代前期には箱形石棺は前方後円墳の埋葬施設でもあった（豊前赤塚古墳など）が、五世紀にはその伝統のゆえに継続して使用されているものの、もはや大型古墳の埋葬施設ではなく、中・小型古墳のものであった。初期横穴式石室に持ち込まれている箱形石棺を別にすれば、副葬品もさほど豊かではない。広島県の瀬戸内沿岸部の古墳では、前方後円墳の副次的埋葬施設か小型円墳に使用されている。

ただし、山口県赤妻古墳では一基の箱形石棺から、衝角付冑・肩鎧・短甲・鉄刀・鉾・巴形銅器・斧・鏃などの出土が伝えられており、円墳ではあるが、伝統的優勢者の埋葬施設として継続しているらしい。

B地域の全体の傾向は、A地域とさほど変わらない。ただ、鳥取県古郡家《こごうけ》一号墳のように前方後円墳（全長九〇メートル）の中心的埋葬施設であったり、比較的大型の円墳の中心主体として採用されている。広島県山間部を山陰として考えれば、ここでは小型前方後円墳の中心主体として採用されている。鳥取県では、六世紀になると箱形石棺が前方後円墳の中心埋葬施設となるものがいくつかあり、五世紀の箱形石棺のあり方は、四世紀から五・六世紀へと継続する山陰在地勢力のあり方を垣間見せているのかもしれない。

同様のことは、石川県狐山古墳（前方後円墳、全長五六メートル）の中心主体となり、神獣鏡・衝角付冑・短甲・刀剣・鉾・槍などをもつことによって、北陸では五世紀の首長墓の埋葬施設となっていることから、より鮮明に示されている。

C地域でも、箱形石棺が大型古墳の中心主体になることはない。ただ、東京都田園調布古墳群の等々力《とどろき》大塚は、径六六メートルの大型円墳で箱形石棺を中心主体とし、甲冑・刀剣・玉類と多くの石製模造品を副葬していた。茨城県では、六世紀になると箱形石棺が大型前方後円墳の埋葬施設として登場する。三昧塚《さんまいづか》古墳（全長八五メートル）や玉里舟塚古墳（全長七二メートル）がその好例である。これらの古墳は、現段階では六世紀初頭、六世紀前半とそれぞれ考えられているが、関東古墳実年代観が再検討されたときには、五世紀代に入る可能性がありうる。つまり、関東の五世紀代の前方後円墳には、畿内系といわれている粘土槨をもつ古墳とともに箱形石棺を埋葬施設とし、金銅製透彫冠などの異色の副葬品をもつ古墳（三昧塚）が併行する可能性が考えられる。

(7) 箱形木棺

箱形木棺は、箱形石棺同様弥生時代以来の埋葬施設であり、普遍的な形態である。両者の差異は材質だけであって、本質的には同じ意義をもつのではないかと思われる。箱形木棺が各地域において他の埋葬施設と比較して、どのように位置づけできるのかは未だ明らかではない。一例として、奈良県新沢千塚古墳群の場合を見てみよう。

新沢千塚古墳群は、五世紀後半〜六世紀前半を盛期とする初期群集墳であり、粘土槨と箱形木棺が主な埋葬施設である。豊富な副葬品は粘土槨に多いが、一六六号墳（五世紀後半）のように横矧《よこはぎ》板革綴短甲や尖根式鉄鏃をもつもののほか、刀一本、鉄斧一本程度の副葬はまま見うけられる。新沢千塚古墳群は、古市、百舌鳥《もず》古墳群と等しく、当時の最先端の武器類をもち（注13）、そこに箱形木棺が、主たる埋葬施設の一つとして存在し、かつ一支群の首長（注14）（一六六号墳）の埋葬施設として採用されている事実を重視すれば、箱形木棺被葬者の階層と系譜に新たな視点を見出すことになる。

近年、箱形木棺で棺槨二重構造をもつ例が知られてきた（神戸市養田東遺跡）。箱形石棺の棺槨二重構造例は、前方後円墳の中心主体となっている（茨城県舟塚古墳）。石川県では六世紀に、箱形木棺のまわりを粘土で被覆した「箱形粘土棺」が在地性の強い葬法として登場し、前方後円墳の中心主体となっているものもある（島蓑輪塚古墳）（注15）。ことによると、箱形木棺は、五・六世紀の政権中枢とは異なったレベルの重要な埋葬施設の一つであるのかもしれない。

(8) 舟形石棺

舟形石棺は割竹形石棺を祖形とし、割竹形石棺は割竹形木棺を祖形としているといわれている。しかし、割竹形木棺が古墳時代前・中期の首長層の棺として瀬戸内沿岸を中心に広い分布をもつのに対し、割竹形石棺は一〇例未満できわめて少なく、舟形石棺は畿内にはほとんど存在しない。

典型的な割竹形石棺は、大阪府安福寺所在棺など一、二の例だけであって、本質的には割竹形石棺と舟形石棺は同類であろう。

表四—1　舟形石棺一覧表

番号	古墳名	所在地	墳形	墳丘規模	副葬品 鏡	玉	刀剣	甲冑	鏃	農工具	その他	時期	備考
1	唐仁大塚	鹿児島県肝属郡	前方後円	一三〇m				○					
2	院塚	熊本県玉名郡	前方後円	七八									
3	大塚	鹿本郡	円									前四期	長持と共存
4	臼塚	大分県臼杵市	前方後円	七五	○	○	○		○		石人(短甲二)		石棺二
5	七ッ森A	竹田市	前方後円								石剣	前四期	
6	島田塚	佐賀県唐津市	前方後円	三〇	○	○	○				金銅冠		横穴式石室
7	熊本山	佐賀市	円		○	○	○	○					
8	石神山	福岡県三池郡	前方後円	二六							石人		石棺三
9	赤妻	山口県山口市	円		○	○							箱形石棺二と共存
10	小山	岡山県赤磐郡	前方後円	六〇									阿蘇石
11	蓮華寺所在	愛媛県松山市											阿蘇石
12	赤山	香川県大川郡	前方後円	五〇	○	○							副葬品は一部
13	岩崎山四号	大川郡	前方後円	五〇	○	○	○			○	車輪石、石剣、貝剣、銅鏃		竪穴式石室
14	長崎	高松市	前方後円	六三			○		○				
15	丸山石船	高松市	前方後円										
16	石船塚	高松市	前方後円	五八									竪穴式石室一、割竹二、鷲の山石
17	遠藤山	善通寺市	前方後円										鷲の山石
18	青塚	観音寺市	前方後円	四三									阿蘇石 竪穴式石室二
19	室本丸山	観音寺市	円	二五			○		○				阿蘇石
20	快天山	綾歌郡	前方後円	一〇〇	○	○	○		○				石棺三、鷲の山石
21	竹矢岩船	島根県松江市	前方後円	五〇									
22	玉造築山	八　郡	円	一五	○	○	○	○	○				

23	荘原岩船	島根県簸川郡	前方後円	五五										
24	安福寺	大阪府柏原市												鷲の山石
25	野々井二本木山	堺市											四世紀	
26	茶臼山	京都府綴喜郡	前方後円	五〇			○		○			石剣、金箔片		竪穴式石室内、九州的舟形(阿蘇石)
27	蛭子山	与謝郡	前方後円	一四五	○		○		○	○				
28	小山谷	福井県福井市	円		○							鍬形石、車輪石、石剣		
29	足羽山山頂	福井市	円	六〇	○?	○								竪穴式石室、副葬品は一部
30	八幡山西谷	福井市	円		○	○	○			○		鉾		
31	宝石山	福井市	円	二〇			○		○	○		鉾、櫛	前四期	
32	春日山	吉田郡	円	二〇		○	○					鉾、馬具		横穴式石室、石棺は横口式
33	泰遠寺山	吉田郡	前方後円	一〇〇	○								前四期	
34	二本松山	吉田郡	前方後円	七五	○	○	○	○				金銅冠	前四期	石棺二
35	石船山	吉田郡	前方後円	八〇										
36	平塚	群馬県高崎市	前方後円	一〇五		○		○	○					
37	小鶴巻	群馬郡	前方後円	八〇										
38	二子山	群馬郡	前方後円	八六	○		○			○		槍、石製模造品		石棺二
39	薬師塚	群馬郡	前方後円	七〇								金銅馬具		
40	保渡田八幡塚	群馬郡	前方後円	七八								馬具、石製模造品		
41	愛宕塚	群馬郡	前方後円	九二	○							馬具、金環		竪穴式石室
42	天神山	藤岡市	円			○		○	○					
43	間の山	伊勢崎市	円		○	○	○	○	○	○		馬具、鉾		
44	高塚一号	福島県双葉郡	円	一七			○		○					
45	高塚二号	双葉郡	円	一〇			○			○				
46	長町二塚	宮城県仙台市	前方後円	三三		○						石製模造品		

＊本表は次の各書により作成した。『日本の考古学Ⅳ』河出書房　一九六六年、斎藤優『松岡古墳群』福井県松岡町教育委員会　一九七九年、藤田憲司「讃岐の石棺」(『倉敷考古館研究集報』一二)　一九七六年。

舟形石棺は、表四―1のとおり四〇基余知られており、割竹形石棺を合わせても五〇基余である。仮りに一〇〇基余であったとしても五世紀の汎日本的な棺形態とはいえない。それでも舟形石棺には、分布密度の比較的高い地域が次のとおり認められる。

A　北部九州・四国北部

B　山陰・北陸西部

C　関東北部・東北南部

北部九州の五古墳は、一基を除いて前方後円墳の埋葬施設であると同時に、うち二基は九州独特の石人と結びついている。

瀬戸内では香川県の九例がきわだっている。割竹形石棺を加えれば一一例で福井県と並び、その多くは前方後円墳の埋葬施設である。棺材は現地の鷲の山石は当然としても、阿蘇石を含むのは示唆的である。それは、岡山県の数少ない舟形石棺である小山古墳棺と九州系の舟形石棺に近い形態をもつ造山《つくりやま》古墳所在の刳抜式長持形石棺が、ともに阿蘇石であることと軌を一にしている。A地域の舟形石棺が、阿蘇の石工と関連をもっていることを示している。

B地域では、福井県の八例が顕著である。B地域の中でも島根県と京都府の四例は前方後円墳の埋葬施設であるが、福井県の場合は円墳と結びついているものが多い。しかし、A地域と共通する要素がないわけではない。福井市小山谷棺、岡山県鶴山丸山棺、福岡県石人山棺などに見られる棺蓋上面の円形文様が鏡を象徴したものであるとすれば、葬送に際し棺上に鏡を納置する風習をもつ地域として共通している。このような風習は畿内にはない。

関東では、群馬県の八例が密度が高い。その多くは前方後円墳と結びつき、八例中三例から甲冑が出土しているが、とくに武器類と密接な関連があるか否かは明らかでない。

舟形石棺の分布にはかたよりがある。西日本では畿内・山陽に少なく、東日本では東海・中部と群馬県以外の関東に認められない。分布の中心は三地域で、香川県・福井県と群馬県である。五世紀において、長持形石棺がより上位で、舟形石棺がより下位の棺形態であるという想定は成り立ちうるであろう。しかし、そのことによって、舟形石棺が畿内政権から各地の（より下位の）首長層に容認された棺形態だとは考えられない。その理由の一つは、分布状況が偏在的であることにある。加えて、舟形石棺の属性の一つである石枕を造り付けるという風習が畿内にはきわめて少ないことや、西日本各地に点在する阿蘇石の舟形石棺や割竹形石棺が当該古墳被葬者による阿蘇石地帯の支配を通じて入手したものではなく、阿蘇石工を管掌する北部九州首長層との連携によって入手したことなどがある（注16）。むしろ、畿内政権とは別の、西日本連合勢力の存在が予測しうるのではないだろうか。このことと関連して、舟形石棺A・B・C三地域と箱形石棺A・B・C三地域がほぼ対応することは興味深い（注17）。

2　各地域の状況

五世紀の九種の埋葬施設について、各地域ごとの多寡と墳丘の大小との関係を類型化し、表示すれば表四―2のとおりである。

(1)　南九州

南九州は、高塚古墳と結びつかない独特の埋葬施設をもつ地域である。ただし、同東部（宮崎県、鹿児島県東部）では前方後円墳がつくられ、割竹形木棺が採用された。これは、畿内勢力の進出と考えられており、その可能性は強いが、鹿児島県横瀬大塚山古墳のように箱形石棺を採用する大型前方後円墳（全長一二九メートル）があったり、唐仁古墳群や西都原古墳群の前方後円墳の墳形の多くがいわゆる柄鏡式であって畿内の前方後円墳と異なり、むしろ箱形石

表四—2　五世紀の各種埋葬施設分布状況

	地下式板石積石室	地下式横穴	初期横穴	肥後型横穴式石室	竪穴系横口式石室	箱形石棺	箱形木棺	舟形石棺	長持形石棺	割竹形木棺
南九州西部	A_0									
南九州東部		A_0				(B_1)	B_2	(B_1)?	○ ?	B_1
中九州西部		B_0		A_2				(B_1)	(B_2)	B_1?
中九州東部			B_0			$A_{1,2}$		(B_1)		○ ?
北　九　州		B_0	B_0	B_1	A_1	A_2		B_1	B_1	B_1?
山陽西部					(B_2)	A_2		(B_2)		○
山陽東部				(B_1)	(B_2)	A_2		(B_1)	B_1	A_1
山　　陰					B_1	B_1		B_1	(B_2)	?
四国北部					(B_1)	B_2		A_1		○
近畿南部					(B_2)	B_2	A_2	(B)	A_1	○
近畿北部					(B_2)	B_2		B_1	B_1	○
東　　海									B_2	○
中　　部										○
北　　陸						B_1	B_2	$A_{1,2}$		?
関東北部						B_1		A_1	B_1	○
関東南部						(B_1)				○
東北南部								$B_{1,2}$	(B_2)	○

凡例
- A．当該地域の多数の埋葬施設
- B．当該地域の少数の埋葬施設

- 0．高塚古墳の埋葬施設とはならないもの
- 1．大型古墳の埋葬施設
- 2．中小古墳の埋葬施設

棺をもつ大分県七ツ森B号墳と類似する点など、地域政権の主張がよみとれる微証がある。唐仁大塚の舟形石棺は、北部九州勢力との連携を示すものであろう。

(2) 中九州西部――熊本県

熊本県では、割竹形木棺と舟形石棺が大型古墳の埋葬施設であり、数の多い肥後型横穴式石室は円墳の埋葬施設である。津袋大塚の長持形石棺が円墳であることは、宮城県経ノ塚古墳の場合と同様に在地勢力の強固さを示すものと理解できないだろうか。江田船山古墳の横口式家形石棺は、佐賀県東部、福岡県南部、熊本県北部に分布する地域性の強い石棺形態であり、上記の理解を傍証するかもしれない。さらに敷衍すれば、江田船山古墳大刀銘の人名を「復□□□歯」(反正天皇)、あるいは「獲加多支鹵」(雄略天皇)と読解し、大和政権の統治機構を大きく解釈することについて、一層の慎重さを求めることとなろう。

(3) 中九州東部――大分県

大分県の大型古墳には、箱形石棺(築山古墳――前方後円墳・全長九〇メートル、御陵古墳――同・全長七五メートル)と舟形石棺(臼塚古墳――前方後円墳・全長八五メートル)がある。箱形石棺は、全長五〇メートル前後の前方後円墳――野間一～三号墳や大蔵古墳の埋葬施設でもあって、あたかも海部郡首長層の中心的埋葬施設の観を呈するが、山間部の七ツ森B号墳にも採用されている。海部郡には、石甲をもつ臼塚古墳と下山古墳(前方後円墳・全長五七メートル)がある。下山古墳と近くにある神下山古墳は、ともに古式の家形石棺をもち、大分県下最大の前方後円墳である亀塚古墳に近い王の瀬石棺も同形である。

五世紀の大分県下の首長層は、箱形石棺を主たる埋葬施設とするとともに、筑後、肥後と通ずる石甲や古式家形石棺をもつ。石甲が主要分布圏から離れた突然の出現であることからみると、筑肥との関連は一時的な現象であり、主たる勢力は箱形石棺を埋葬施設とする集団であったと思われる。

(4) 北部九州

五世紀の北部九州首長層の埋葬施設は、竪穴系横口式石室、肥後型横穴式石室、舟形石棺、長持形石棺、割竹形木棺と多種多様である。そのうち、北部九州に分布の中心を置くのは竪穴系横口式石室であり、他は移入した埋葬施設と考えられる。竪穴系横口式石室は近畿地方（奈良県ムネサカ四号墳）まで拡散しており、山陰（島根県金崎一号墳）と四国北部（愛媛県東宮山古墳）では首長層の埋葬施設となっている。筑紫政権の東方への拡張を示すものであろう。舟形石棺は必ずしも多くはないが、阿蘇石を通じて、四国北部（香川県）、近畿と結びついている。

北部九州大型古墳の被葬者は、自己の埋葬施設をもち、一部、他地域の埋葬施設を採用した。福岡県月の岡古墳の長持形石棺被葬者が、畿内の人物とは考え難いし、在地首長が畿内政権の翼下に入り、畿内政権のために地域支配を推進したとも考え難い。もしそうであれば、北部九州一帯により多くの畿内系埋葬施設が存在しなければならないだろう。岩戸山古墳が磐井の墓である蓋然性は高いが、磐井が前方後円墳に葬られたからといって、畿内政権に与したわけではない。

(5) 山陽・山陰・四国北部

山陽東部（岡山県）の大型古墳には割竹形木棺、長持形石棺、舟形石棺などが採用されているが、もっとも多いのは割竹形木棺のようである。割竹形木棺は、初期古墳の段階から近畿地方や北部九州で散発的に出現してくる。定形化以後の前方後円墳段階の割竹形木棺が近畿系のものであるとすれば、岡山県は埋葬施設に関しては近畿色の強い地域となる。その他の埋葬施設は、例数が少ない。

山陰では数は少ないものの舟形石棺と箱形石棺が大型古墳に採用され、長持形石棺が中型古墳の埋葬施設となっている特異な地域である。石馬をもつ鳥取県石馬谷古墳（前方後円墳・全長九〇メートル）や竪穴系横口式石室の金崎一号墳（前方後円墳・全長三二メートル）の存在から、山陰と北部九州の強い結びつき――地域政権相互の連携が考えられる（注18）。

四国北部では、さきに述べたように舟形石棺が多く、棺材から北部九州との関連が考えられる。

(6)　近　畿

近畿の大型古墳には長持形石棺と割竹形木棺があり、中・小古墳には箱形木棺が多い。さきに見た、奈良県新沢千塚古墳群や兵庫県焼山古墳群のように、箱形木棺を主たる埋葬施設とする古墳群があり、中には豊富な副葬品をもつものも含まれている。このような古墳群は近畿以外では見うけられない。近畿中・小古墳被葬者階層の一つの特色と考えられる。

(7)　東海・中部

この地域の大型古墳には、竪穴式石室、粘土槨――割竹形木棺が多いように思われる。長持形石棺や舟形石棺が認められないことが一つの特色であり、他の地域とは異なり単一の埋葬施設が流布した地域のようである。長野県の合掌式石室のような地域色の強い埋葬施設が出現するのは次の段階である。

(8) 北　陸

福井県北部には舟形石棺が比較的多く、箱形石棺もまた大型古墳の埋葬施設となる場合がある。山陰のあり方と共通するが、舟形石棺が中・小古墳にまで採用されている点では異なった地域性を示している。

(9) 関東・東北

関東北部（群馬県）では舟形石棺が多く、まれに長持形石棺と箱形石棺が大型古墳の埋葬施設となっている。関東南部は様相が異なり、舟形石棺や長持形石棺がなく、割竹形木棺が大型古墳の主流となっている。

東北南部は、類例は少ないものの舟形石棺が大型古墳により多く用いられ、二例ではあるが長持形石棺が中型古墳の埋葬施設となっている（宮城県経ノ塚古墳、山形県菱津古墳）。長持形石棺が大型古墳に用いられていない点では、地域色の強い熊本県や山陰に共通している。

(10) まとめ

五世紀の地域性について、埋葬施設を中心に検討した結果を要約すれば、次のとおりである。

A　独自の埋葬施設をもつ地域

0　拡散しない（南九州）

表四―3　埋葬施設と地域勢力

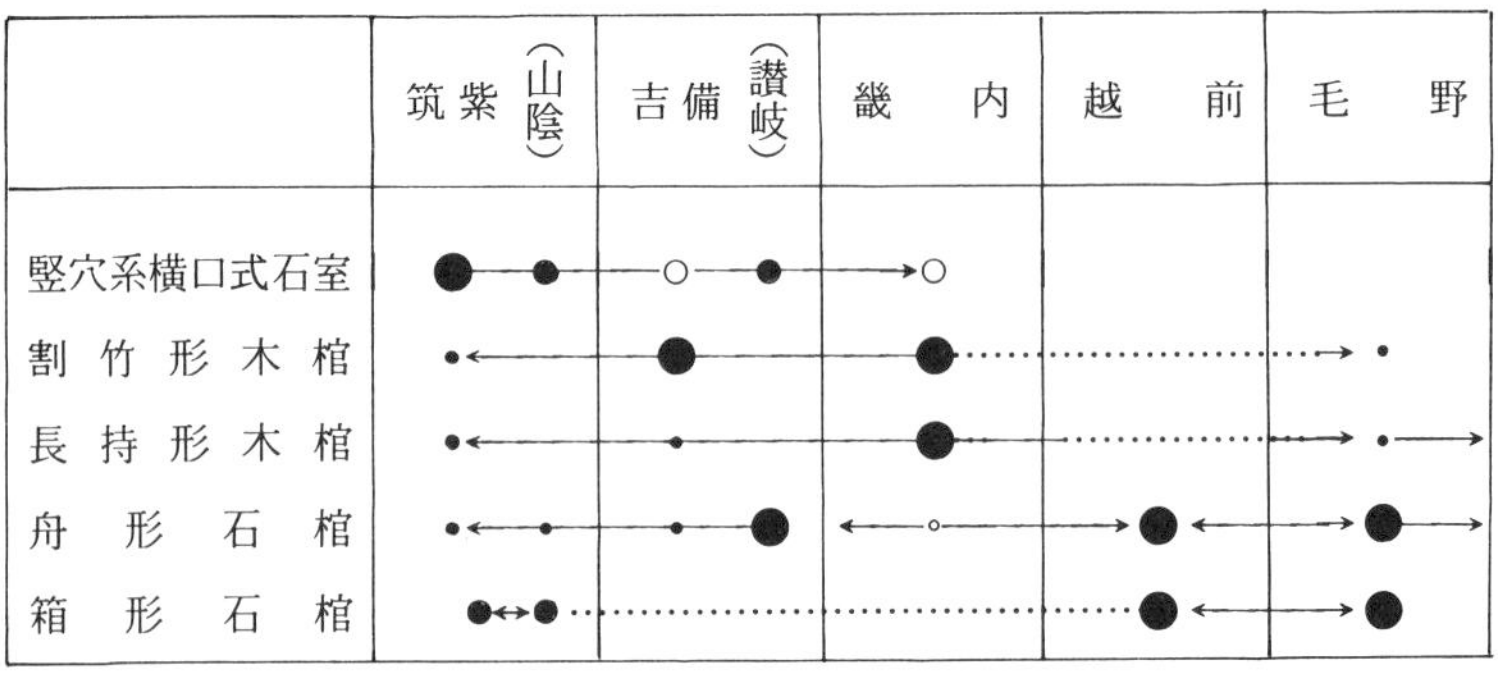

1　拡散し、他の埋葬施設を併存する（北部九州、山陽東部、近畿南部、北陸、関東北部）
B　独自の埋葬施設をもたない地域（東海、中部、関東南部）
A_0地域は地域性は強いが閉鎖的であり、A_1地域は自己の独自性を拡散している。B地域は受動的である。
地域勢力拡散の目は、A_1地域が荷うこととなろう（表四―3）。筑紫勢力は畿内へ（吉備勢力は畿内と連携をしつつ筑紫へ（注19））、畿内勢力は筑紫――陸前の各地へ、讃岐、越前、毛野勢力は筑紫――陸前へ、それぞれ連合し、拡張している。この動きが、五世紀史の一端を伝えているとしても、詳細には各地域ごとの綿密な検討が必要であろう。

3　大和の中の地域勢力

(1)　馬見古墳群の性格

前項までに、大まかに五世紀の地域勢力のあり方を検討してきたが、本項では具体的な事例の一つとして大和・馬見古墳群をとりあげ検討してみよう。

馬見古墳群は、古墳時代前・中期の大和の中で萱生《かよう》・柳本・纏向古墳群と佐紀盾列《さきたてなみ》古墳群に並ぶ大古墳群である。ただし、多くの人々が指摘しておられるように、前記二古墳群にくらべ古墳のあり方は散在的であり、その範囲も広い。

馬見丘陵の古墳を馬見古墳群と総称すれば、それは大きく見ても三つの古墳群によって構成されている（注20）。河合大塚山古墳を盟主とする北群（河合古墳群）、巣山古墳を盟主とする中央群（巣山古墳群）、築山古墳を盟主とする南群（築山古墳群）である。

森浩一氏は、一九五六年、馬見古墳群を葛城氏と結びつけて考えられた（注21）。その根拠は、馬見古墳群は中期には巣山・築山古墳などの大型前方後円墳をもちながら後期には途絶えること、古墳群の消長が文献史学の検討による葛城氏の消長と一致することなどである。これに対し白石太一郎氏は馬見丘陵の古墳は「中期の比較的かぎられた時期の大型古墳が多く」、「いずれもその墳丘長が約二〇〇メートルで、その規模がほぼ伯仲していること」から、「葛城氏の代々の首長墓と考えるにはその時期が接近しすぎて」おり、「それぞれ独立する政治集団と考え」られた。そして、葛城地方では「いくつかの政治集団がそれぞれに独立しており、輪番的に首長権を握るような構造の政治体制」を想定された（注22）。

これに対し森浩一氏は、「支配者集団の大半を馬見古墳群に、そうして特別の理由のある首長の古墳を南葛城に築いたとみる」ことによって、巣山古墳から室宮山古墳に及ぶ葛城地域に「大勢力」を想定された（注23）。

白石氏は、馬見丘陵の大型前方後円墳が「中期の比較的かぎられた時期」に集中することを主張しながら、「輪番的に首長権を握るような構造」を想定するのは矛盾であろう。森氏は、白石氏の指摘によって葛城氏の王墓の地を馬見古墳群に加えて南葛城の大型古墳を「特別の理由」を考慮して対象とされたが、河合古墳群は含めていない。

いま、森・白石両氏の見解を中心として、馬見古墳群に対する理解を紹介したが古墳群の範囲、その性格について意見の相違がある。その違いは、森氏が葛城地域を「奈良盆地での非やまとの範囲」とし、白石氏が「葛城地方の政治集団が、大和政権の首長権を掌握した時期があった」として葛城政権と大和政権の合体を想定されるところにまで及ぶ。

古墳時代前・中期の奈良盆地にはいくつかの地域勢力が存在していた。その一つ、葛城地域について両氏の見解の相違を踏まえて検討してみよう。地理的にまとまりのある一地域の中に複数の古墳群が存在する例は数多い。各古墳群が対立的であったか一体的であったかは、その地域の歴史を考える場合に重要である。

(2) 古墳群の構成

南北約八キロメートル、東西約三・五キロメートルの馬見丘陵は、間に二つの南北の谷筋があり、約一〇〇基の古墳は主に丘陵東縁と南縁に分布している。河上邦彦・前園実知雄両氏は、これを表四—4のとおり、河合・巣山・築山の三つの古墳群として認識された。そして、各群の最大規模の古墳が全長二〇〇メートルをこえる前方後円墳であること、各群に径五〇メートルをこえる大型円墳が存在することを指摘された。さらに、巣山・築山両古墳群はそれぞれ佐味田宝塚、新山の前期前方後円(方)墳を含み、古墳時代前期からの系譜をたどりうるのに対し、河合古墳群はすべての古墳が五世紀中葉と考えられ、他の二群とは異質で急に現われたと思われる点を指摘された(注24)。

近年、新山古墳の周辺に前方後円(方)墳を中心として二、三の陪塚をともなう小支群が新山古墳を含めて四単位存在することが泉森皎氏によって明らかにされた(注25)。つまり、新山古墳は単独で存在するのではなく、古墳群の中の一支群として、いいかえれば、築山古墳群を形成する初期古墳群の一支群として出現したのである。

盆地東南部（山辺・磯城両郡）には、萱生・柳本・纒向の前期古墳群があり、それぞれ盟主墳と考えられる西殿塚、「崇神・景行陵」、箸墓に先行する前方後円墳が存在することが推測できる(注26)。つまり、磯城・山辺古墳地帯と葛城古墳地帯はともに先行する地域勢力を背景として盟主墳と見られる大型前方後円墳が出現しているのであり、それぞれ独自の地域勢力の存在が認められる。しかし、両古墳地帯の盛期にはずれがあり、磯城・山辺が前期初頭から後半、葛城が前期後半から中期を中心としている

のちの葛城郡の北部に前述の馬見古墳群があり、南部に室宮山、掖上鑵子塚《かんすづか》、屋敷山の三古墳がある。葛

表四—4　馬見古墳群の構成

古墳群	前方後円墳	前方後方墳	帆立貝式古墳	円墳	方墳	計	時期
河合	三			四	一	八	五C中葉
巣山	八		二	一五	二	二七	四C末〜
築山	六	三	二	四〇		五一	四C末〜

城地域の中の北部と南部の古墳の関係について、菅谷文則氏は次のような考えを示された（注27）。

葛城山東麓の四世紀末から五世紀代に築造された三基の大型古墳は、古墳群を形成することなく独立して築造されているが、各個がまったく個別的に築造されたものではない。大和西南部の大王墓にも匹敵する巨大古墳のうち新木山《にきやま》古墳と室宮山古墳はほぼ同世代の族長墓と見てよく、巣山古墳は同世代または少し遅れ掖上鑵子塚古墳と平行しよう。ついで築山古墳と河合大塚山古墳などが同世代の族長墓であろう。屋敷山古墳は築山古墳にやや遅れるころの築造と見てよい。

これを整理すると葛城の地には四世紀後半から南北の二個の有力な族長（室宮山、新木山古墳）を擁していたと見てよく、四世紀後半には仮りにいうなら南族が有力であったようである。次の世代では南族は墓所を玉手丘陵の東に求め（掖上鑵子塚古墳）、古墳も小規模化する。いっぽう北族は最有力期を迎え巣山古墳を営み、周辺に多数の前方後円墳群を形成する。その後、古墳群との関係をたち切って築山古墳が築造される。

このように理解するならば、葛城氏の族内のあり方は両頭制といってもよく、北族は族長権の確立とともに族員とも深い関係を有していたのであろうか。南族は、室宮山古墳の被葬者を葛城襲津彦と見るならば、北族に比して族長が強い力をもっていた。葛城山東麓には大型の古墳を認めえないことによって知ることができる。

菅谷氏の理解は、葛城地域を南部と北部に区分し、北部を大きく一つの群と見ている。北部にはさきに見たように河合、巣山、築山の三古墳群があり、後二者は先行する地域勢力を背景としている。したがって、「両頭制」は、「古墳群との関係をたち切って」成立するのではなく、古墳群を背景として継起したものであろう。白石氏の首長権の輪番制という考え方も同様である（注28）。

葛城南部の大型古墳が点在的であることについて、菅谷氏は白石氏の室宮山古墳＝葛城襲津彦説を援用して、首族長の強大な権力によって説明されたが、次の仮説を提示して結びとしたい。

磯城・山辺古墳地帯と葛城古墳地帯には、古墳分布上、不思議な共通点がある。前者では、萱生・柳本・纏向三古墳群の南方に桜井茶臼山、メスリ山の二つの前方後円墳がそれぞれ単独で存在し、後者では馬見丘陵の三古墳群の南方に屋敷山、室宮山の二つの前方後円墳がある。これら各古墳は、いずれも周辺に先行する古墳群をもたず、さらに後続する前方後円墳も明瞭ではない。両者に歴史的な共通性を見出しうるの

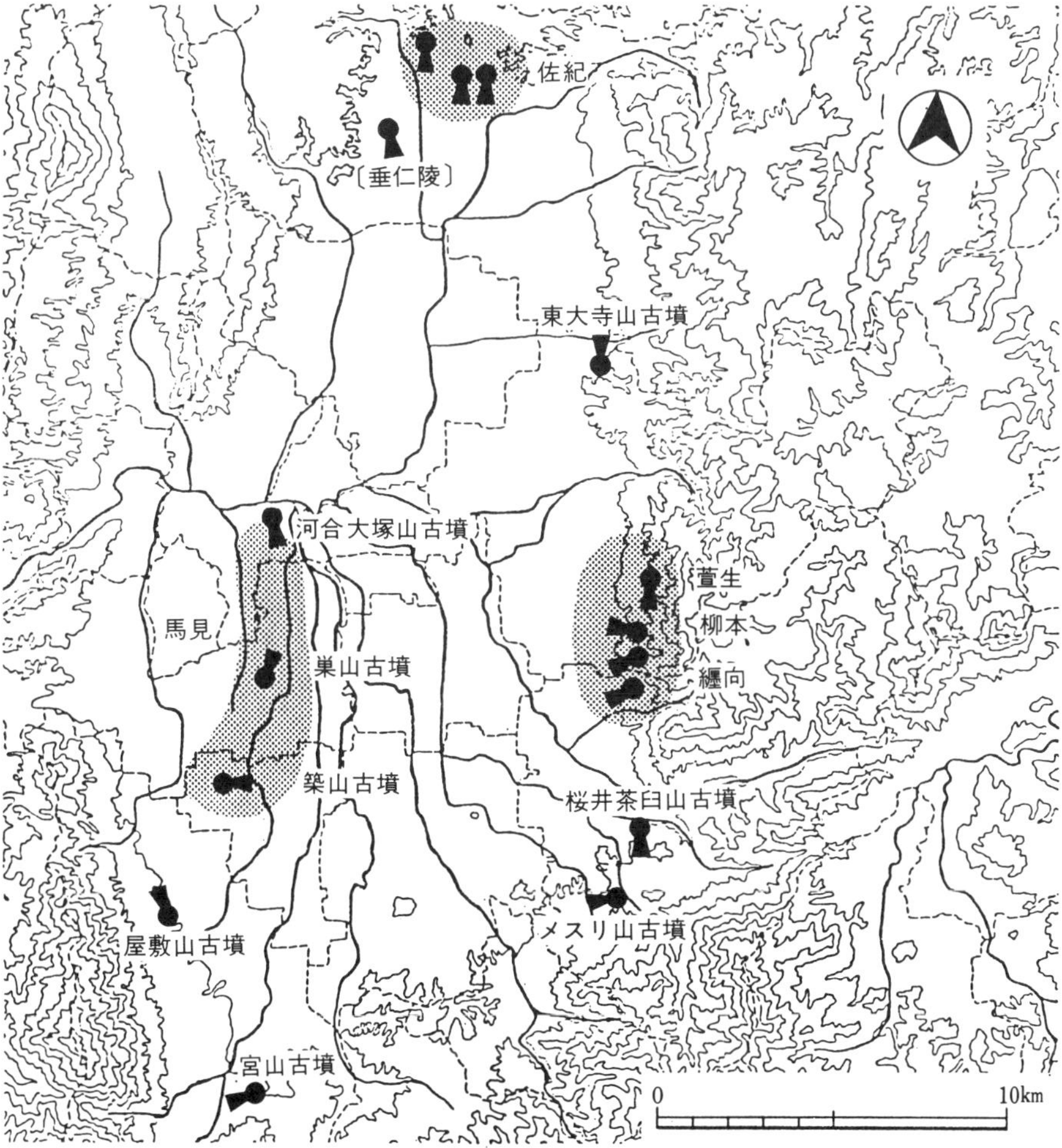

図四―4　奈良盆地の主要前・中期古墳

か否か明らかではないが、桜井茶臼山古墳、メスリ山古墳は三輪山・大物主命伝承地の西南に、屋敷山古墳、室宮山古墳は葛城山・一言主命伝承地の東方に位置し、ともになみなみならぬ地主神の地域に当る。

両地域にあって、地域色を払拭するのは、磯城・山辺では前方後円墳だけから構成され、特殊埴輪をもたない柳本古墳群であり、葛城では突如として出現する河合古墳群である。

葛城地域は、古墳時代前期後半のある時期までは磯城・山辺大王家の下位にあった。前期後半に拮抗する勢力を貯え、中期中葉には大王権に近づいた。いいかえれば、大和政権の権力は、時期によっていくつかの地域勢力の間を揺れ動いたのである。

注

(1) 河口貞徳ほか「別府原古墳・堂前古墳調査」(『考古学雑誌』五七―一)一九七一年
(2) 小田富士雄「五島列島の弥生文化―総説篇」(『人類学考古学研究報告』二)一九七〇年
(3) 福岡県春日市西平塚遺跡の棺内に土を充塡する木棺直葬墓(弥生中期前半以前)は、埋葬思想としては共通している。秀嶋竜男『西平塚C地区』春日市教育委員会 一九八一年。詳細は丸山康晴氏のご教示による。
(4) 上村俊雄「南九州における古墳文化の諸問題Ⅰ」(『鹿児島考古』七)一九七三年
(5) 石川恒太郎『地下式古墳の研究』帝国地方行政学会 一九七三年
『日向の古墳展』宮崎県総合博物館 一九七九年
(6) 瀬之口伝九郎「六野原古墳調査報告」(『宮崎県史蹟名勝天然記念物調査報告』)一九四四年
(7) 田中 茂「地下式横穴出土の蛇行剣について」(日本考古学協会昭和五一年度大会発表要旨)一九七六年
(8) 『日向の古墳展』宮崎県総合博物館 一九七九年
(9) 柳沢一男「竪穴系横口式石室再考―初期横穴式石室の系譜」(『森貞次郎博士古稀記念古文化論集』)一九八二年
(10) (注9)に同じ。原典は九州大学考古学研究室編『老司古墳調査概報』福岡市教育委員会 一九六九年
(11) 柳沢一男「肥後型横穴式石室考」(『鏡山猛先生古稀記念・古文化論攷』)一九八〇年
(12) 赤崎敏男「初期横穴墓の展開」(『竹並遺跡』竹並遺跡調査会)一九七九年

(13)　村上久和・吉留秀敏・佐藤良二郎『上ノ原遺跡群Ⅰ』大分県教育委員会　一九八二年
(14)　田中晋作「武器の所有形態からみた古墳被葬者の性格」(『ヒストリア』九三)一九八一年
(15)　寺沢知子「初期群集墳の一様相」(『考古学と古代史』同志社大学)一九八二年
(16)　高堀勝喜・吉岡康暢「古墳文化の地域的特色―北陸」(『日本の考古学』Ⅳ　河出書房)一九六六年
(17)　間壁忠彦・間壁葭子「石棺石材の同定と岡山県の石棺をめぐる問題」(『倉敷考古館研究集報』九)一九七四年

以上、八種類の埋葬施設を中心として五世紀の地域性を検討した。長持形石棺、長持形木棺、割竹形木棺(粘土槨)については畿内政権に関わる可能性があるものとして本節の対象から除外した。木炭槨、礫槨については例数が少ないため扱わなかった。

なお、長持形木棺とは、藤原光輝氏が「組合式木棺について」(橿原考古学研究所編『近畿古文化論攷』吉川弘文館　一九六二年)で示唆されたもので、現在、竪穴式石室、粘土槨で割竹形木棺と考えているもののうちに長持形木棺がかなり含まれているのではないかと思われる。それは、おそらく古墳時代前期に盛行し、古墳時代中期には石におきかわるものと木のまま継続するものがあったと思われる。長持形木棺の実物と考えうるものは、奈良県桜井茶臼山古墳と大阪府土保山古墳にある。

(18)　土生田純之「二基の『竪穴式石室』―横穴式石室の伝播に関連して」(『史泉』五五)一九八一年
(19)　割竹形木棺は畿内系の棺とされており、私も現段階ではそのように考える。しかし、将来畿内の割竹形木棺とされているものの多くが長持形木棺であることがわかり、割竹形木棺は吉備を中心とすることが検証された場合を想定し、仮に示した。

(20)　河上邦彦・前園実知雄『佐味田・坊塚古墳』(奈良県文化財調査報告　二三)一九七五年
(21)　森　浩一「古墳文化に現われた地域社会―畿内」(『日本考古学講座』五)一九五六年
(22)　白石太一郎「馬見古墳群について」(『馬見丘陵における古墳の調査』奈良県教育委員会)一九七四年
(23)　森　浩一「葛城王朝と馬見古墳群」(『古墳と古代文化九九の謎』サンポウブックス)一九七六年
(24)　(注20)文献三四、三五頁
(25)　泉森　皎「広陵町新山古墳群」(『奈良県遺跡調査概報』一九八〇年度)一九八二年
(26)　石野博信「大和平野東南部における前期古墳群の形成過程と構成」(『横田健一先生還暦記念古代史論叢』)一九七六年
(27)　菅谷文則『新庄屋敷山古墳―調査のまとめ』六二頁　奈良県新庄町　一九七五年

（28）菅谷氏の「両頭制」と白石氏の「輪番制」はほぼ同じ考え方であろう。その先後は印刷物としては菅谷氏が早い。『馬見丘陵における古墳の調査』は事務上の都合で一九七四年の奥付としているが、実際の刊行は一九七七年である。

〔追記〕 河合古墳群の名称について

奈良県北葛城郡河合町にある大塚山古墳を中心とする古墳群については、伊達宗泰「川合大塚山古墳群」（『奈良県抄報』一二、一九五九年）をはじめ森浩一（注21文献）、白石太一郎（注22文献）らによって、川合古墳群と呼称されており、旧稿ではその通り踏襲した。しかし、古墳群の所在する地域は、大塚山古墳をはじめ大字西穴闇を中心とし、一部大字川合を含む程度なので川合古墳群という呼称はふさわしくない。従って、町名をとり河合古墳群と呼ぶこととしたい。

第五章　反乱伝承と古墳

1　筑紫君磐井の乱

『日本書紀』によれば、筑紫君磐井は継体二一年（五二七）に大和政権と闘い、翌二二年（五二八）に御井郡（福岡県久留米市付近）で戦死したという。『筑後国風土記』には、「上妻《かみつやめ》の県、県の南二里に、筑紫君磐井《つくしのきみいわい》の墓墳《はか》あり」と記載されており、森貞次郎氏の考証によって福岡県八女市岩戸山古墳に比定され（注1）、定説となっている。「磐井の反乱」については、すでに多くの人々によって検討されている。本節では、磐井とその周辺に登場する臣・君姓氏族や県主階層などの各地域豪族の「乱」への対応と、「乱」前後の古墳のあり方を探ってみたい（注2）。

八女古墳群（人形原古墳群）は、東西七キロメートル余の八女丘陵上にあり、九基の前方後円墳を含む大小一〇〇基の古墳が群在している（図五―1）。群の西端に首長墓系列ではもっとも古い石人山古墳（前方後円墳、全長一一〇メートル）があり、ついで岩戸山古墳、乗場古墳、善蔵塚古墳、鶴見山古墳などとほぼ時期を新しくするごとに、東方へと築造されていった。群内の古墳の系譜は、石人山古墳以降一系列で考えられている場合が多いが、佐田茂氏は庚申塚古墳―立山山八号墳―立山丸山古墳などの異系列の存在を主張されるとともに、埴輪の年代観から石人山古墳と岩

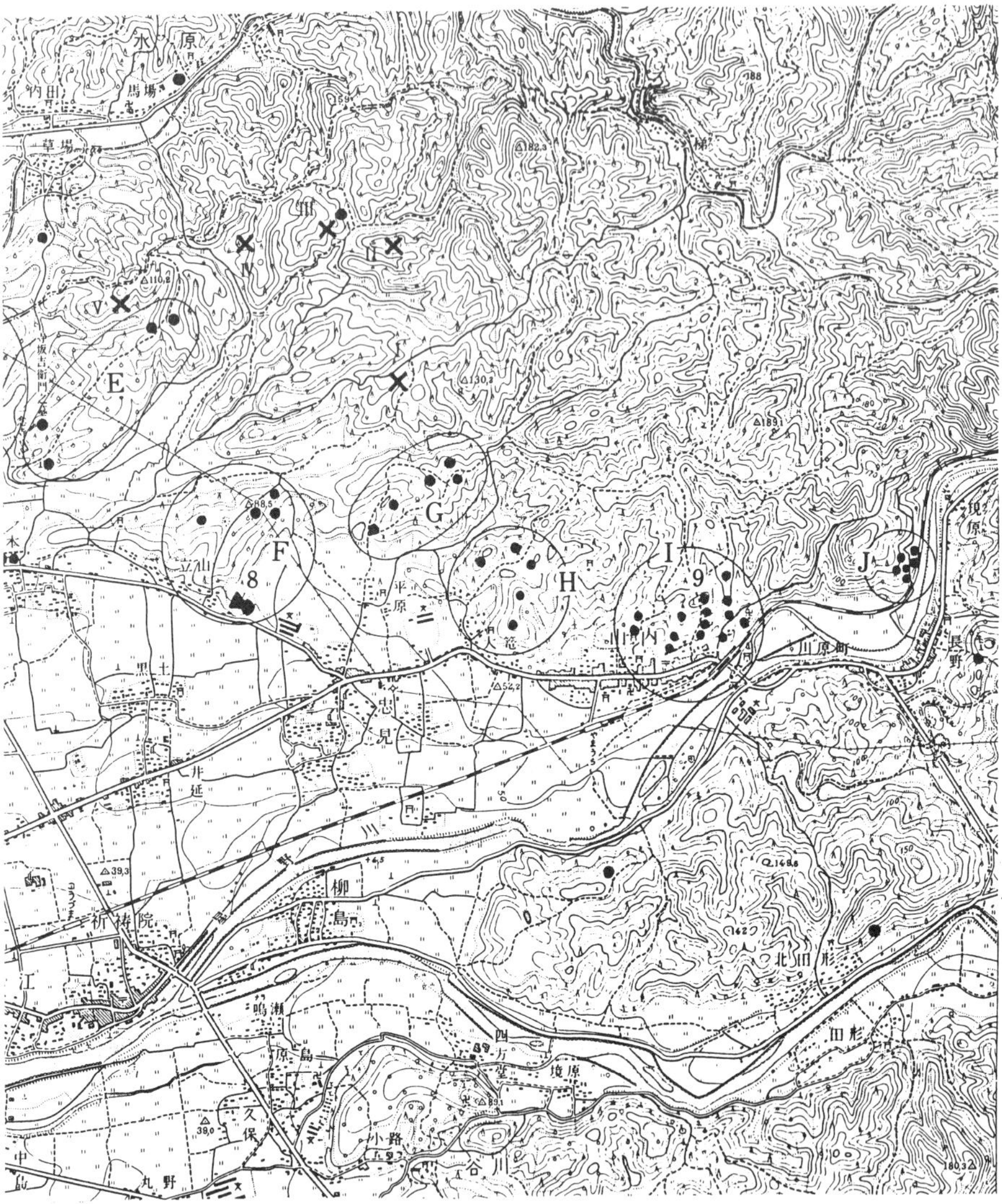

（『塚ノ谷窯跡群』より）
1：神奈無田古墳　2：岩戸山古墳　3：乗場古墳　4：善蔵塚古墳　5：鶴見山古墳　6：釘崎２号古墳　7：釘崎３号古墳　8：丸山古墳　9：童男山古墳
×印は八女古窯跡群

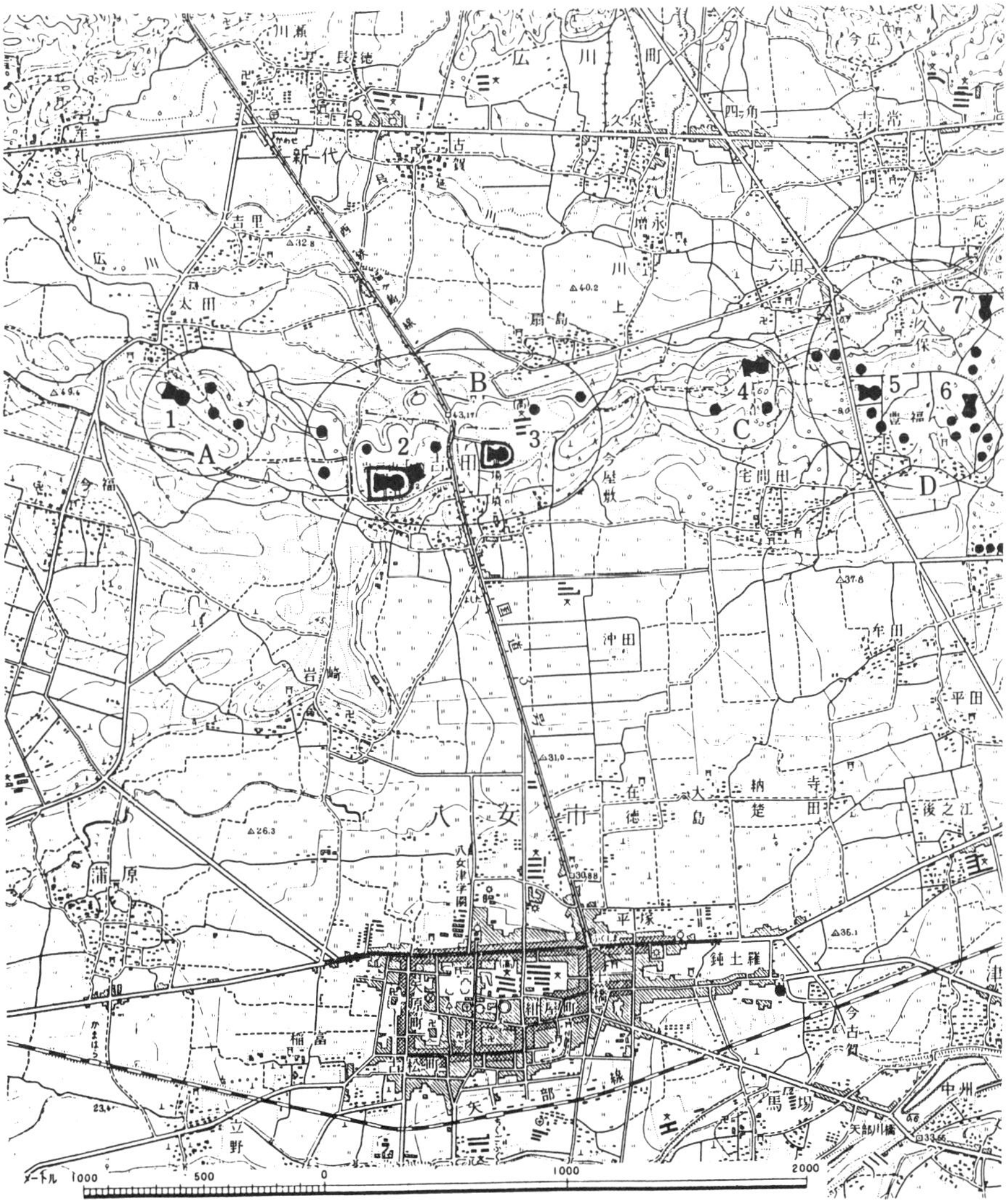

図五―1　八女古墳群分布図

A：神奈無田古墳群　B：岩戸山古墳群　C：宅間田古墳群　D：豊福古墳群　E：一念寺古墳群　F：立山古墳群　G：平原（弘法谷）古墳群　H：日当山古墳群　I：童男山古墳群　J：長野古墳群

戸山古墳の間に比定されていた神奈無田古墳を六世紀後半に、岩戸山古墳に直続すると考えられていた乗場古墳を下げて、その間に善蔵塚古墳を入れるなど、「乱」前後の筑紫国造家の変遷に影響を及ぼす提唱をされている（（注2）a文献）。

　磐井の墓が岩戸山古墳であるとした場合、磐井滅亡後、その子、葛子が死罪を免れるために糟屋地方を屯家として献上したといわれるような変化が古墳に現われているか否かが、一つの視点となる。従来、葛子の墓に比定されることの多い乗場古墳（（注2）d文献一七八頁）は、岩戸山古墳に比して規模は半減し、磐井墓を象徴する石人・石馬類をもたないなど、磐井後の筑紫国造家の立場を象徴するものとされていた。しかし、佐田氏が指摘されたように善蔵塚古墳（前方後円墳、全長九〇メートル）が岩戸山古墳に継続するものとすれば、規模においてもさほど低落してはいないし、乗場古墳に「石人あり」という矢野一貞の記述を重視すれば、筑紫君の葬制も継続していることになる。

　「筑紫国造家の勢力に昔日の面影がなかったことは、――人形原古墳群の彩色壁画に、特に優れたもののないことにもうかがわれるが」「北部九州の在地豪族を朝鮮半島派遣軍団として編成するにあたって、その統率に任ずる国造家の存続を必要としたからである」という森貞次郎氏の指摘（（注2）c文献）以上に筑紫国造家の勢力が温存されていたように見受けられる。このことは、「乱」後、朝鮮派遣軍に加わった筑紫火君の墳墓とされている（（注2）c文献）、鳥栖市の剣塚古墳、岡寺古墳、庚申堂古墳などがいずれも六〇～八〇メートルぐらいの前方後円墳であり、とくに剣塚古墳は岩戸山古墳をひとまわり小型にしたといえるほど墳形が酷似しているという事実（（注2）a文献）によっても傍証されている。

　筑後地方の主な古墳を図示すれば図五―2のとおりである。

　佐田氏が的臣《いくはおみ》の地と推定しておられる浮羽郡には、五世紀前半から六世紀初頭まで八〇～一〇〇メートルの四基の前方後円墳が継続して築造されており、図五―2によっても筑後の雄族とよぶにふさわしい。石人山古墳とほぼ同時期の月の岡古墳には長持形石棺が用いられていて、畿内色の強い臣姓氏族でありながら、敗死した筑紫国造家以上に

「乱」後の古墳は規模を縮小する。

欽明紀五年三月条に登場する的臣は、吉備臣、河内直とともに親新羅系の豪族として描かれており、新羅と結んで大和政権に対抗した磐井と同じ行動を、「乱」後もとっていることを示している。欽明紀五年の的臣が浮羽郡の古墳と無関係であるとしても、「乱」を契機とする古墳の縮小は異常であって、時期はさかのぼるが月の岡古墳の短甲と、眉庇付冑を一具とした八領の

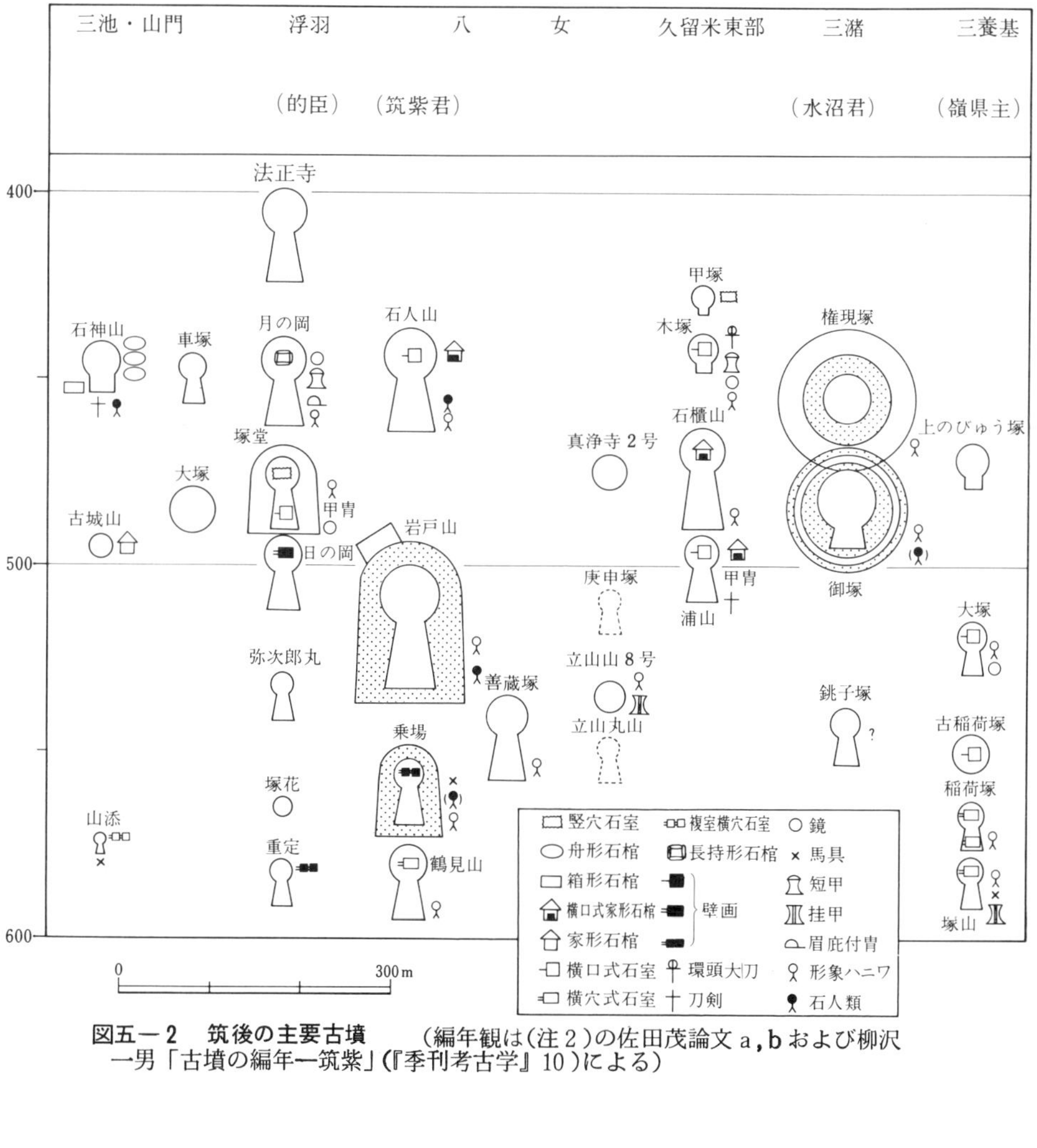

図五－２　筑後の主要古墳　（編年観は（注２）の佐田茂論文ａ，ｂおよび柳沢一男「古墳の編年―筑紫」（『季刊考古学』10）による）

甲冑に象徴されるように、磐井軍の中核にあったことを想定させる。いずれにしても、浮羽郡の雄族は、六世紀中葉以降、いわれているように古墳表飾を装飾壁画として石室内に移して継承しつつ、磐井の意志を継承した氏族と考えることができる。

塚堂古墳の近くには、朝鮮系譜と考えられる五世紀前半のカマドをもつ住居群があって、的臣とともに登場する河内直が百済からの渡来人である（注3）ことを想起させるとともに、浮羽郡が『筑後国風土記』にいう豊前国上膳県への磐井の逃走経路に当っていることに想い当る。塚堂古墳の段階で在地色を強めているといわれているけれども、もし浮羽地方が畿内系豪族の地域であったとすれば、考えられない逃走経路であり、浮羽豪族が親磐井系であることを傍証する伝承であろう。臣姓氏族の実態の一例としておきたい。

水沼君の本貫地と想定されている旧三潴郡の古墳は特異である。権現塚古墳は、墳丘径五五メートルで二重周濠をもち周濠外径は一五〇メートルあり、御塚古墳は全長八〇メートル余の帆立貝式古墳で三重周濠をもち、周濠外径は一三〇メートルに達する。両墳とも五世紀後半から六世紀初頭の築造で、これほどの規模をもっているにもかかわらず前方後円墳を採用していないところに特色がある。

景行紀四年条には、水沼別が景行天皇の皇子を始祖とするとあり、同一八年条には水沼県主猿大海の名が見える。また、雄略紀一〇年条には、呉から献上された二羽の鵝を水間君の犬が食い殺したので、鴻十隻と養鳥人を献って天皇に許しをこうた、という記載がある。水沼君に関する文献の記載は少なく、豪族としての活動状況は明らかでない。

県主伝承のある地域には五世紀の畿内型古墳が多いといわれているが、大型の円墳と帆立貝式古墳は畿内型とはいえず、むしろ五世紀には王陵以外には認められない二重・三重の周濠をもつことをあわせ考えれば、きわめて地域色の強い古墳であり、在地性の強い豪族といわねばならない。矢野一貞が『筑後将士軍談』に「石人ノ欠ト見エタル者一ツアリ」と記しているのは、その傍証となるであろう。

同じ君姓氏族であっても、筑紫君は反乱伝承をもちながら前方後円墳を築造し、水沼君は服属伝承をもちながら大円墳を築造するという異なったあり方を示す。水沼君は、御塚の「石人」に象徴されるように、「乱」に際してはおそらく磐井軍に加わったであろうが、「乱」後、勢力を温存できた主体は国造家であり、水沼君は独自性を鼓舞することはなかった。

雄略紀一〇年条の別本で、鵝を殺したのは筑紫の嶺県主泥麻呂の犬だと記載されている嶺県主の墳墓地は、佐賀県三養基郡目達原古墳群に比定されている。そこには、五世紀後半から六世紀中葉まで五〇メートル前後の円墳と帆立貝式古墳が築造されており、六世紀後半に全長五〇メートル余の前方後円墳がつくられている。県主でも六世紀中葉までは水沼君的な古墳のあり方を示しており、県主階層の古墳の一例としたい。

2　吉備の乱

雄略紀と清寧紀に次のような吉備の反乱伝承がある。

A、吉備下道臣前津屋《しもつみちおみさきつや》（ある本では国造吉備臣山という）は、小女を大王とし大女を己として相闘わせたり、小鶏を大王とし大鶏を己として闘わせたりしていたので、大王は物部の兵士三〇人を派遣して、前津屋と族七〇人を誅殺した（雄略紀七年八月条）。

B、吉備上道臣田狭《かみつみちおみたさ》が妻の稚媛《わかひめ》を自慢するのをきいて、大王は田狭を任那国司として稚媛を奪った（ある本では、田狭の妻の名は毛媛といい、葛城襲津彦の子、玉田宿祢の娘という）。田狭はそれをきいて新羅の援を求めて反乱を企てた。大王は、田狭の子弟君《おときみ》と吉備海部直赤尾に新羅征討を命じた。弟君は、百済へ行ったが討たずに貢上された才伎《てひと》をともなって帰途についた。田狭は、それをきいて自らは任那に拠り、弟君は百済に拠って反乱すべく企てたが、弟君の妻樟媛はそのことを知り夫を殺して戈伎を奪った（ある本では、弟君は百済から帰って戈伎を献ったという）（雄略紀七年是歳条）。

C、雄略二三年に大王雄略は死去した。吉備稚媛は子の星川皇子を大王位につかせるため大蔵の官を奪わせたが、大伴室屋大連・東漢掬直の軍に敗れ、稚媛・星川皇子らは大蔵もろとも燔《や》殺《き》された。

吉備上道臣らは、星川皇子を救うため船師四〇艘を率いて出撃したが、燔殺されたことを知ってひき返した。白髪皇太子（清寧天皇）は、上道臣らを責め、その山部を奪った（清寧即位前紀）。

吉備の反乱伝承と古墳との相関を考えようとするとき、つねに必要なことであるが、とりわけ反乱伝承そのものの史料批判の上に立たねばならない。

湊哲夫氏は、吉備反乱伝承研究の現状を次のように整理しておられる（注4）。

(1) 伝承の背後に直接的な史実を認める。

(2) 大和政権による吉備氏の征圧を説話化したもの。

(3) 反乱伝承がある政治目的のために述作されたもので、五世紀後半における吉備氏の反乱という史実は存在しない。

(1)・(2)が通説であるが、湊氏は吉備臣山（伝承A）と吉備臣田狭（伝承B）が雄略に殺されたこと、清寧が星川皇子を排除して即位したこと（伝承C）が史実の核として存在したであろうことを主張された。

(3)説であれば、「反乱伝承と古墳」には無関係となるが、湊氏の「史実の核」をよりどころとして検討を進めたい。その場合でも、吉備一族は吉備臣とよばれるような分氏していない形で存在していたが、六世紀後半以降に分氏したという立場と、のちの郡単位程度の領域をもった各地の豪族連合として存在していたのが、六世紀に統合されたという立場があり、評価は定まらない。したがって、以上の検討は、吉備各地の五・六世紀の首長墓と考えられる大型古墳の性格と消長を追求しつつ、史実に近づいてみたい。

吉備の王墓としては、造山、作山、両宮山の三大巨墳が著名である。これら三つの巨大古墳と近畿の王墓との築造企画の斉合性は、以前から指摘されていたが、再び上田宏範氏によって詳細に論じられた（注5）。

上田氏によれば、吉備と畿内の巨大古墳の対応関係は次のとおりである。

	B型式I	C型式	D型式変型
畿内	応神陵→	履仲陵→	御廟山古墳
	＝	＝	＝
吉備	作山古墳→	造山古墳→	両宮山古墳

「吉備の三大古墳は畿内の大王陵クラスの大型前方後円墳の主要型式をすべて含んでいるばかりでなく、三基の古墳がそれぞれに違った型式をとることは興味深い。このことはこれら三基の古墳が、それぞれに時期をへだてて営まれ、それぞれの時期に応じて畿内で行なわれていた最新型式を採り入れていることを示している。ここにみられる畿内の型式変遷への対応のしかたは、まことに敏感というほかない。このような相互現象は畿内間での例を除いては、他の地域ではまず見られないことである。彼ら吉備の首長たちの墳墓は、ただ単に前方後円の形をまねたというような粗雑なものではなく、その時々の畿内の最新型式が採り入れられていたのである。いかに吉備の首長たちの畿内志向が強力であり、また畿内の情報に精通し、鋭敏に対応したかをよく物語っている」（注5）文献、二八六頁）。

そして、上田氏の築造企画型式ごとの墳丘規模は、「作山古墳の時期には畿内と第二位を、造山古墳の時期には第一位を、両宮山古墳の時期には第三位」（同、二九四頁）と「畿内の大王陵に匹敵するものをもちながら、周濠の点で大きな欠落がみられる。これこそ古墳にあらわれた畿内の大王や王族と、地方首長との格差ではなかったろうか」（同、二九四頁）。

上田氏の指摘は、西川宏氏が早くに説かれていた吉備連合政権の性格（注6）を築造企画の面から補強しただけではなく、倭の五王の将軍号除正要求に見られる大王と他との格差に対応させるなど意欲的である。

それでは図五―3によって吉備の三大古墳の背景を考えてみよう。

造山・作山両古墳を含む高松・総社ブロックには、先行する小造山古墳（前方後円墳、全長一三〇メートル）があり、ほぼ併行して宿寺山古墳（同、全長一二〇メートル）、佐古田堂山古墳（同、全長一五〇メートル）がつくられ、千足古墳（同、全長七〇メートル）へと続く。四世紀後半から五世紀代を通じて、全長一〇〇メートルをこえる前方後円墳が継続的に築造されている点では、筑紫君磐井の故地を凌駕するものであり、その系譜の中から近畿の大王陵と一体的な二つの巨大古墳が生まれたことがわかる。

両宮山古墳を含む三野・上道ブロックも、四世紀後半から五世紀を通じて全長一〇〇メートルをこえる前方後円墳を築造しつづけている。ただし、両宮山古墳の周辺に限ってみると、先行する玉井丸山古墳は全長一四〇メートルの前方後円墳であるが、継

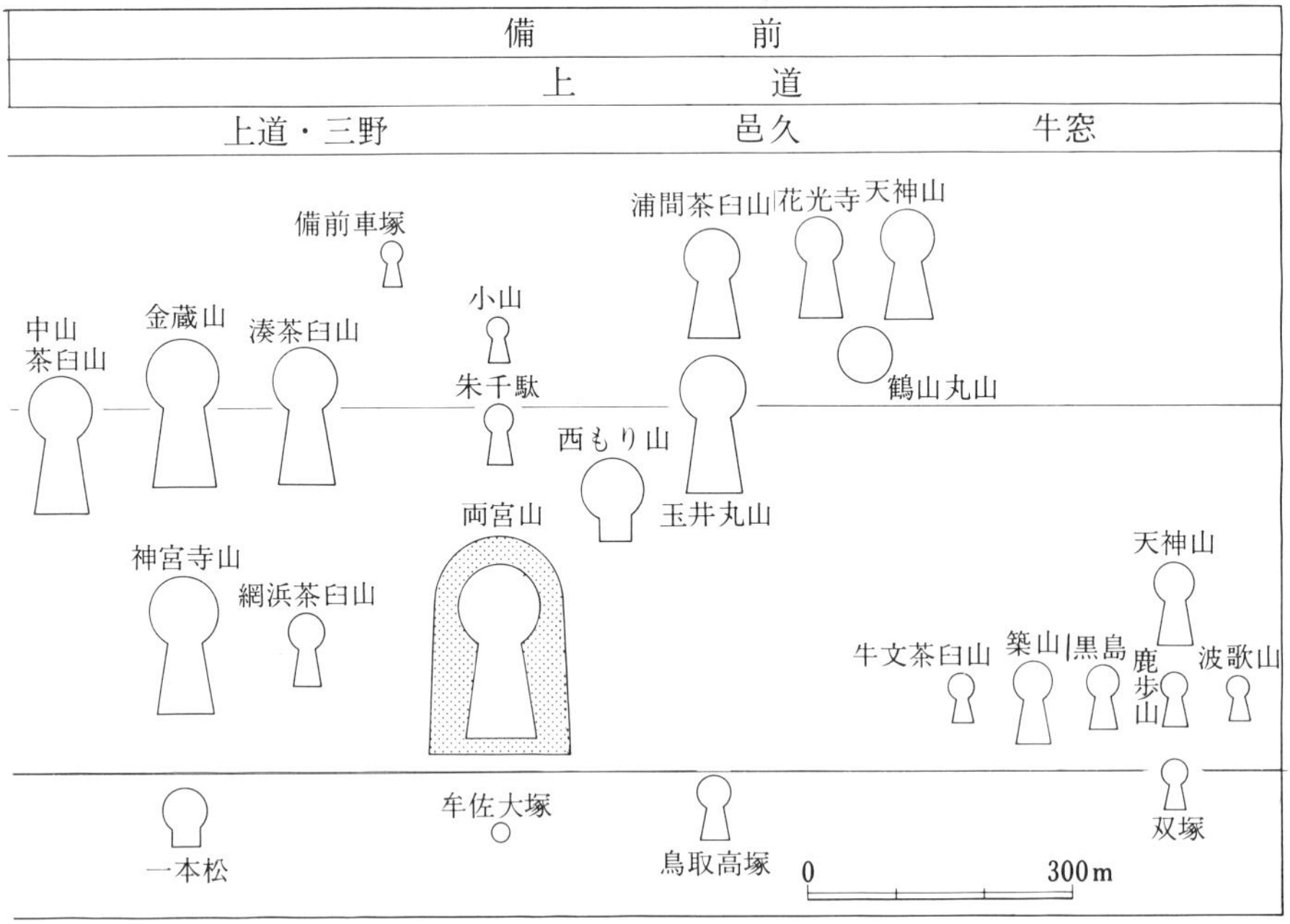

主要古墳

続する西もり山古墳が帆立貝式古墳になるという差異が認められる。

両地域とも六世紀前後以降前方後円墳を継起的には築造しないという特性があり、大和、河内や筑後と異なっている。

このような吉備の大型古墳分布状況と反乱伝承を重ねて考えた場合、国造吉備臣山と吉備臣田狭が大王雄略に殺害されたのは、前方後円墳の継起的築造が止む六世紀前後の事件であったように思われる。そして、大王清寧による星川皇子の排除は、続いておこった中央政界における吉備系皇子の殺りくであったのであろう。

西川氏はじめ多くの人々は、「反乱」の後も山部を奪われただけであって吉備政権の力は継続していると説かれているが、それまで継続的に築造されていた前方後円墳が乱後に激減する様は異常であり、他の地域の状況と異なっている。

反乱伝承をもつ、筑後、吉備、上毛野（武蔵）のうち吉備の状況が異なるのは、大型古墳の周濠の有無

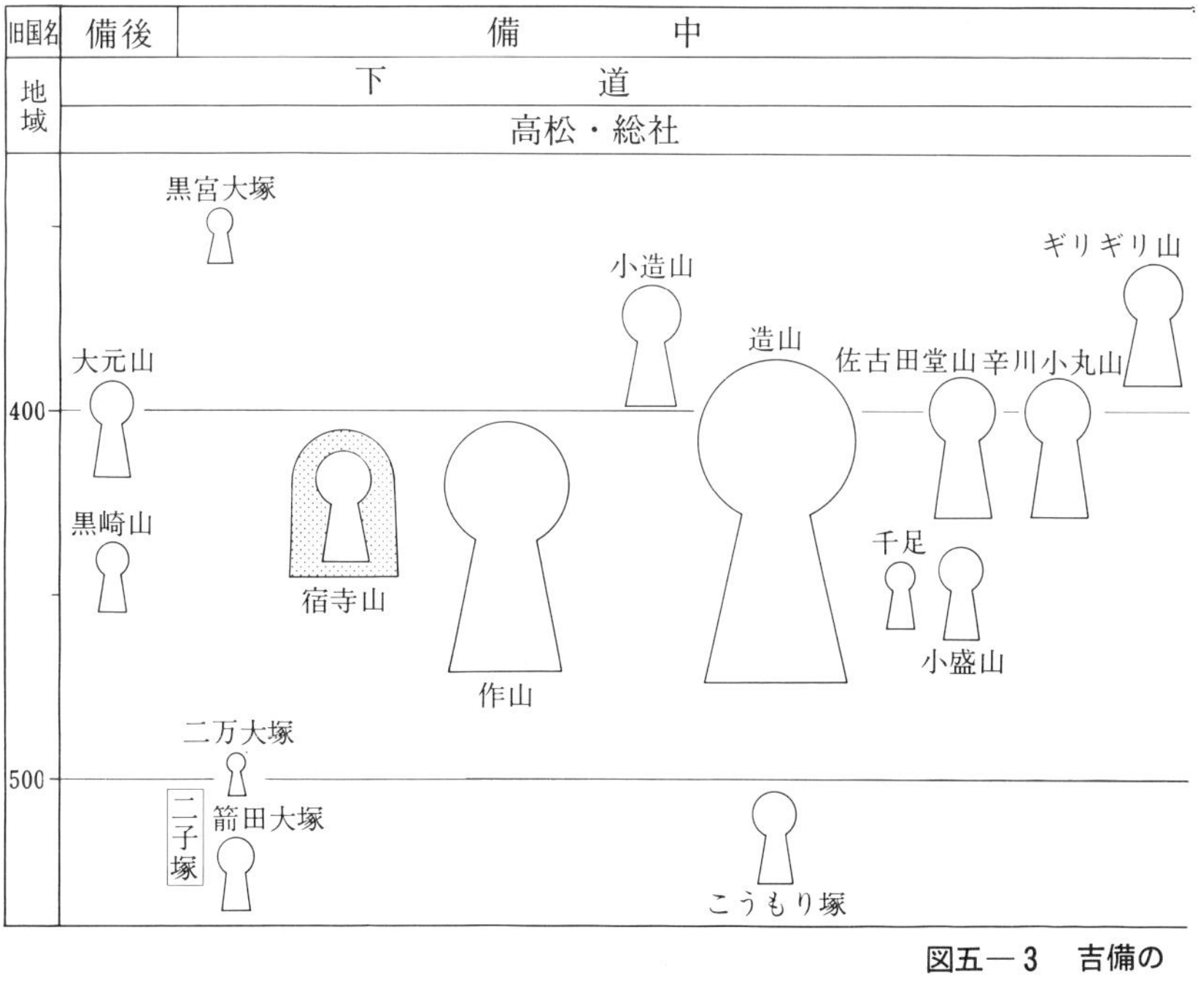

図五—3　吉備の

についても指摘できる。筑後では、反乱の主とされる磐井墓＝岩戸山古墳と継続する乗場古墳に周濠があり、上毛野では太田天神山古墳などの二重周濠をはじめとして、多くの古墳に周濠が認められる。古墳周濠の有無と形態は、重要な要素であり、次節に再説したい。

　六世紀前半以降、吉備には箭田大塚、こうもり塚、牟佐大塚などの長大な横穴式石室をもった古墳が築造されるが、かつての山や田狭の意志を継ぐにはいたらず、吉備氏が中央政界に登場するのは天武朝以降である。

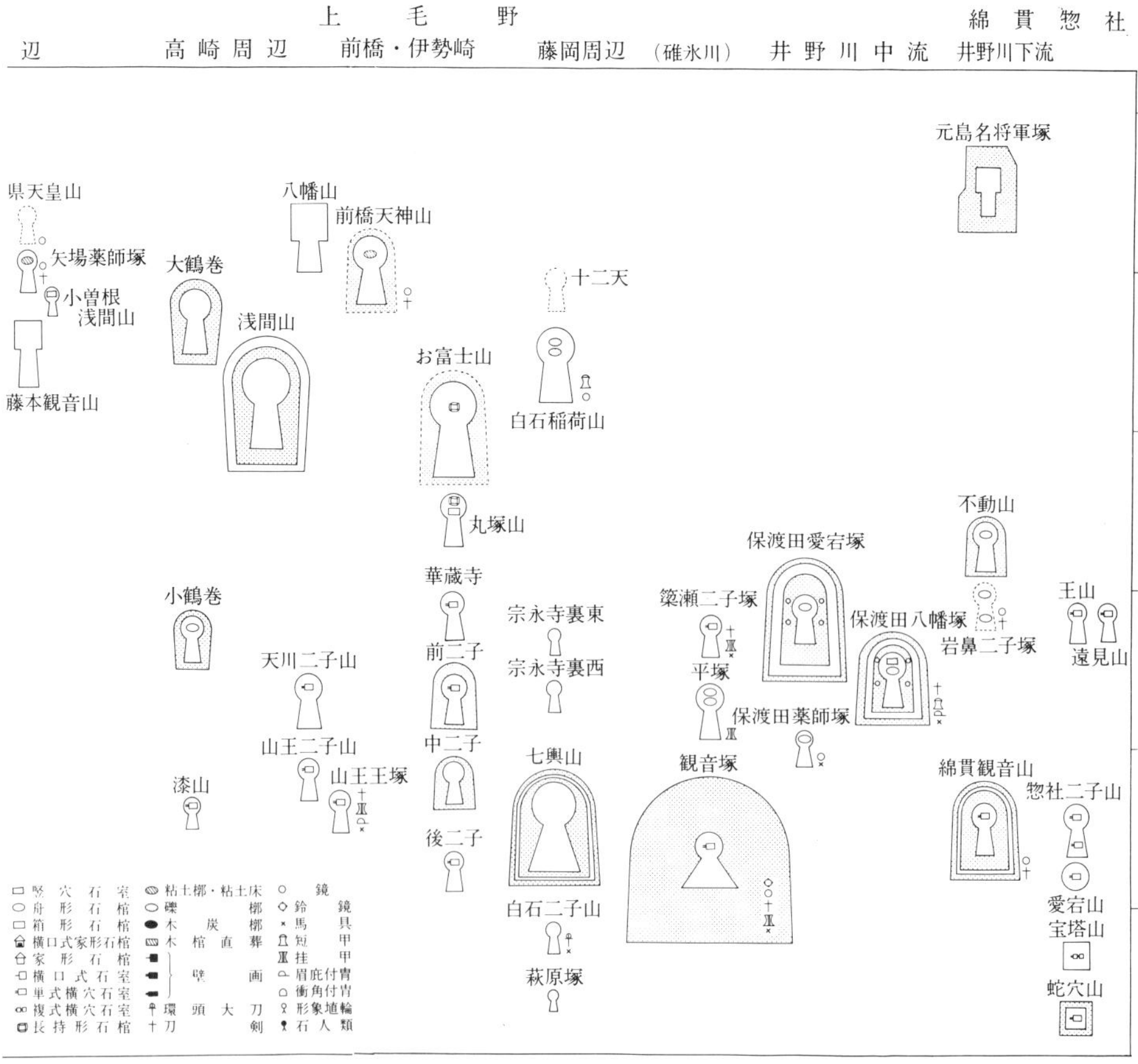

上毛野の主要古墳

3　武蔵と上毛野の乱

安閑紀元年（五三四）、「武蔵国造笠原直使主と同族小杵と、国造を相争ひて、年経るに決め難し。小杵、性阻くして逆ふこと有り。心高びて順ふこと無し。密に就きて援を上毛野君小熊に求む。而して使主を殺さむと謀る。使主覚りて走げ出づ。京に詣でて状を言す。朝庭臨断めたまひて、使主を以て国造とす。小杵を誅す。国造使主、悚憙懐に交ちて、黙已あること能はず。謹みて国家の為に、横渟・橘花・多氷・倉樔、四處の屯倉を置き奉る」。

これがいわゆる「武蔵国造の

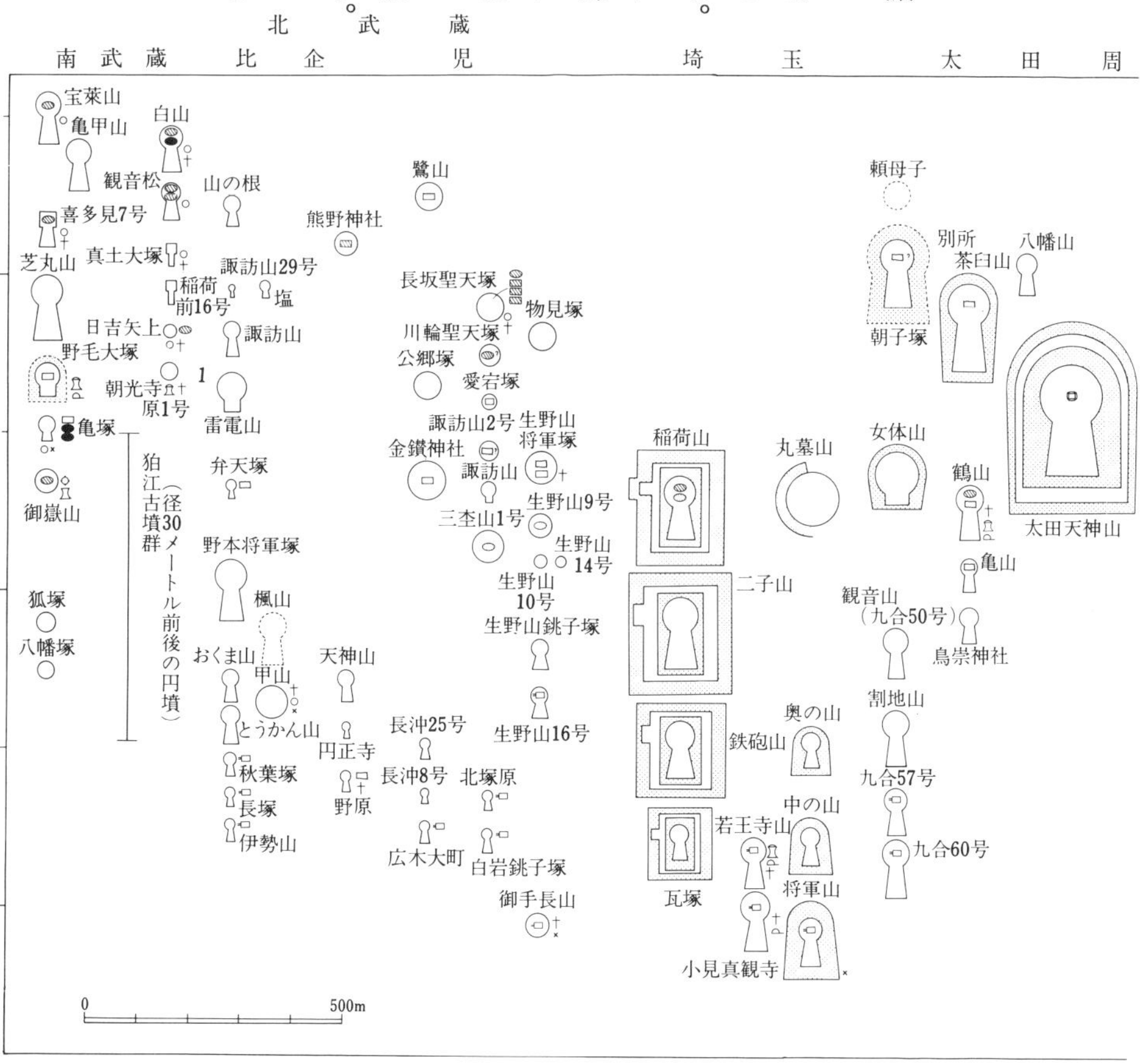

図五—4　武蔵と

反乱」である。記事によれば、国造職をめぐる同族の争いに上毛野君小熊が介入し、笠原直使主と大和朝廷側が勝利したという。この記事については、津田左右吉氏以来、その信憑性に疑問が呈示されていたが、『横浜市史』（注7）と「武蔵国造の反乱」（注8）によって、考古学的にも記事の信憑性が検証しうるものとされ、稲荷山古墳鉄剣銘文の検出によって、一層注目されるところとなった。このような趨勢の中で、金井塚良一（注9）、渡辺貞幸（注10）両氏は安閑紀の記載を史実として議論を進めることに疑問を呈示された。以下、武蔵・上毛野の古墳の消長から、「争乱」の背景を考えてみたい（図五―4）（注11）。

(1) 武蔵

埼玉古墳群の大型古墳は、五世紀後半に丸墓山古墳、あるいは稲荷山古墳の築造によってはじまり、以下、二子山・鉄砲山・瓦塚各古墳が六世紀末まで継続する。稲荷山・二子山・鉄砲山各古墳は全長一〇〇メートルをこえ、瓦塚古墳はやや縮小するが四基とも前方後円墳で二重の長方形周濠をもち、中堤に造出しをもつ点で共通しており、稲荷山古墳系列とよぶことが可能であろう。前方後円墳で盾形周濠をもつのが六世紀中葉から七世紀前半と考えられている奥の山・中の山・将軍山・愛宕山各古墳であり、墳丘規模も稲荷山古墳系列に比して小さい。やや離れて、周濠をもたない若王子山古墳・小見真観寺古墳などが六世紀末から七世紀前半に築造される。周濠形態を重視すれば、埼玉古墳群には稲荷山古墳と奥の山古墳の二つの系列が存在し、前者が優勢を保ちつつ小見真観寺古墳にいたる系譜を考えることができる。

荒川をはさんで西方一〇キロメートル余の比企丘陵には、四世紀後半の山の根古墳（注11）h文献）以降、六世紀後半まで前方後円墳が築造されつづけている。しかし、墳丘規模は六世紀初頭の野本将軍塚古墳が全長一〇〇メートルをこえるだけで、他は規模の大きいものでも六〇～七〇メートルを前後する程度であり、周濠をもつものもない。比企丘陵には、四世紀後半以降、埼玉古墳群に先行して在地勢力が存在しており、六世紀初頭には稲荷山古墳に匹敵する規模の野本将軍塚古墳が出現する。比企丘陵の古墳が、五世紀後半の大型古墳の空白を重くみて、雷電山古墳までと野本将軍塚古墳以降で系譜が異なる場合があったとしても、雷電山古墳が帆立貝式古墳であることからして、埼玉古墳群を生む母胎となったとは考え難い。

同様に、児玉地方には四世紀後半から五世紀後半まで、大型円墳を主流とする古墳が系譜的に築造されており、在地勢力の存在を示している。

(2)　上毛野

埼玉古墳群（（注11）c文献）の北西二〇キロメートルに利根川をはさんで太田古墳群がある。太田古墳群は、四世紀末の朝子塚古墳のあと六世紀末まで継続して前方後円墳がつくられている。朝子塚古墳―別所茶臼山古墳―太田天神山古墳は、全長一二四メートル―一六五メートル―二一〇メートルと逐次増大するとともに周濠を有し、以降は一〇〇メートル前後に縮小し、周濠をもたない。ただし、墳丘全長だけで比較すれば、埼玉古墳群に匹敵する規模を保持しつづけている。

上毛野中部（前橋・伊勢崎地区）にも一つの地域集団が存在したように思われる。四世紀後半に全長一三〇メートルの前方後円墳である八幡山古墳が築造され、ついで全長一二九メートルで周濠をもつ前方後円墳・前橋天神山古墳が登場する。利根川左岸の前方後円墳は、このあと六世紀後半の天川二子山古墳まで途絶えるが、伊勢崎周辺のお富士山古墳―丸塚山古墳―華蔵寺古墳が継続し、六世紀後半以降、北方の前二子・中二子・後二子各古墳と利根川左岸の天川二子山・山王二子山・山王王塚各古墳に分枝するように思われる。分枝した二群のうち、前者には盾形周濠がともない主体的な集団と考えられる。前橋天神山古墳は長大な粘土槨に三角縁四神四獣鏡を含む鏡六面をはじめ豊富な副葬品をもち、お富士山古墳は長持形石棺を埋葬施設とするなど、いわゆる畿内色が強い。全長一八〇メートルのお富士山古墳を別格とすれば、いずれも全長一〇〇メートル前後の前方後円墳が継続しており、首長墓系譜の古墳群と考えることができる。

井野川流域には六世紀の顕著な古墳が知られている。中流域の保渡田《ほとだ》愛宕塚・保渡田八幡塚と下流域の綿貫観音山古墳は、いずれも二重周濠をもつ前方後円墳で、五世紀後半の不動山古墳から六世紀末の綿貫観音山古墳まで、地域は異なるものの一つの系譜をたどりうるように思われる。

(3) 武蔵と上毛野の古墳の動向

武蔵と上毛野で四世紀の古墳が卓越するのは南武蔵の多摩川流域である。そこには、全長一〇〇メートルの前方後円墳である宝莱山古墳・亀《きっ》甲山《こうやま》古墳や白山古墳・観音松古墳などがある。しかし、ほぼ同じ頃に、北武蔵の比企丘陵には山の根古墳（前方後円墳）があり、上毛野西部に元島名将軍塚古墳（前方後方墳）、同中部に前橋八幡山古墳（前方後方墳）、同東部に頼母子《たのもし》古墳（円墳）・県天皇山古墳（前方後円墳）などがあり、中部の前橋天神山古墳、東部の太田朝子塚古墳が継続する。したがって、四世紀後半の南武蔵の卓越性は、従来いわれているほど顕著なものではなく、少なくとも上毛野の各地域にはほぼ同等の地域勢力の存在が予想される。

図五―5　群馬県お富士山古墳出土の長持形石棺

五世紀前半・中葉には、上毛野西部の浅間山古墳、同中部のお富士山古墳、同東部の太田天神山古墳・別所茶臼山古墳などがそれぞれの地域の系譜の中から大型前方後円墳を築造する。とくに、浅間山古墳と太田天神山古墳は馬蹄形の二重周濠をもち、お富士山古墳は近畿大王墓と同等の長持形石棺をもつ。五世紀の前方後円墳の二重周濠は特定の近畿大王墓（津堂城山古墳・誉田山古墳・大山古墳など）がもつ兆域施設であり、兆域全長は三一〇メートル（浅間山古墳）から二六〇メートル（太田天神山）に達する。この頃の上毛野の雄族は一つではなく、太田天神山古墳を要《かなめ》としながらも、高崎、前橋・伊勢崎、太田の三地域に鼎立していたのである。

五世紀後半、それまで顕著な古墳がつくられていなかった埼玉地域に丸墓山古墳、あるいは稲荷山古墳が築造される。稲荷山古墳は墳丘全長一二〇メートルの前方後円墳で、長方形の二重周濠をもち、その規模は一七〇メートル×二二〇メートルに及ぶ。五世紀後半の一〇〇メートルクラスの前方後円墳は、上毛野西部の丸塚山古墳・不動山古墳と同東部の鶴山古墳であり、やや年代幅をとれば北武蔵・比企丘陵の野本将軍塚古墳が加わる。これらの中で稲荷山古墳は、墳丘全長はさほど飛びぬけてはいないが、周濠をもつ点で優位にある。上毛野東部の鶴山古墳と亀山古墳は、伝統的な竪穴式石室を埋葬施設とし、同東部の不動山古墳はこのあと卓越する舟形石棺をもつのに対し、稲荷山古墳は粘土槨・礫槨であり、異なった様相を見せている。

六世紀を通じて埼玉古墳群は、稲荷山古墳系列と奥の山古墳系列がそれぞれ独自の周濠をもって継続する。武蔵・上毛野を通じて六世紀の埼玉古墳群に匹敵する古墳群は、上毛野西部、井野川中・下流域の保渡田・綿貫の古墳であろう。五世紀後半に、それまで顕著な古墳が見られなかった地域に全長九四メートルの前方後円墳（不動山古墳）をつくっている点と、六世紀に入って保渡田愛宕塚古墳―保渡田八幡塚古墳―綿貫観音山古墳と二重周濠をもつ一〇〇メートルクラスの前方後円墳が継続する点でも埼玉古墳群と共通している。ただし、周濠形態と埋葬施設に差があり、それぞれ独自の勢力である。

ほかにも、上毛野中部には周濠をもって継続する前二子・中二子両古墳があり、周濠はもたないが墳丘規模では埼玉古墳群に匹敵する上毛野東部の九合五〇号墳―割地山古墳―九合五七号墳―九合六〇号墳があり、上毛野の各地域集団は六世紀を通じて勢力を保持していることがわかる。だからこそ、六世紀後半の上毛野西部に、二重周濠をもち同時期では武蔵・上毛野の中でもっとも規模の大きい七輿山古墳と兆域(周濠)全長三一五メートルの観音塚古墳が出現しえたのであろう。

(4) 「争乱」の想定

安閑紀元年条の記載が史実であれば、武蔵国造職をめぐる争乱は五三四年に鎮圧された。前項までに述べたことと図五―4によって、六世紀前半に古墳群が断絶するか、著しく規模を縮小する例は認められるであろうか。武蔵・上毛野を通じて該当する古墳群はまったく認められない。つまり、安閑紀元年の記載は、そのまま史実と認めることはできない。

それでは、いま(記紀編さん時)の武蔵の地域で、かつて争乱があったという伝承が安閑紀元年条に仮託された、とした場合はどうであろうか。五世紀後半段階に注目したい。

大型古墳の築造が認められない地域――上毛野西部(高崎)、同(藤岡)。

前代の古墳規模を半減する地域――北武蔵(比企丘陵)、上毛野中部(前橋・伊勢崎)、同東部(太田)。

はじめて大型古墳を築造する地域――北武蔵(埼玉)、上毛野西部(井野川)。

四世紀の大型古墳出現段階と六世紀末、七世紀前半の大型古墳消滅段階を別にすれば、武蔵・上毛野両地域の古墳群の消長を通じて、五世紀後半に古墳営造に影響を及ぼす事件があったことを思わせる。

「争乱」があったとすれば、五世紀後半と考えるのがもっとも妥当である。そこで、各古墳群の消長を安閑紀元年条の記載と結びつけて考えてみよう。

武蔵地方で豪族が相争い、一方が勝利し、一方が敗退した、という。勝利した側には大和政権が、敗退した側には上毛野の豪族が加担していたらしい。

武蔵地方がのちの武蔵国の範囲と一致していたかどうかは明らかではないが、一応その中で勝者と敗者の古墳を探ってみよう。両者とも、事件として伝承されるほどの戦闘を行いうる武蔵の豪族であれば、乱に先行する継続的な大型古墳の築造が認められねばならない。候補としては、多摩川流域の古墳群、比企丘陵の古墳群、児玉地方の古墳群をあげることができる。

武蔵地方を仮りに北武蔵に限って考えれば、比企と児玉の争いが想定しうる。その場合、勝者は比企であり、敗者は児玉であろう。なぜなら、比企では五世紀末、六世紀初頭に野本将軍塚古墳（前方後円墳、全長一一五メートル）が築造されており、その後も前方後円墳が継続し、つねに墳丘規模において児玉に勝っている。児玉では、五世紀を通じて直径五〇～七〇メートルの大型円墳（前方後円墳にすれば優に一〇〇メートルをこえる）を継起的に築造していた在地豪族であったが、六世紀を境にしてかつての大型円墳の直径程度の前方後円墳に代り、六世紀を通じて規模縮小の方向をたどっている。比企は、四、五世紀を通じて前方後円墳の地域であり、児玉は墳丘土量でまさる大型円墳をつくり、弥生時代後期以来、上毛野と共通の土器文化圏にあることも伝承の背景として考えることができる。大和政権は、弱者（比企）を介して強者（児玉）を打倒すべく画策したのかもしれない。

武蔵地方がのちの武蔵国の範囲であれば、従来いわれているように多摩川流域の古墳が敗者にふさわしい。四世紀以来つづいた前方後円墳が、五世紀中葉以降とだえ、六世紀になっても復活しないのはきわめて象徴的である。その場合、勝者は比企を前面とする比企・児玉連合と考えることも可能であろう。

いずれにしても、埼玉《さきたま》には氏祖の領域を擁して闘うべき豪族は存在していなかったのである。埼玉古墳群形成者が武蔵のいずれかの地から移動してきたものとすれば、比企・児玉の古墳群は六世紀を通じて継続しているので多摩川流域を故地と想定せざるを得ない。したがって、闘いは多摩川流域と比企か児玉、あるいは比企・児玉連合となり、前者が勝者で後者が敗者となる。この場合、勝者の主族は敗者の領域に移り住み、大古墳群を形成したがかつての本拠地には有力な古墳が認められない（有力氏族を配置しない）という難点がある。さらに、敗者に相当する比企に野本将軍塚古墳以下の古墳が築造されつづけることも矛盾する。伝承によれば、敗者は「誅《とる》す」とある。

次に、隣接する上毛野からの移動を想定すれば、六世紀代の古墳の継続性が弱い高崎地域——浅間山古墳被葬者の後裔が候補に上る。ただし、上毛野には高崎地域を含め埼玉古墳群の特性である長方形周濠の伝統はないし、埋葬施設の点でも粘土槨・礫槨よりも竪穴式石室が主流をなす地域であって、埼玉古墳群の故地としてはふさわしくない。

埼玉古墳群形成者は武蔵・上毛野地方の豪族でないとすれば、長方形周濠で共通性をもつ大和の豪族がうかびあってくる（注12）。大和の主要大型前期古墳群の一つである萱生《かよう》古墳群では、盟主墳である西殿塚古墳をはじめ三基の前方後円墳に長方形周濠が認められる。大和には他に馬見丘陵の新山《しんやま》古墳と河合城山古墳にあり、数少ない類例であるが、大和と埼玉古墳群に顕著な周濠形態である。しかし、大和には長方形二重周濠はないし、礫槨も主な埋葬施設ではないのがこの想定を弱めている。しかし、さらにわずかな資料を求めれば、埼玉稲荷山古墳出土の銙帯金具が型式学的には新山古墳の類例に近いということ（注11）e文献所収の町田章論文）、埼玉古墳群の周濠中堤の造出しを「別区」と見れば、まだ発掘調査による確認は経ていないが、奈良県香芝町狐井城山古墳にその可能性が認められることが両者を関連づける傍証となるかもしれない。

稲荷山古墳鉄剣銘文には、世々杖刀人首として奉事したとして乎獲居臣を含む八代の人名を記し、天下を左治したとあるが本貫地は記していない。一つの可能性として、稲荷山古墳被葬者は大和政権が武蔵の争乱に介入したときに派遣された武人であり、その時に辛亥銘鉄剣を携えた、と考えることもできる。

一方の当事者である上毛野君の本貫地はどこに求められるであろうか。前項で見たように上毛野で五世紀前半・中葉に大和政権と対抗しうる勢力を蓄えていたのは、高崎、前橋・伊勢崎、太田の三地域であり、中でも太田天神山古墳がきわ立っている。藤岡を加えて、上毛野四地域の豪族のうち一豪族が事に当ったのではないように思われる。確かに高崎では、六世紀の前方後円墳が継続して築造されていないけれども、全長八八メートルで周濠をもつ小鶴巻古墳が存在しており、敗者の地域とはいいきれない。おそらく、太田天神山古墳後裔者を盟主とする上毛野連合が大和政権軍（埼玉古墳群被葬者）と闘い、敗れたのであろう。そして、五世紀後半～六世紀前半には埼玉稲荷山古墳・二子山古墳を凌駕する古墳は上毛野全域で築造されることはなかったけれども、前橋・伊勢崎と太田地域では全長一〇〇メートルを前後する前方後円墳が継続している。とくに井野川流域には、埼玉古墳群に対抗するように二重周濠をもつ前方後円墳が三基連続して築造され（保渡田愛宕塚古墳・保渡田八幡塚古墳・綿貫観音山古墳）、前二者は在地性の強い舟形石棺を埋葬施設として採用している。

上毛野と北武蔵は、もともと樽式系土器・石田川式系土器の分布地域として、また前方後方形周溝墓の卓越する地域としての共通の文化圏を形成しており、五世紀には上毛野が古墳規模において圧倒的に優位に立っていた。したがって、「武蔵の争乱」は実質的には上毛野領域内のこととして処理されるはずであったのが、大和政権の武力介入によって上毛野豪族連合は一旦は敗退した。しかし、潜在勢力は保持しつづけ、井野川流域の三古墳をはじめとして、七輿山古墳・観音塚古墳を築造し、七世紀には整美な石室をもつ大型方墳――宝塔山古墳・蛇穴山古墳を出現させている。王墓の方墳への転換は、近畿大王家と共通する行為であり、埼玉古墳群ではなし得なかったことである。

4　まとめ

五世紀後半から六世紀前半にかけて、筑紫・吉備・武蔵で「反乱」があったと伝承されている。「反乱」地域の古墳の消長を検討し、「反乱」の実態と「反乱」したと称されている氏族の姓《かばね》と古墳との相関を追求しようと試みた。ただし、姓については文献に記載されている氏族の現地比定が、つねに確定的でないため多くの検討を行うことができなかった。

五世紀後半から六世紀前半という時期は、大和政権内の大王位継承に動揺が続いた段階であり、それにともなって各地の豪族が自己の王国を確固たるものにしようとする闘いであったと思われる。三地域のうち、争乱後大型古墳の築造がやむのは吉備であり、かつて緊密であった吉備と大和の闘いが政権中枢にかかわるものであり、いかに熾烈であったかを思わせる。

吉備と異なるのは筑紫と上毛野（武蔵）である。両者とも争乱後も前方後円墳は継続し、大和にとっても筑紫・上毛野（武蔵）にとっても闘いを殲滅的に継続しようとするものではなかった。しかし、両地域とも争乱後に大和派遣軍が駐屯した形跡があり、また文献に記されている屯倉や部の設置が争乱を契機として実質的に進行したように思われる。

おそらくこの時期、文献に記録されていない各地の争乱が相ついだのではないかと思われる。それを検証するためには、より小地域ごとに、大型古墳だけではなく小古墳の消長を含めて検討すれば、各地の争乱の実態が浮かび上がるであろう。

各地における後期群集墳は、およそ六世紀中葉以降に形成される。後期群集墳の形成は五世紀後半から六世紀前半にかけての各地の「争乱」のあとの新たな体制の出現を示すものであろう。群集墳のあり方にさまざまな差異があるのは「争乱」の終結のしかたの差異と対応しているのかもしれない。

結果として争乱は、大和政権の全国的支配が制度として浸透する契機になったのである。

注

（1） 森貞次郎「筑後国風土記逸文に見える筑紫君磐井の墳墓」（『考古学雑誌』四一―三）一九五六年

（2） a 佐田 茂「筑後地方における古墳の動向」（『鏡山猛先生古稀記念 古文化論攷』所収 同刊行会）一九八〇年

b　佐田　茂「八女古墳群出土の埴輪」(『立山山古墳群』所収　八女市教育委員会)一九八三年
c　森貞次郎「磐井の反乱」(『古代の地方史』一所収　朝倉書店)一九七七年
d　小田富士雄『九州考古学研究　古墳時代篇』学生社　一九八四年
(3)『日本書紀』日本古典文学大系　七二頁註一二　岩波書店　一九六五年
(4)湊　哲夫「吉備氏反乱伝承の再検討」(『古代を考える』三一)一九八二年
(5)上田宏範「前方後円墳における築造企画の展開(その三)—巨大古墳にみられる吉備と畿内」(『橿原考古学研究所論集』第六所収　吉川弘文館)一九八四年
(6)西川　宏「吉備政権の性格」(『日本考古学の諸問題』所収　考古学研究会)一九六四年
(7)和島誠一・甘粕　健「武蔵の争乱と屯倉の設置」(『横浜市史』一)一九五八年
(8)甘粕　健「武蔵国造の反乱」(『古代の日本』七　角川書店)一九七〇年
(9)金井塚良一『吉見百穴横穴墓群の研究』校倉書房　一九七五年
(10)金井塚良一「稲荷山古墳と武蔵国造の争乱」(『歴史と人物』一九七九—六)
(11)渡辺貞幸「辛亥銘鉄剣を出土した稲荷山古墳をめぐって」(『考古学研究』九九)一九七八年
a　梅沢重昭「群馬県地域における初期古墳の成立(1)・(2)」(『群馬県史研究』二・三)一九七五年・一九七六年
b　梅沢重昭「毛野の古墳の系譜」(『考古学ジャーナル』一五〇)一九七八年
c　橋本博文「上野東部における首長墓の変遷」(『考古学研究』一〇二)一九七九年
d　田島桂男『日本の古代遺跡—群馬県西部』保育社　一九八四年
e　斎藤　忠・柳田敏司・栗原文蔵ほか『埼玉稲荷山古墳』埼玉県教育委員会　一九八〇年
f　金井塚良一『古代東国史の研究』埼玉新聞社　一九八〇年
g　埼玉県『新編埼玉県史　資料編二』一九八二年
h　菅谷浩之『北武蔵における古式古墳の成立』児玉町教育委員会　一九八四年
i　大谷　猛「東京の古墳一〜一〇」(『東京の文化財』六〜一六)一九八〇年〜一九八三年
j　甘粕　健・久保哲三「古墳文化の地域的特色—関東」(『日本の考古学』Ⅳ　河出書房)一九六六年
(12)石野博信「前期古墳周辺区画の系譜」(『森貞次郎博士古稀記念古文化論集』)一九八二年(『古墳文化出現期の研究』学生社　一九八五年に再録)

第六章　対外関係

倭と中国・朝鮮諸国との関係は、きわめて密接であった。それは、中国・朝鮮、とくに朝鮮諸国系の遺構・遺物が日本列島内各地から多量に検出されていることと、中国・朝鮮の史書・金石文などによって知ることができる。古墳時代の日本列島史は、まさに東アジアの国際政治の中で生きていたのであり、それなくして古墳時代史を語ることは難しい。そのような意味で、対外関係をとりあげたい。

1　中国・朝鮮と倭

二三九年、邪馬台国の女王卑弥呼は、魏に使を遣し、「親魏倭王」の称号を与えられた。これ以前から倭人は楽浪郡を介して前漢との定期的な交渉を行っており（『漢書』地理志）、その後、五七年には倭奴国王が後漢・光武帝に遣使して印綬をうけ、一〇七年には倭国王師升等が生口多数を献上するなど、倭人の国際感覚は成長しつつあった。

「奴国王は倭（倭人）の諸国の中で皇帝よりはじめて一個の国および王として認められ、……中国を中心とする東アジアの国際的政治世界に倭人首長が初登場した」といえるが、「その称号は倭人すべてを代表して中華に通じる唯一の君長としての『倭王』（倭国王）ではなかった」のである。

それに対し、卑弥呼が得た「親魏倭王」の爵号と金印紫綬は、「高句麗・韓など同じ東夷の首長に比肩して対中国外交に対処でき」るようになったことを示し、「また彼女が授けられた『五尺刀』『銅鏡』こそ魏帝と卑弥呼との間の国際的身分秩序を象徴し、それを国内に表示する、『倭王』＝首長位にふさわしい可視的物実であった」(注1)。

倭王が東アジアの政治秩序の中ではじめて認知された「二三九年」は、土器様式による相対年代でいえば纒向2式期(庄内1式期)の時間幅の中に相当するのであり、弥生社会とは異なる身分秩序が日本列島内に導入されたのである。『魏書』によれば、この頃、一大率や卑狗・卑奴母離のような官がおかれ、邸閣が建てられ、租賦が行われるなど、国内体制も整備されつつあった。

このときの「銅鏡」が三角縁神獣鏡であるかどうかは明らかではないが、同鏡には少なくとも同型鏡の分有関係があることは事実である。「邸閣」がどのような建造物であるかも不明なことであるが、少なくとも弥生時代建物の主流である竪穴式ではなく、高床式の建物群であろう。やや時期は降るが、家形埴輪や「家屋文鏡」に見られる建物群がその候補となろう。その場合、赤堀茶臼山古墳の家形埴輪配置について中国に源流を求められている藤沢一夫氏の指摘(注2)は示唆深い。

三世紀前半(纒向1式・2式期)には双方中円墳(岡山県楯築古墳)、四隅突出型方墳、前方後円墳(奈良県纒向石塚古墳、千葉県神門四号墳)などが築造されて、卑弥呼治世段階の各地の王墓の独自性を示す。この頃には、戦乱を象徴する高地性集落は近畿には構築されず、その東西両地域(北陸・山陰・山陽)に拡散する。住居形態もまた、北陸・山陰・山陽地方では弥生時代以来の円形住居が残存するが、その他の地域では方形住居に移る。上記三地域は、近畿に対して、地域の独自性をより強く主張した地域と考えられる。

三世紀後半(纒向3式期)には、奈良盆地東南部に箸墓古墳や西殿塚古墳など王の中の王である大王墓が築造され、以後、同地域に行燈山《あんどんやま》古墳(「崇神陵」)・渋谷向山古墳(「景行陵」)にいたるまで累世的に大王墓が継続する。三世紀後半の箸墓古墳や西殿塚古墳には、吉備系の特殊器台系埴輪が認められるが、四世紀前半の渋谷向山・行燈山両古墳には認められない。伝統的な葬送祭祀具はこの段階で払拭され、日本列島の各地に前方後円墳が築造されるようになった。初期ヤマト政権が列島内で一応の体制を整えた段階である。

四世紀後半の倭と朝鮮諸国の関係は緊迫した。広開土王碑文によれば、倭は三九一年に出兵し、百済・新羅を破り、高句麗と戦って敗れた、という。この頃の大王は、佐紀古墳群西群の五社神山古墳（「神功陵」）、佐紀陵山古墳（「日葉酢媛陵」）、佐紀石塚山古墳（「成務陵」）などの大型前方後円墳の被葬者であろう（注3）。

これより前、朝鮮では高句麗・百済・新羅の三国が独立し、たがいにきそいあっていた。「三三〇年ごろ、楽浪・帯方両郡を支配下に入れた高句麗が、……新羅・百済への攻勢を強め、後世、両国を『属民』として回顧するような歴史観（広開土王碑）を抱かしめる事実があった。……この高句麗との羈絆を断って百済が自立するのは三七〇年前後のことである。すなわち三六九・三七一年の二度にわたって百済は高句麗に抗して平壌城を奪い、それを機に慰礼から漢山へ都を移した（『三国史記』）。ついで三七二年百済は対高句麗戦勝利の余勢をかって東晋へ入朝し、余句（近肖古王）は鎮東将軍・領楽浪太守の号を与えられて、宿願の中国王朝の冊封を受け（『晋書』）、東アジア世界での国際的地位を得ることとなった」。

「石上神宮七支刀とその銘は四世紀後半における倭と百済の関係の成立を示す。……七支刀は中国系人物が百済王権に働きかけて、三六九年百済で作成された。それは上記の三六九〜三七一年の百済の対高句麗とも関係する。高句麗は新羅を従属させて百済と敵対し、したがって百済は新羅とも戦闘状態にあった（『日本書紀』神功四九年条）。百済はその険しい国際環境下に倭との公的関係の成立を図り、ひいては倭との政治的・軍事的結合ないし戦勝を記念して作刀したのであり、やがて百済王世子である奇＝近仇首から倭王に贈られたものと思われる」。

「三九九年倭は百済と通じ、新羅城を襲ったので新羅は高句麗に訴えた。四〇〇年、なおも新羅城を占拠しつづけた倭を、高句麗の救援軍が退けた。当時、『任那加羅』あるいは『安羅人』の地には倭が駐留していた。四〇四年倭は百済とともに『帯方界』に迫ったが、高句麗の水軍がこれを潰敗させ、四〇七年にも高句麗が倭を大破した」。

以上、広開土王碑文を中心に、倭の動向について多くを引用したが、同碑文については現代の改ざん説を含めて多くの議論がなされている。いま仮りに、従来の読解がほぼ正しいとしても、同碑が功業碑であるため倭の侵攻を誇大に記している可能性についても注意すべきであることが指摘されている。ここでは、同碑文の史料批判とは別に、同時期の倭国内の動きを反映するとされている宗像・沖ノ島遺跡の動向（注4）から考えてみたい。

2　沖ノ島祭祀と東アジア

沖ノ島は古来、宗像大社の沖津宮が奉斎されている玄海灘に浮かぶ小島で、そこでは四世紀後半から九世紀に及ぶ祭祀が行われていることが調査によって明らかとなった。小田富士雄氏の整理によれば、祭祀形態は次のように変遷している。

第一段階——巨岩上における祭祀（一六〜一九・二一号遺跡）

「巨岩上に方形の祭壇をきづき、中央に依代《よりしろ》と思われる石塊を据えて磐座《いわくら》を構成し」たり（二一号遺跡）、「巨岩の南側基礎岩の上に二一面の鏡鑑を重ね置き、積石でこれを覆うた状態」のもの（一七号遺跡）などがある。「祭祀遺物の内容は漢魏代の舶載鏡およびその仿製鏡、碧玉製腕飾、鉄製の武器や工具、滑石製祭祀品（玉・剣形品・円板・釧）などから構成されていて、古墳における四世紀後半から五世紀代の副葬品の内容に通じるものがある」。

第二段階——岩陰における祭祀（四・六〜八・二二号遺跡）

「沖ノ島祭祀の中ではもっとも多いタイプに属する。岩陰に遺物をそのまま並べ置くもの（七・八号遺跡）、石組で祭壇の外郭を設け、その内側に土砂を敷いて祭壇を形成するもの（六・二二号遺跡）」などがある。「この段階での祭祀遺物は仿製鏡、装身具、鉄製の武器や工具、馬具、土器（土師器・須恵器）、金属製雛形祭祀品（刀・刀子・斧・鐸・儀鏡）、滑石製祭祀品（玉・円板）などから構成されている。この段階では馬具、土器、雛形祭祀品が新たに登場してくる。とくに装身具中の黄金指輪、金銅製馬具、工具中の鋳造鉄斧など朝鮮半島古新羅時代古墳遺物と対比できる請来品が多くなり、実用に供されない金属製雛形祭祀品や滑石製祭祀品などがかなりの量を占めてくる。……これら遺物の示すところはわが国後期古墳の副葬品と通ずる内容があり、五世紀半から六世紀代に比定できるであろう」（第三段階――七・八世紀、第四段階――八・九世紀の祭祀形態については省略）。

沖ノ島の祭祀遺物は、「その質と量において、四～五世紀代における北九州各地の著名な古墳の副葬品をはるかに凌駕するものである点に、地方豪族の祖神祭祀の域をこえている」のであり、国家的祭祀といわれる所以がある。それでは、なぜこの時期に、「国家」が玄海灘の小島で祭祀を執行しなければならなかったのか。

岡崎敬氏は、『百済記』や百済製作の資料によると、四世紀後半に日本と半島南部の交渉が急激なたかまりをみせたことは否定できないだろう。一七号遺跡を中心とする岩上の祭祀遺跡は、四世紀後半、百済との交渉の始まったこの時期に営まれたものではないか」（注4）ハ文献、三一八頁）とその背景を述べておられる。そして倭は、「朝鮮半島南部で生産された鉄材（鉄鋌）」や「高度の生産技術と技術者の獲得」のため、「百済や新羅などの国々と事をかまえる」こととなった。そのために「古代宗像の漁民やその豪族『胸肩君』の協力を必要とした」ので、「胸肩君のいつきまつる宗像大神は、新しい祭儀と奉献品をもってまつられるようになった」（同、四七二頁）のである。より積極的にいえば、沖ノ島遺跡の第一段階の祭祀は、大和・佐紀古墳群の大王が主導した朝鮮出兵のための戦勝祈願を行った場であった。

ほぼ同じ頃、大和の神体山・三輪山には琴柱形石製品などが奉献され（注5）、石上神宮域にも碧玉製品などがまつられる(注6)など、沖ノ島祭祀が大和と表裏一体をなしていたのである。韓国慶州で出土が伝えられる石釧(注7)は、このような動きの一つの証左であるかもしれない。

沖ノ島第二段階の祭祀は、まさに「倭の五王」の時代に相当する。『宋書』・『南斉書』・『梁書』によれば、四二一年の倭王讃から四七八年の倭王武にいたるまで倭王は歴年朝貢し、爵号を与えられている。四二一年の倭王讃の入朝は、同年頃に高句麗が新羅を臣従関係におき(中原高句麗碑)、「新羅の領域内に高句麗の幢主=軍事司令官が駐屯」するという「危機的な外圧のもと、百済の勧めによって倭の対宋外交が開始された」(注1)二〇四頁)という。この後朝鮮三国の関係は変化したが、四五五年には「百済は再び高句麗との抗争へと突入し、親倭政策をと

表六－1　朝鮮の中の倭系遺構・遺物

名称	地名	遺跡名	地域	時期
前方後円墳	慶尚南道固城郡固城邑	松鶴洞一号墳	伽耶	
〃	全羅南道羅州郡藩南面	新村里六号墳		
三角板鋲留短甲	慶尚南道咸陽郡水東面	上栢里古墳	伽耶	
眉庇付冑	伝釜山直轄市東萊区連山洞		〃	
筒形銅器	慶尚南道咸安郡		〃	
石釧	慶州市月城路		新羅	
子持勾玉	忠清南道扶余邑軍守里		百済	
〃	慶尚南道晋州市		伽耶	
〃	出土地不明			
百乳文鏡	慶尚北道慶州市	金鈴塚	新羅	
直弧文	慶尚南道咸安郡咸安	末伊山三四号墳	伽耶	5C後半
〃	〃　昌寧郡昌寧	校洞八九号墳	〃	5C末
〃	全羅南道羅州郡藩南面	大安里九号墳		5C後半
滑石製有孔円板	慶尚南道金海郡金海邑	府院洞遺跡	伽耶	
土師器	〃	〃		布留(新)式
〃	〃	〃		九州弥生末・古墳前期カメ
〃	釜山直轄市	華明洞古墳群	〃	布留(新)式?

(参考文献)
西谷　正「加耶と北部九州」西日本新聞　1982年4月12～14日
伊藤玄三「朝鮮出土の直弧文資料について」(『法政史学』28)　1976年
佐田　茂「滑石製子持勾玉」(『宗像沖ノ島』所収)　1979年
大竹弘之「金海府院洞遺跡出土の二、三の遺物」(『考古学と古代史』所収、同志社大学)　1982年

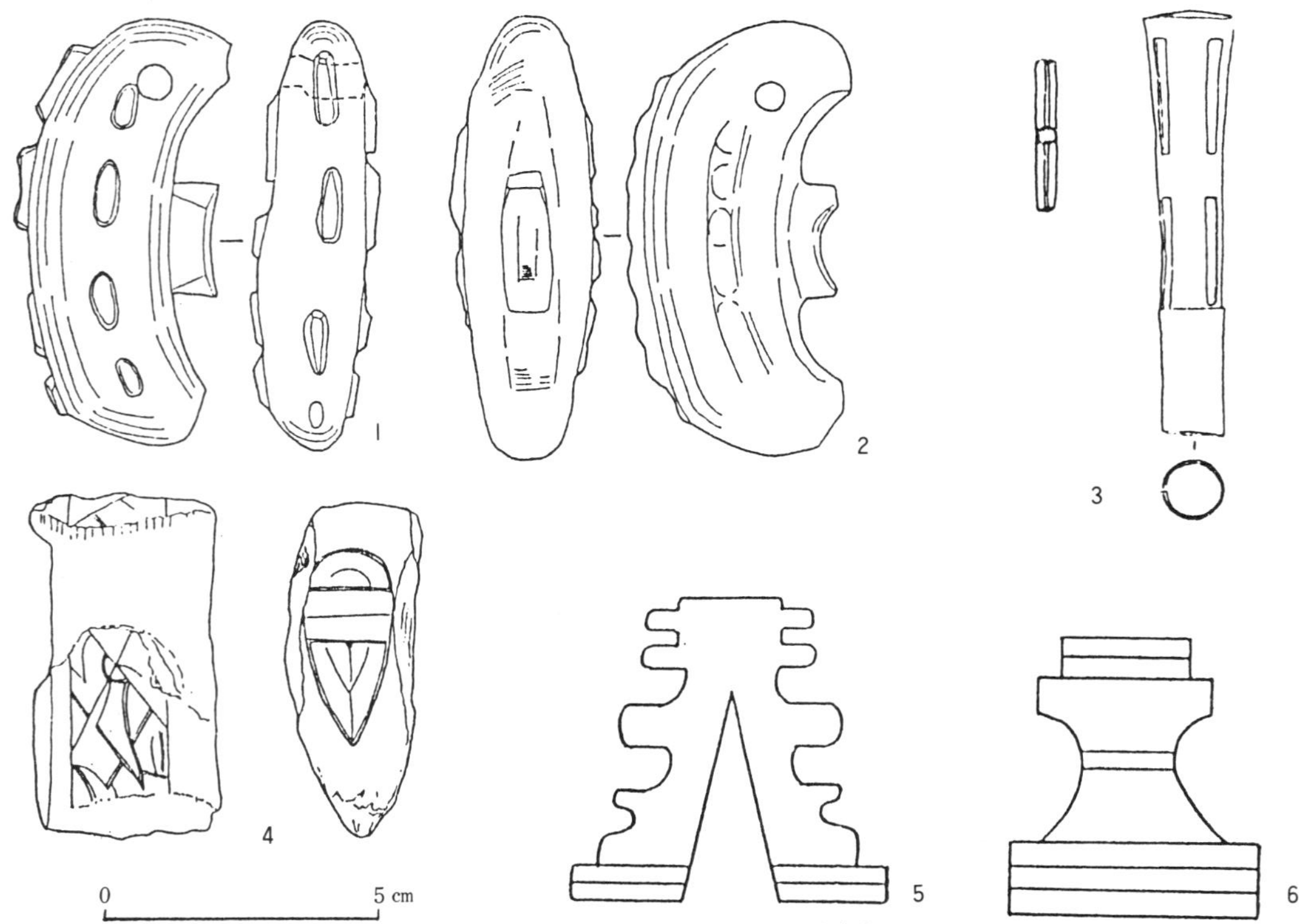

図六一1　朝鮮出土の倭系遺物ほか

1: 子持勾玉(忠清南道扶余邑軍守里)　2: 子持勾玉(出土地不明)　3: 筒形銅器(慶州南道咸安郡)　4: 直弧文(咸安)　5・6: 琴柱形石製品(奈良県三輪山)

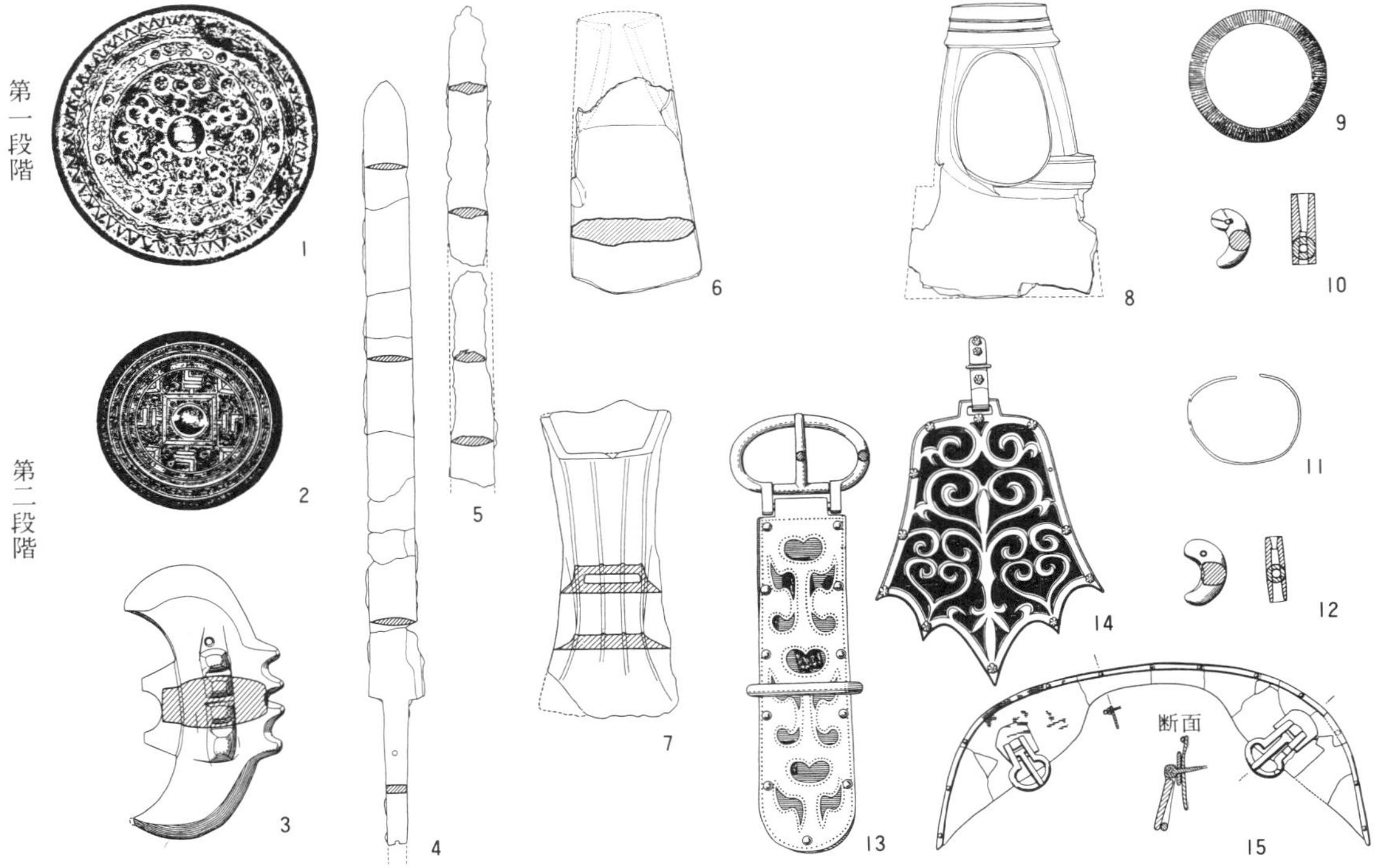

図六―2　宗像・沖ノ島遺跡の祭祀遺物（(注4)イ・ハより抄出）
1: 2号　2・3・7・12: 8号　4・11・13〜15: 7号　5・9・10: 16号　6: 21号　8: 不明

る。四六一年蓋鹵王が同母弟昆支を倭王のもとに遣わし(『日本書紀』雄略五年条百済新撰)、派兵を求めた。……降って四七八年、倭王武はみずから開府儀同三司を仮り、その『余』すなわち臣下にもみな仮授した(『宋書』)。武にいたってもはや倭王は中国皇帝でなくみずからを根拠として、中央の畿内豪族層を結集し」えたのである(〈注1〉二〇六・二一一頁)。

この間、沖ノ島祭祀遺跡には「鉄製武器が急増」し、朝鮮系遺物が「主要な地位を占めてきた」(〈注4〉ハb、二六二頁)。

この時期倭国には、多くの朝鮮系文物が導入されている。人々の来住を示すカマド付住居や横穴式石室をはじめとして、生活用具(陶質土器)・生産用具(U字形鋤先・鍬・トビロ式鎌・鋳造鉄斧)・武器(衝角付冑・鋲留短甲・馬具)等々数多い。

他方、朝鮮南部における倭系文物も若干知られている(表六―1)。慶尚南道松鶴洞一号墳や全羅南道新村里六号墳などが前方後円墳であれば、おそらくこの時期の所産であり、倭人の墓と考えざるを得ない。両道には、直弧文・筒形銅器・子持勾玉・滑石製有孔円板など、明らかに倭製と考えられるものが比較的多く、さきの文献の記載を傍証しているように思われる。

ただし、ここで注意すべきことは朝鮮内倭系文物を列挙したように倭内朝鮮系文物を挙げれば、まさに枚挙にいとまがないのであり、圧倒的な倭国の入超である。例えば、横穴式石室は倭国内のいたる所にあるのをはじめとして、陶質土器・U字形鋤先・馬具等々地図に地点をおとせば倭国内は朝鮮一色に塗りつぶされる。当時、倭国が政治・経済・文化の上で圧倒的に朝鮮三国の影響を受けていたことは明らかである。

朝鮮南部における若干の倭系文物が倭国の朝鮮出兵によって倭人がもたらしたものであったとしても、東アジア世界における朝鮮三国と倭国との全体の位置づけは動くことはない。

五世紀後半〜六世紀、倭王武の時期は、倭国内の支配組織を整備・充実した段階であり、六世紀における国内整備の先駆として位置づけることができる。「倭王が対外交通を媒体として継受しえた属僚制＝府官制的秩序による社会の位階構造化」を背景として、「大王に直属する畿内首長や渡来人有力者の王臣＝僚属化（のちの伴造的トモの氏など）と、その配下に統轄される専門性をもつ世襲的職能集団（のちの部）が層序的に編成される。つまり王権の下部機構が築かれるのであり、大王権力それ自体の専制化に向かう重要な画期である。……継体が五三一（辛亥）没とすると、その子安閑と欽明の二人が立ち、王権は分裂した。この期に固有の世襲的職能集団の中の、大王側近に奉仕する各地首長層による伴造的トモと部の前身形態のうち、軍事的部門が独立し、……ほぼ同時に他の諸部門もまた分化・拡大してトモ—べ制へと転換した」（注1）文献　二一四・二一五頁）。このように、倭の統属体制の整備は、朝鮮諸国の制度をもとに準備され、日本的な形に整えられていったのである。

五・六世紀に日本列島にもたらされた多量の朝鮮系文物は、当然人々の来住をともなっていた。それは単に新しい技術、新しい文化を導入したというには留まらず、新しい政治組織を生み出すこととなった。さきに述べた五世紀の変革は、このような背景のもとに進められたのであり、推進者は倭王武に象徴しうるであろう。

政治組織の改革は、単に珍奇な宝物を下賜することによって従属の証にするといった生やさしいことではなく、法による国家体制の維持をめざした律令体制の先駆となるものであった。

中国を中心とする東アジアの統治体系の中に加わることによって、「倭」から「日本」への変革を進めた、ということができるのであろう。

3　初期積石塚と東アジア――長野県八丁鎧塚古墳の調査を契機として――

長野県須坂市八丁鎧塚古墳群は、東日本の積石塚の中で極めて特異な性格をもつ点で著名である。特に一号墳が四世紀後半の積石塚で東日本最古に位置づけられることと、二号墳の獅子噛文帯金具である（図六―3〜5）。さらに近年、橋本博文氏によって一号墳出土の方格規矩四神鏡片が京都府太田南五号墳出土の青龍三年鏡（二三五）ともっとも類似することが注目された。同鏡の製作年代は、まさに倭国の女王卑弥呼の時代であり、本節もそこから始めることとする。

(1)　八丁鎧塚人は、三世紀前半に中国・魏で製作された鏡を、なぜ四世紀後半の古墳に埋納したのか

橋本博文説の紹介　一九九八年、橋本氏は須坂市立博物館で八丁鎧塚一号墳出土の方格規矩四神鏡を実見され、次のような私信を同博物館の小林宇壱氏に寄せられた。同鏡の細部がはじめて類似鏡と比較検討された見解として貴重であるので、橋本、小林両氏のご諒解を頂き、以下にほぼ全文を引用させていただくこととした。

「鎧塚（一号墳）の鏡は、まず魏の方格規矩四神鏡と考えてまちがいないと思います。しかも内区の破片に玄武が描かれていますが、その表現は青龍三年鏡がちかいように思われますので、かなり古い段階の鏡と考えられます。そもそも玄武を表現する魏の方格規矩四神鏡は数少なく、その点だけでも貴重な資料であることは疑いありません。

方格内の四葉座（実際は蓮華の花弁をあらわしているはずですが）の表現は漢中期の方格規矩四神鏡を比較的忠実にうつしているようです。また多くのばあい十二支銘が配される場所に描かれているのは芝草紋のように思われます

図六―3　八丁鎧塚古墳（須坂市立博物館提供）

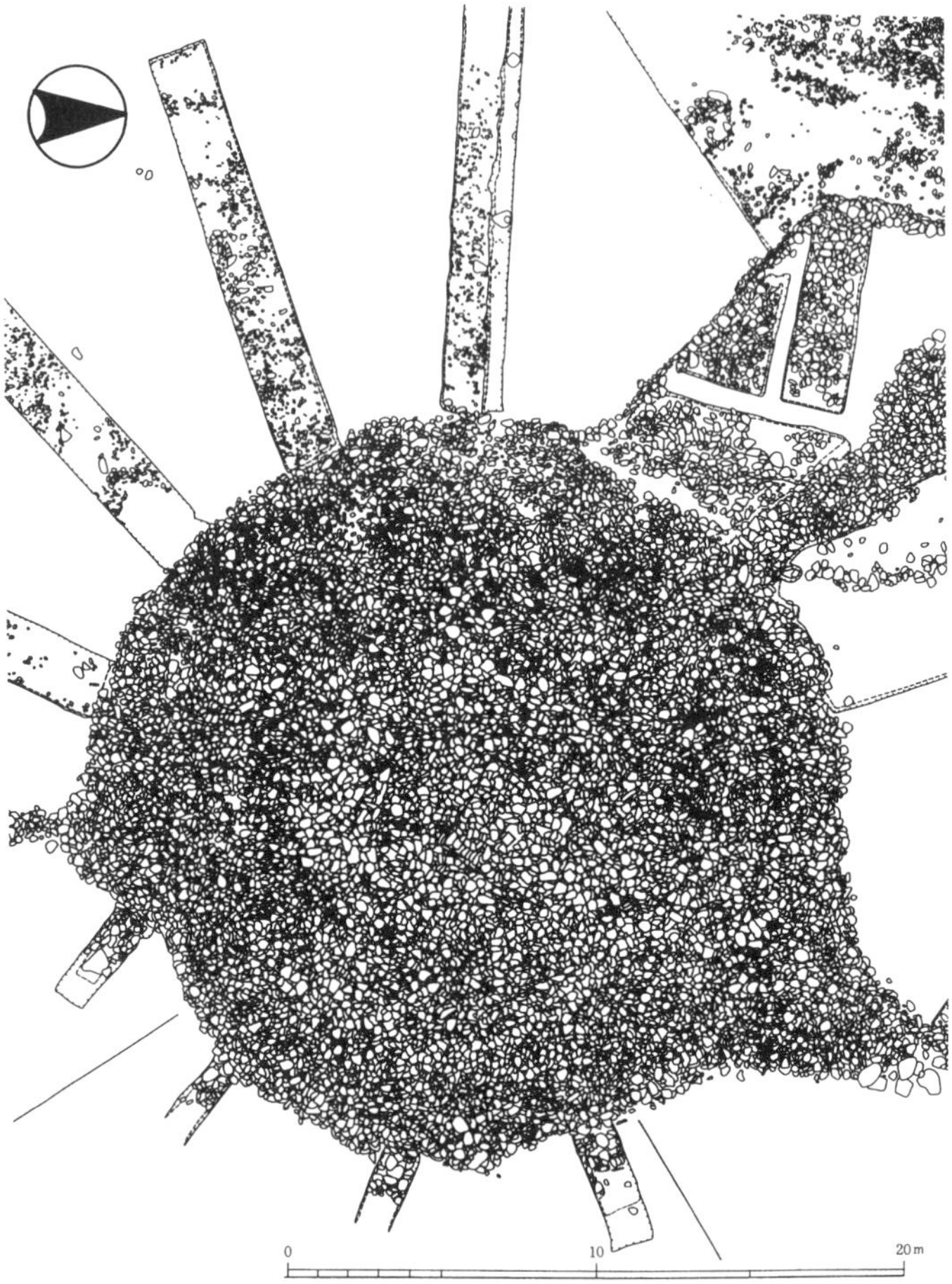

図六—４　八丁鎧塚２号墳

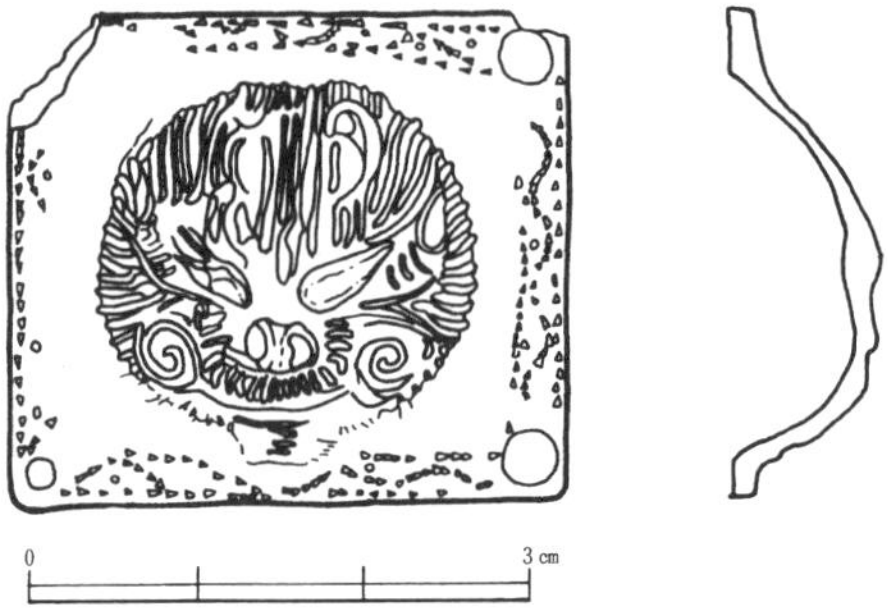

図六—５　八丁鎧塚出土
獅子噛文鍔板

が、これも珍しい例です。ＴＬＶの図紋はＴだけが確認できますが、本来はおそらくすべて揃っていたのだろうと思われます。

玄武の表現は亀の甲羅・頸・尾が確認でき、脚は四本の線で表現しているようにみえます。甲羅の模様はよくわかりませんが、絡みつく蛇の鱗を線で簡略にあらわす手法などは、この種の鏡に通有の手法です。また内区外周の櫛歯紋が斜線になっているのは津古生掛鏡などと共通する特徴ですが、これも漢中期の方格規矩四神鏡を継承するものと考えられます。

銘文がないのは、玄武を表現する鏡では少なく、同類を見いだすのは困難ですが、さして問題にする必要はなかろうと思います。ともあれ全体的特徴からみて、もっともちかい鏡は青龍三年鏡と思いますが、玄武の蛇の絡み方はむしろ椿井大塚山鏡と共通します。ともあれ魏の方格規矩四神鏡としては初期の鏡にちがいないと考えられるので、製作された年代は二五〇年よりも古く位置づけてよいのではないかと考えています。」（以上原文のまま）

橋本氏の指摘の要点はつぎのとおりである。

①玄武の表現は「青龍三年鏡」に近い。
②内区外周の櫛歯紋は福岡県津古生掛鏡に近い。
③玄武の蛇のからみ方は京都府椿井大塚山鏡と共通する。
④八丁鎧塚一号墳鏡は魏の方格規矩四神鏡で、その製作年代は二五〇年よりも古く位置づけてよい。

従来、鎧塚鏡についてはさほど注目されていなかった。鎧塚の原点である永峯光一、亀井正道両氏の報告では次のように指摘されている。

鏡片二個のうちの一つは「方格規矩四神鏡の内区破片であって一見舶載鏡ではないかとの疑を抱かせるが、仔細にみると図文の配置や表出方法において若干異なるところがあり、鋳上がりも良好でなく仿製の優品に属するとすべきであろう」(注8)。その後、一九九四年に丹後で青龍三年銘をもつあまり鋳上がりのよくない方格規矩四神鏡が三世紀後半の土器と共に検出され、橋本氏の見解が生まれてくる余地が出てきた。

三世紀の中国と倭——類似鏡出土古墳の歴史的背景　中国における青龍三年(二三五)とは、どのような時代だろうか。当時、中国では魏・蜀・呉の三国が相争っていた。その戦争の中で、二三四年に蜀の軍師、諸葛亮孔明が死亡し、魏は南方戦線から軍を引き上げることができた。二三五年、魏は蜀との戦いに奮戦した司馬仲達を大尉とし二三八年には燕王を名のった公孫氏を滅ぼした。さらに、二三五年には新たに太極殿の造営が始まっている。これによって倭と魏との交通路が安泰となり、景初三年(二三九)に倭国女王卑弥呼は魏に遣使した。

青龍三年鏡は中国の激動の時期から安定の過渡期の製作であり、卑弥呼が魏から賜られたという「銅鏡百枚」の内の一面である可能性が高い。しかし、狩野直禎氏(中国史・京都女子大学)によると、青龍三年(二三五)に中国東北部の遼東半島から楽浪・帯方のあたりを領域としていた公孫氏は、魏の年号を使っていた可能性が高いとのことであり(注9)、魏の年号である青龍銘であっても魏の製作ではなく、公孫氏製作の可能性がでてきた。そうなると問題はさらに拡大し、三世紀の日本列島各地の倭国連合内外の王たちが中国三国や公孫氏と直接交流して織物・太刀・鏡などの中国製品を入手した可能性を考えておかなければならない(注10)。ことによると、鎧塚鏡は日本海沿岸諸国の王から入手したか、自らが使者を派遣して入手した交易品であったのだろうか。

そのことを考えるために、類似鏡出土古墳の特色を抽出しておきたい。

太田南五号墳(注11)(京都府京丹後市)　丘陵尾根にある六基の小古墳の一つ。墳丘は一八・八×一二・三メートルの不整方形で、中央部に長さ約一・八メートルの組合式箱形石棺がある。副葬品は鏡一面だけで、土器が副えられていた。丹後には、弥生後期から古墳時代前期にかけて丘陵尾根上をカットしただけの台状墓が数多くあり、太田南古墳群もそのような例の一つにすぎない。中でも五号墳は、同古墳群の中で墳丘や墓の規模は小さく、鏡も二号墳の画文帯神獣鏡の方がすぐれている。年号銘がなければほとんど注目されない鏡であり、古墳である。

津古生掛古墳（注12）（福岡県小郡市）丘陵頂部にある全長三三メートルの早期前方後円墳。中央部に木棺があり、舶載の方格規矩鳥文鏡一面とガラス玉・鉄鏃・鉄剣などが出土した。墳丘裾には方形周溝墓六基、円形周溝墓一基、木棺三基があり、古墳周溝や周溝墓内から三個の鶏形土器と庄内式新相併行の土器が多数出土した。同古墳は北部九州の早期古墳の代表例の一つであるが、同地域には直続する全長六六メートルの前方後円墳、三国の鼻古墳があり、大型墳には入らない。

椿井大塚山古墳（注13）（京都府山城町）丘陵尾根端にある全長約一八〇メートルの前期前方後円墳。三二面以上の三角縁神獣鏡を持つ古墳として著名な南山城の四世紀中葉、後半の豪族墓である。近年調査された奈良県天理市黒塚古墳（全長一三〇メートルの前期前方後円墳）の鏡群との親縁関係が指摘される、一方、神功紀に伝えられるカゴサカ王・オシクマ王の反乱伝承の主としてヤマト政権の敵対勢力に擬せられてもいる。築造年代は、普通四世紀初とされているが、私は近年の山城町教育委員会による墳丘確認調査資料をもとに古くみても四世紀中葉と考えている（注14）。

以上三基の古墳の概略を紹介した。椿井大塚山古墳の三角縁神獣鏡群については、二三九年に卑弥呼が魏王朝から下賜された「銅鏡百枚」の一部だという小林行雄説があるが、黒塚古墳の調査によって小林説は崩壊した。

鎧塚鏡と古墳との関係は、むしろ津古生掛古墳や太田南五号墳のあり方と共通する点が多い。鏡と鎧塚古墳の関係は、意外に古い日本列島の積石塚の系譜を整理した上でかんがえよう。

たい。

(2) 初期積石塚の系譜

本項で取り扱う積石塚とは、石だけの墳丘はもとより、土石混合墳、弥生貼石墳も視野に入れつつ系譜を追ってみたい。

日本列島内の動向　①紀元前二・一世紀の積石塚　一九九七年に香川県白鳥町成重遺跡に弥生中期の積石遺構が現われた（注15）。河川敷のような石ころだらけの平地に、径五〜一三メートル、高さ五〇〜八〇センチの積石遺構が約三〇〜四〇メートルの範囲内で七基検出された。

香川県教育委員会は、遺構の重要性を考慮して事業者と協議して現状保存されることとなり、したがって、墳丘内調査は二基にとどまった。その結果、墳丘の築造は次のとおりに行なわれたことがわかった。

i旧地表面に礫をおく。不整円形で礫厚は一〇〜一五センチ。礫内には多量の土器片が入る。

ii礫上に土をおく。土をおく範囲は下層礫の範囲より小さい。土の厚さは、二〇〜三〇センチ。

iii土の上に再び礫をおく。礫内には土器片が多く、その上に二、三個の大石（五〇〜八〇センチ）をのせる。

つまり、積石遺構は構造物であり、自然堆積ではない。その築造時期は、礫内の土器群によって近畿の弥生第3様式（新）に併行する。問題は、何のための構造物か、という点にある。

調査した二基の積石遺構のうち一基の下層礫群の下から浅い土坑が二基検出された。土坑は長い方形で人体を納められる程度の大きさであるが、土坑内外の土砂の区別が難しく、しかも深さ約五センチと浅い。普通は、木棺墓とは認めがたい。

私は、一つの可能性を考えた。旧地表面に木棺二基を並置し、そのまわりに礫敷を行ない、先に示した手順で上層に盛土し、集石した、と。その場合、木棺は土圧で沈むだけなので、内外の土砂の区別は難しくなる。礫内の土器片は葬送儀礼に使用した土器を破砕納置したのであろう。

このように考えると、確実ではないが類例があることに気づいた。著名な香川県詫間町紫雲出山遺跡（図六―6・7）である。紫雲出山遺跡は、もともとは瀬戸内海に浮かぶ島で、標高三五〇メートルの山頂の高地性集落であり、佐原真氏によって石鏃武器論が提唱された（注16）。発掘調査区には礫が散在し、部分的に集石塊や列石が認められ

図六―6　香川県紫雲出山遺跡

図六―7　紫雲出山遺跡の集石

る。人工らしいのは列石のみであるが、石群の間に多量の土器が含まれている点は成重遺跡と同じである。

同じ山頂に未調査ながら注目すべき積石塚がある。径七〜八メートルの円形に礫を組み、墳丘上に三個の大石をのせている。報告書ではもとより弥生時代ではなく、中世の所産としているが、成重遺跡とのあまりの類似に驚かされる。

②紀元後二〜四世紀の積石塚　紀元前二・一世紀の積石塚が存在するらしい香川県と隣接する徳島県に、すでに十数年前に調査された二つの積石塚群がある。一つは、香川県善通寺市稲木遺跡である（注17）。稲木遺跡には、約五〇×六〇メートルの範囲に九基の「集石墓」がある。すべて不整形で小は二・五×三・五メートル、大は七・五×一七・五メートルまで様々である。集石内には土器片が多く九基中四基には集石下に土壙がある。特に四号「集石墓」は不整形に礫群があり、L字状に弥生後期の土器を五個掘りすえてあった。成重遺跡との共通点が多く、重視して検討すべきである。

もう一例は、徳島県三好町足代東原遺跡である（注18）。低い丘陵上に径二〜六メートル、高さ五〇〜一〇〇センチの円錐形に礫を盛りあげた積石塚が、約一四〜一九〇メートルの範囲に三六基以上検出された。礫内には弥生後期から古墳早期（庄内式）の土器片があり、およその築造時期を示す。中には、全長一六・五メートルの前方後円形の積石があり、埋葬施設は箱形石棺が想定されている。

香川・徳島両県の確実な積石塚は、初期前方後円墳の香川県高松市鶴尾四号墳と徳島県板野町萩原一号墳である。鶴尾四号墳（注19）は、石清尾山山塊の一端にある全長四〇メートルの前方後円墳で、内法長四・七メートルの竪穴石室をもつ。共伴する土器によって三世紀後半に位置づけうる。方格規矩四神鏡一面が出土している。

萩原一号墳（注20）は、丘陵尾根端にある全長二六・五メートルの前方後円墳で、内法長四メートルの竪穴石室がある。

このあとに続くのが著名な四世紀の石清尾山古墳群（注21）であり、日本列島を代表する前方後円形積石塚群と言ってよい。背丈ほどの階段状石垣が特異である。

③四・五世紀の長野県の積石塚

積石塚ではないが木島平村根塚遺跡の石積遺構は特異である（注22）。長径六〇メートル余、比高一五メートルの独立丘陵の頂上平坦面を含む約三〇メートルの丘陵斜面に三段に乱雑な石積みがL字状にめぐる。三段築成の方壇のように見るよりは、地形に合わせて乱雑な石積みをしたとみる方がふさわしい。三段の石積みの下段と中段に約一～一・五メートルの間隔で柱穴列がある。柵がめぐっていたらしい。丘頂縁辺には集石墓らしき遺構があり、丘陵西端には被覆粘土の下にワラビ手鉄剣が、東端には墓壙群がある。石積みの間から箱清水式土器と吉田式土器が出土している。三世紀後半のいまだ類例のない墓地か祭場であろうか。ワラビ手鉄剣は伽耶系といわれ、近くから「大」の字らしき刻書土器が出土している。

長野県の積石塚地帯に含まれる中野市高遠山に全長五五メートルの土による前方後円墳が出現した（注23）。後円部に墓壙壁の一部を石積みする二つの埋葬施設がある。大きくて新しい棺は鉄斧一、ヤリガンナ二と副葬品は少ないが、内法長約六メートルの木棺痕跡部分のすべてを厚さ約五センチの木炭で囲んでいる。内法約四メートルの古い棺からは鉄剣・鉄斧・銅鏃・ヤリガンナ・玉類など比較的豊富な副葬品がある。棺の周辺から箱清水式の櫛描文をもつカメ片多数と一点の東海系高坏が出土した。赤塚次郎氏によると高坏は廻間三式初頭であるらしく、纒向四類（注24）＝三世紀後半に併行する。

そして、四・五世紀に八丁鎧塚の積石塚が登場する。八丁鎧塚二号墳の墳丘確認調査によると、基底部に特異な構造がよみとれる。現墳丘端の石垣が当初の形態をとどめていることが確認されているが、その外側に幅一メートル余の石敷がある（図六—3下）。石敷の上面は石の平らな面を上に向けていて、平坦な面を形成しようとした意図が感じられる。そして、平坦面は墳頂端の石垣の下に入り込み、墳丘内へと続いているらしい。墳丘下部の平坦な石敷は、墳丘北東側の一九八五年の調査でも確認されており（注25）、今回の南西側と南側の調査成果と重ねると、墳丘下全面に平坦な石敷を推定できる。あるいは、この石敷面の墳丘中央部に木棺を安置して石を積みあげたか、新羅古墳のように木槨を安置したのだろうか。

シベリア・中国東北部と朝鮮半島の積石塚　一九九一年八月二五日、ロシア考古学のメッカの一つ、パジリク・クルガン群を見た。ヘリコプターは三・四号墳から一・二号墳に向かい、一号墳と四号墳の間に着地した。一・二号墳は、一九四七〜四九年にS・I・ルデンコ氏によって発掘されたスキタイ時代（BC六世紀〜BC三世紀）の凍結クルガンである。クルガン（塚）の中には約五〇平方メートルの丸太積方形墓壙があり、木棺の内外から凍結ミイラと夥しい金属製品・皮革製品・絹織物などが出土して世界中を驚かせた。生活文化は、ヘロドトスの『歴史』に描かれているスキタイ人と同じで、東西文化の交流センターの役割をはたしていたらしい。クルガンはすべて石で、一・二号墳は特に約四〇年前の発掘当時のまま掘り出された木槨材が散乱していた。パジリク・クルガンに行くまでの二週間は、アルタイのベルテック高原のクルガン群の調査に参加した。径五〜一五メートルの円形に礫を積むが高さは二〇〜三〇センチ程度で円盤のようである。円盤の下に長方形の深さ四〜五メートルの墓壙を掘り、人体埋葬と馬の殉葬を行なっている。パジリク・クルガンに比べると小さく低平で副葬品も極めて少ない。

王墓群と小規模群集墳ほどの差がある低平な積石塚は、紀元前三〇〇年頃に高句麗に登場する。古墳群には低平な前方後円形の積石塚があり、日本列島の前方後円墳の遠いルーツになるかしれない（注26）。前方後円墳との関連よりも、成重遺跡などで明らかになりつつある、弥生中期の積石塚に直接つながって来る可能性が強い。アルタイ・ベルテックの低平な積石塚は、さらにその淵源となるものであろう。

(3)　おわりに

四世紀後半の八丁鎧塚人が持っていた三世紀前半の鏡は、日本海沿岸の丹後半島・太田南五号墳と北九州の津古生掛古墳に類縁があった。原産地が中国東北部の魏か公孫氏ということになると朝鮮半島とのつながりを考えなければならない。

弥生積石塚と三・四世紀の積石塚は、香川・徳島の両県に集中する。しかし、両地域と長野県の関係を示す資料は特にない。八丁鎧塚の被葬者が渡来系の人々であれば、本来は海洋民であった可能性が高い。そう考えると鎧塚の南海産の貝釧も理解しやすい。そして、間接的に讃岐、阿波の海洋民との関係も生まれてくるが、現段階では明らかではない。

今後の展望としては、日本海を通じての朝鮮半島との交流を示す直接的な資料の検出に期待すべきであろう。

注

（1）鈴木靖民「東アジア諸民族の国家形成と大和政権」（『講座日本歴史』1　東京大学出版会）一九八四年

（2）野上丈助「埴輪生産をめぐる諸問題」（『考古学雑誌』六一―三）に引用の復原案。

（3）白石太一郎「畿内における大型古墳群の消長」（『考古学研究』六一）一九六九年

（4）イ　宗像神社復興期成会編『沖ノ島』一九五八年
　ロ　同『続沖ノ島』一九七三年
　ハ　岡崎　敬ほか『宗像沖ノ島』宗像大社復興期成会　一九七九年
　以下、とくに上記ハ文献所収の
　a　岡崎　敬「宗像地域の展開と宗像大神」
　b　小田富士雄「沖ノ島祭祀遺跡の時代とその祭祀形態」
　によるところが多い。

（5）木内石亭『雲根志』巻五、神代石六　一七七三年

(6) 宮地直一・柴田常恵・大場磐雄『石上神宮宝物誌』大岡山書店　一九二九年
(7) 『統一日報』による。
(8) 永峯光一・亀井正道「長野県須坂市鎧塚古墳の調査」(『考古学雑誌』四五—一)一九五九年
(9) 狩野直禎「青龍三年前後の東アジア」(『鏡が語る古代弥栄』弥栄町)一九九五年
(10) 石野博信「三輪山周辺の三世紀の大型古墳と信仰」『大和の古代神話』新人物往来社　一九九七年
(11) 京都府弥栄町役場編『鏡が語る古代弥栄』弥栄町　一九九五年
(12) 宮田浩之ほか『津古生掛遺跡I』小郡市報告四〇　一九八七年
(13) 梅原末治『椿井大塚山古墳』京都府報告二三　一九六四年
(14) 石野博信「邪馬台国は見えてきたか」(『歴史と旅』一九九八年一〇月号)
(15) 香川県埋蔵文化財センター、森格也氏のご教示による。
(16) 小林行雄・佐原　真『紫雲出』詫間町文化財保護委員会　一九六四年
(17) 野中寛文・西岡達哉ほか『稲木遺跡』香川県埋蔵文化財研究会　一九八九年
(18) 菅原康夫「徳島県足代東原遺跡」『日本考古学年報』三五　日本考古学協会　一九八五年
(19) 渡辺明夫・藤井雄三『鶴尾神社四号墳調査報告書』高松市歴史民俗協会　一九八三年
(20) 菅原康夫『萩原墳墓群』徳島県教育委員会　一九八三年
(21) 梅原末治『讃岐高松石清尾山石塚の研究』京都大学報告一二　一九三三年
(22) 木島平村教育委員会、高橋　桂・吉原佳市両氏のご教示による。
(23) 中野市教育委員会、片桐千亜紀氏のご教示による。
(24) 石野博信・豊岡卓之『纒向』第五版補遺篇　橿原考古学研究所附属博物館　一九九九年
(25) 須坂市遺跡調査会編『鎧塚第二号古墳—隣接地確認調査—』須坂市教育委員会・同調査会　一九八五年
(26) 全浩天『前方後円墳の源流』未来社　一九九一年

第七章　六世紀の社会

六世紀——古墳時代後期の社会は、前・中期とくらべ大きく変質する。変質の画期は、すでに述べたように（第三章　五世紀の変革）、五世紀中葉にあり、それが六世紀を通じて進展し、国家体制として定着し、整備されるのが七世紀後半であろう。いいかえれば、六世紀は律令国家への胎動期であり、胎動が集落・生産の各分野でどのように進行したのかを述べてみよう。それは、第四章で見た五世紀の各地域勢力によって押し進められたにちがいない。

1　住居と集落

(1)　住　居（注1）

『万葉集』には、時おり「伏盧」がよみこまれている。伏盧はおそらく竪穴式住居であろう。竪穴式住居は、縄文時代以来の日本列島の住居形態であり、古墳時代以降、現代家屋に通ずる方形四本柱住居を基調とするようになった。

古墳時代後期になると、室内の一定場所にカマドがつくられるようになった。室内へのカマドの固定は、室内を目的別に使い分ける——分割使用を促す要素であり、主柱から壁体に間仕切り施設を設ける方向へと展開した。カマドに類似した室内壁ぎわのヒドコロ（類カマド）は弥生時代後期の西日本に散発的に認められる（兵庫県東溝遺跡、大阪府観音寺山遺跡)が、普遍的な施設とはならなかったようである。古墳時代前期前半(庄内式期)になると、六世紀のカマド形態に近いものが現われる(大阪府四ツ池遺跡(注2))が、これも普及したようには見うけられない。

カマドが出現し、普及の方向へ向うのは古墳時代中期前半、あるいは中葉(五世紀前半〜中葉)の頃のようである。福岡県塚堂遺跡(注3)では五世紀前半の住居に、和歌山県田屋遺跡(注4)では同中葉の住居にカマドが設けられていた。両遺跡では陶質土器が出土しており、カマドの使用、ひいては室内分割使用の出自が朝鮮半島南部にあることを示唆している。また、カマドの出現は、大型コシキの使用を促し、食物の調理法に変革をもたらしたものと思われる。

カマドが固定したことによって厨房空間がカマド周辺に固定し、主柱間(内区)は土間として利用され(踏みしまり)、主柱と壁の間(外区)は物置、あるいは寝所となった。外区を間仕切りして使用することは、このような傾向を固定化することとなった。関東の鬼高式期(六・七世紀)の住居のカマド横から日常容器類がかたまって出土する例が数多く知られている。一群の容器類のうち、坏の占める率が高く、例えば千葉県公津原一号住居跡では八個の坏がカマド横の貯蔵穴周辺から出土している(注5)。このような例は多いので、おそらくカマド横には食器棚的なものがあったものと思われる。坏は、佐原真氏が指摘された銘々器(注6)——個人用器であり、個人用器の普及は室内外区の個人別使用、例えば個人別寝所の可能性をも考えさせる。

六世紀の室内カマドの普及自体が、戸別の食物調理を示すものであり、消費生活における戸の独立性をよみとることができる。このことが、律令政府による戸籍作成、徴税体制の整備に連なるものであり、六世紀にも地域単位では、すでに行われていたかもしれない。

(2) 集　落

六世紀の西日本には、竪穴式住居からなる集落とともに、高床住居(掘立柱建物)からなる集落が存在していた。大阪府大園遺跡では、三〜五棟の住居と倉一棟からなる三群が近接して並び、さほど大きくない主屋を中心とする建物群でも、それぞれが倉をもつ事例のあることがわかった。五世紀後葉の大園遺跡には、主屋・副屋と納屋・倉からなる屋敷が溝をはさんで併存している（注7）ことからみて、西日本各地に屋敷構が存在し、屋敷が連接する集落も存在したことが想定されるようになった。前方後円墳被葬者の屋敷が、これらの中から抜け出て囲郭施設（溝・柵）をめぐらして存在したであろうことは十分に考えられる。六世紀の王の居館は、このようなものの一つであろう。

各地域の王の居館を中心として、都市的な空間が成立していたかどうかは明らかでない。しかし、雄略紀（一三年三月）に見える餌香市《えがいち》（河内）や武烈即位前紀ならびに『万葉集』（二九五一・三一〇一）の海石榴市《つばいち》（大和）などによって、都市の機能の一つである物資交易の場――市の成立を五・六世紀に考えることは可能である。また、市が単に大和・河内という畿内中枢部に限られていなかったことは『豊後国風土記』の地名伝承に見える海石榴市（岩波文庫本、二三四頁）や『常陸国風土記』の高市（同、七七頁）などによっても知ることができる。

六世紀の市の遺跡は明らかではないが、群馬県三ツ寺遺跡の豪族居館が河川交通の要衝にあり、かつ船泊《ふなどまり》的な施設をもつことや生産地の遺構ではあるものの大阪府辻之遺跡で須恵器の集積地――出荷場が検出されている（注8）ことは参考になる。今後、王の居館の検出とともに、その周辺地での物資集積場の折出――新たな視点による遺構・遺物の分析が必要であろう。

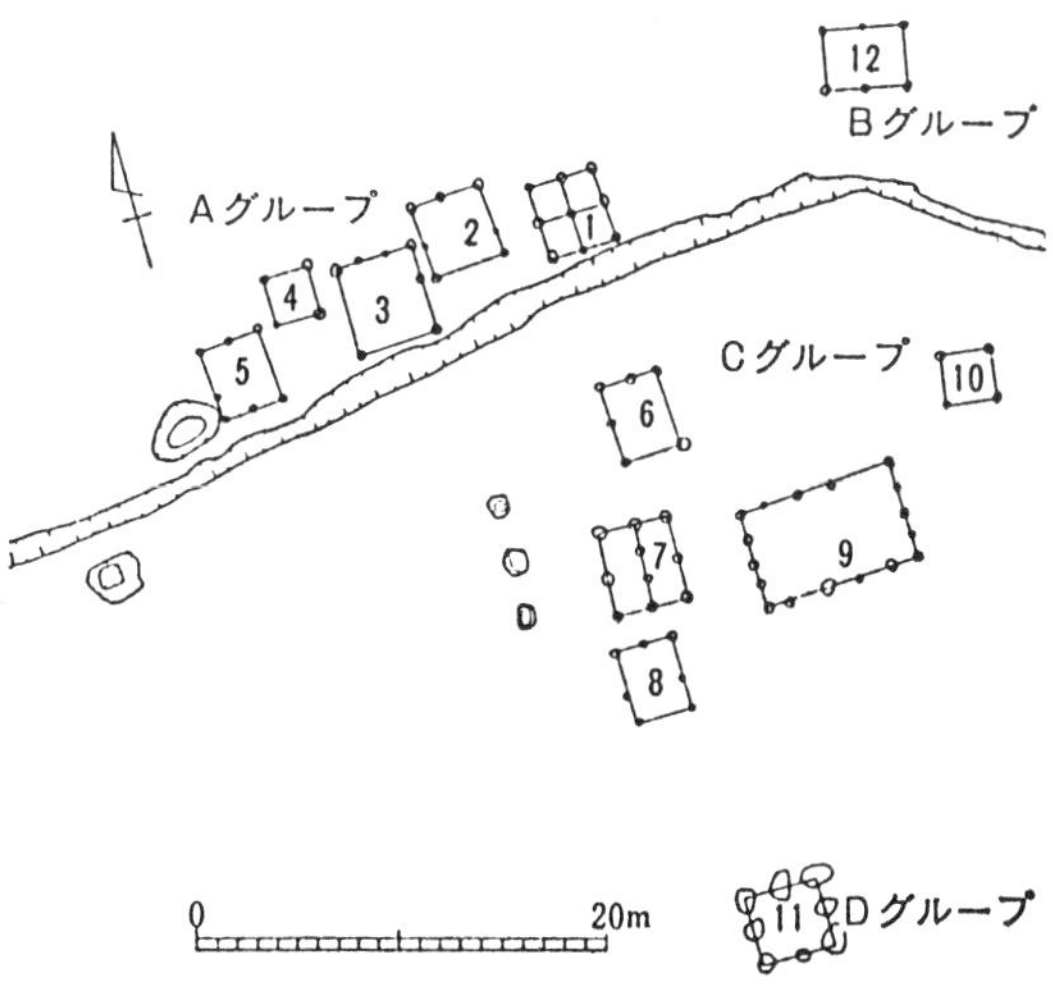

図七－１　五世紀の屋敷構
大阪府大園遺跡（広瀬論文（注7）より）

2　集落と墓地

奈良盆地には約六〇〇基の群集墳がある。盆地東部の谷合いにある竜王山古墳群である。約三〇〇基の横穴式石室と約三〇〇基の横穴からなる墓地で、六世紀を中心とする（注9）。これらの古墳は、菅谷文則氏によると盆地中央部を生活領域とする人々が、水源地と薪炭採集などを確保するために占地したものであるという。同様の例は、葛城山麓の笛吹・山口群集墳の中の四支群三五基や高取山地の奥羽内群集墳一七基などをはじめ多くをあげることができる（注10）。菅谷氏の考え方は、近年検出されつつある平野部の低墳丘の墓を高塚古墳と区別することを前提としており、広い可耕地をもつ平野周辺の群集墳に適用することが可能であろう。例えば、大阪平野の高安千塚、西摂平野の長尾山古墳群、福岡平野の中原古墳群なども同じ視点で理解できるかもしれない。

白石太一郎氏は、これら大型群集墳について、近接する大型前方後円墳被葬者との擬制的同族関係を媒体として築造されたものと考えておられる（注11）。文献史学の成果とも対応する魅力ある見解であるが、菅谷氏も指摘しておられるとおり、和邇氏や息長氏との関連が推定されている佐紀盾列古墳群に対応する群集墳が見られないなど、大型前方後円墳をもつ多くの地域に適用できない点に問題を残している。

両氏いずれの見解をとるにせよ、集落と墓地が遠く隔たることは事実であり、平野部での集落と墓地の関係を示している。

関東のように、丘陵上を居住適地としている地域では、同一丘陵上に近接して集落と墓地が営まれている場合がある。千葉県にとな遺跡は、約二〇〇×四〇〇メートルの丘陵平坦部に七群四四基以上の住居と三群の古墳がある。住居は二〇平方メートル前後でさほど大きくなく、とくに顕著な遺物はない。古墳は全長三〇メートル余の前方後円墳

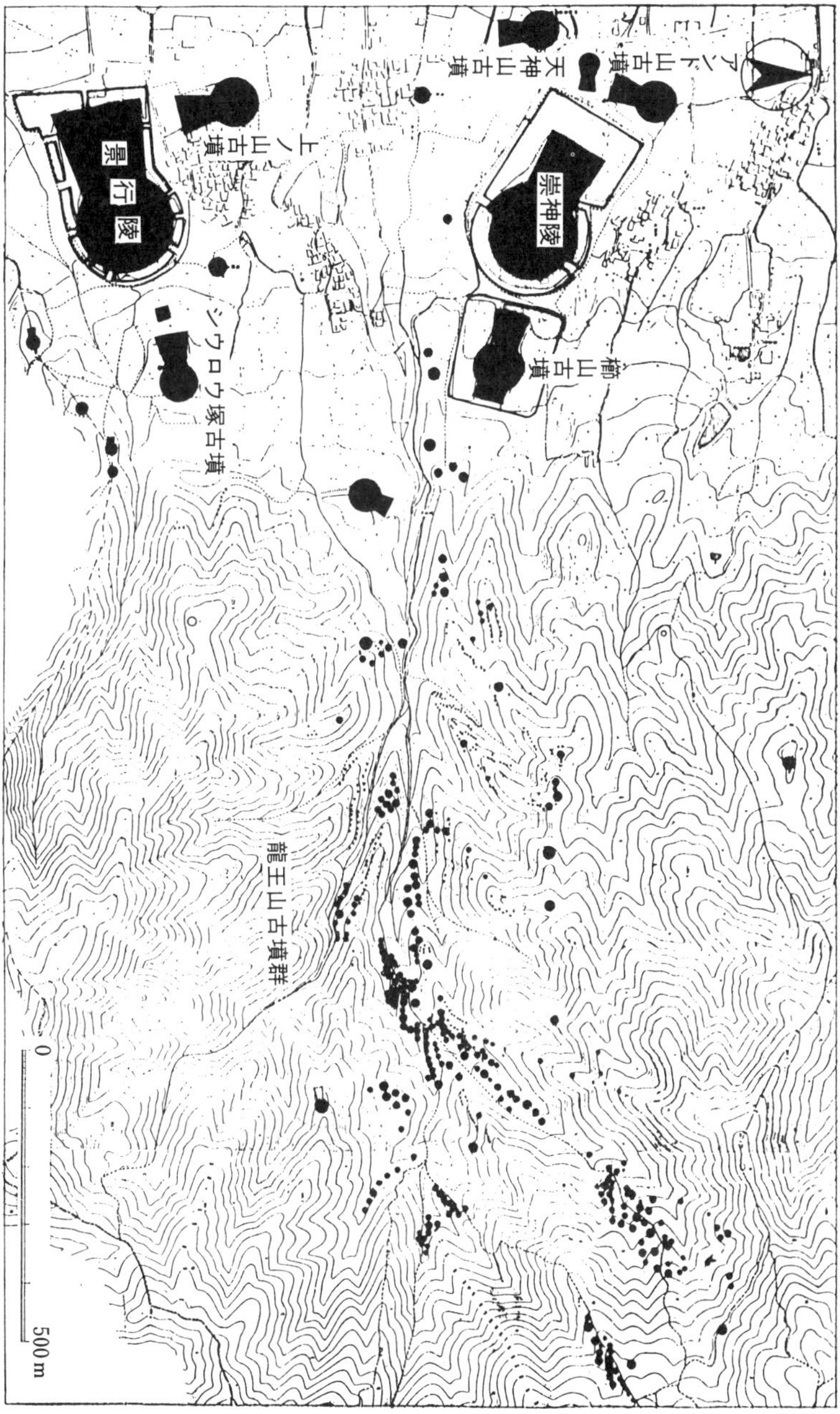

図七－2　大型群集墳の占地　奈良県龍王山古墳群（白石論文（注11）より）

一基と五基の円墳からなり、群内初期（六世紀前半）の円墳に挂甲・碧玉製管玉をもっている以外は、直刀一振り、あるいは副葬品ゼロといった内容である。調査の結果、「古墳出土の土器と周辺住居址群出土の土器とは型式的にきわめて類似して」おり、「特に、B地区二号址やBI地区第一号址出土の土師器高坏や坏は、第三号墳出土のそれに全く一致」していた（注12）。にとな遺跡から考えうることは次のとおりである。

① 住居と古墳が、一〇〇メートル余の近接した位置につくられている。

② 住居群にはとくに大型住居を含まず、また富の集中を象徴する倉ももっていないが、前方後円墳を築造している。

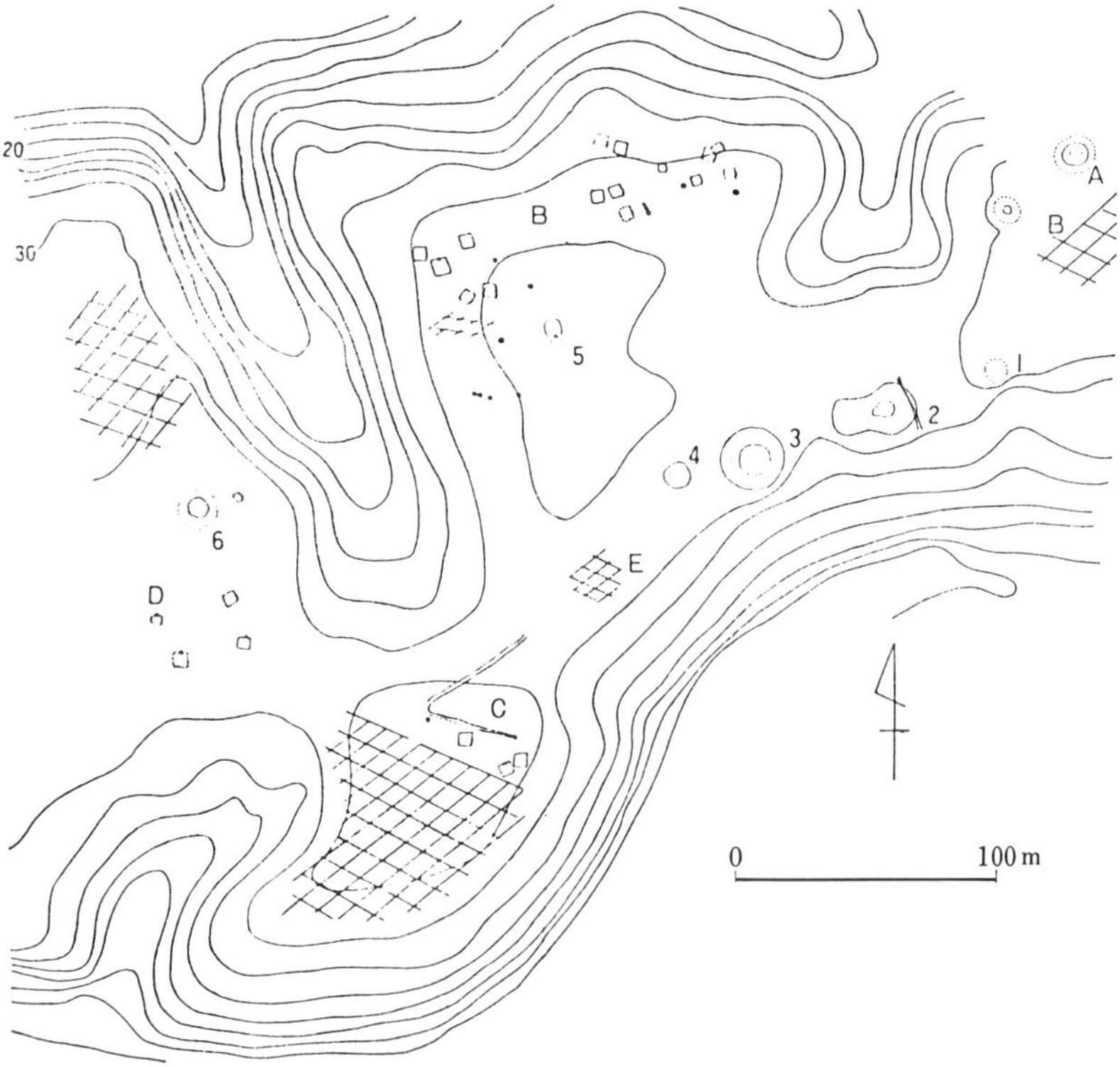

図七－3　集落と古墳　千葉県にとな遺跡（同報告書より）

③　推定同時存在住居三〇基余で六基の古墳を築造しているが、他に無墳丘の墓地が認められない。

にとな古墳群は、隣接する養老川流域の古墳群の一般的なあり方と共通しているという。そして、報告者がいわれるように、住居と古墳が同時期であり、両者に直接の関係があるとすれば、千葉県西南部における六世紀の住居と古墳の一般的なあり方の一つとすることができるであろう。

このようなあり方は、関東の古墳時代前・中期の住居と小規模古墳の占地と共通するものであり、西日本においても弥生時代以来認められ、大阪府七ノ坪遺跡（古墳時代前期）などの近接する住居と方形周溝墓群に継承されている現象と等しい。

これは、菅谷氏が指摘された用水源確保とも、白石氏の擬制的同族意識にもとづく大型群集墳の築造とも異なる現象であり、むしろ集落と墓地の一般的な占地であるかもしれない。

3　水田と水利

一九八三年、広瀬和雄氏は「古代の開発」を総括し、七世紀初頭に大きな画期を求められた（注13）。広瀬氏は七世紀初頭に「沖積平野と洪積段丘との統一的、計画的大開発」が「国家」主導のもとに行われたと説く。従来の応神紀や仁徳紀の池溝開発記事にひかれた古墳時代大開発論を批判されたのである。ここでは、五世紀中葉の「農具鉄器化」も「乾田化」も小画期の一つを占めるに過ぎない。

広瀬氏の七世紀畿内大開発論は、従来五世紀と考えられていた大阪府古市大溝が六世紀前半の古墳を壊して築造されていることを根拠としている。しかし、それだけではなく、大溝に沿う段丘上の集落が七世紀に増大することをあげている。各地域で開発の歴史を考えようとするとき、集落の継続性、あるいは増大する時期をとりあげるのは確かに有効であろう。そうすれば文献に記載されていなくても、現地形から古代の灌漑水路や溜池を析出し、遺跡分布と重ねることによって古代の開発を追究することが可能である。

　ここ数年の関東の調査によると、鬼高式期と国分式期の集落が圧倒的に多い。鬼高式期は六〜七世紀に及ぶが、その多くが七世紀とは考えられず、関東の開発の画期は六世紀にあると考えることができる。それは、広瀬氏のいう首長主導型の開発であろう。

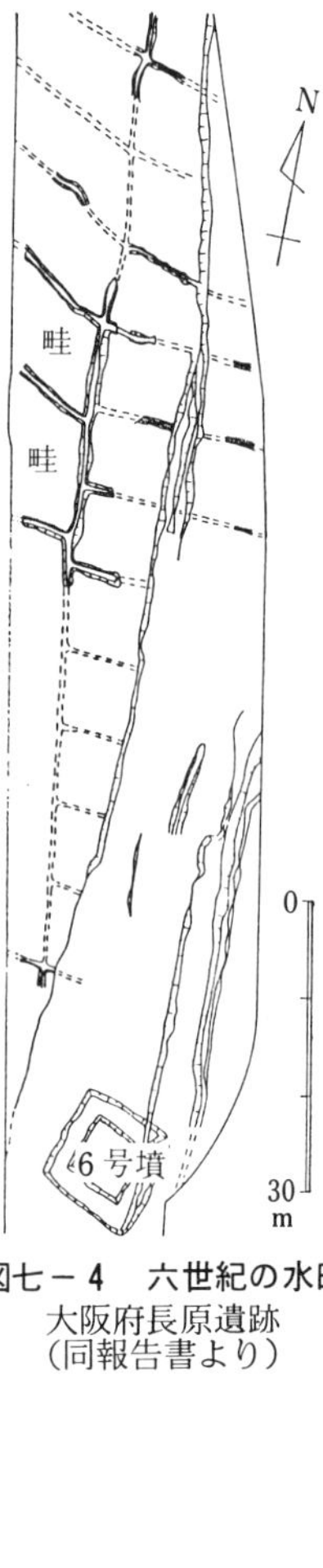

図七－4　六世紀の水田
大阪府長原遺跡
(同報告書より)

　関東の六世紀の水田跡は群馬県で数多く知られている。熊野堂遺跡や新保遺跡では小区画ながら直線的な畦畔が一〇〇メートル余にわたって検出されており、計画的な水田開発の一端を知ることができる。

　近畿の例を大阪府長原遺跡に見よう。長原遺跡の水田区画は小区画は四〇平方メートル、大区画は一六〇平方メートルとバラツキがあるが、一部には水田幅八・二〜八・五メートルとまとまっている地域があるので、ほぼ同面積・同形状の水田が連なる地域があるのかもしれない(注14)。これらの水田は、五世紀の古墳群地帯につくられており、六世紀の水田開発がかつての墓地をも対象としたことを示している。

　水田への水がかりについては、水路・堰・水田の一体的な調査がないため不明である。そこで参考になるのが伊達宗泰氏の一連の論文である(注15)。伊達氏はとくに奈良盆地を中心として現代の水系と水がかりをもとに水支配地域を復元し、古代集落、ならびに古墳群との関連を検討された。基礎資料が現代の水利慣行であること、奈良盆地の現水系は平安時代末〜中世に大きく改変された姿であって、古代の水系を十分に反映していないこと(注16)に難点があるが、旧河道を復原しつつ伊達氏の方法を援用することによって古代の水がかり——水支配地域——領域の復元が可能であろう。この方法は、ひとり奈良盆地において有効なだけではなく、各地域の平野部において試みられるべきである。その結果、岡本明郎氏が早い段階に的確に指摘され（注17）、菅原康夫氏が整理された灌漑施設としての井堰の検討（注18）が生かされる。

4　農業生産の画期

八賀晋氏の土壌論（注19）、都出比呂志氏の農具鉄器化（注20）、黒崎直氏の木製農耕具の変革（注21）など三氏三様の検討によって五世紀中葉に画期が見出されることが述べられた。八賀氏が根拠とされた土壌型は現代のものであって、土壌型は常に変化していること、したがって古代においても同一土壌型とはいい難い。また、農業生産の拡大は農耕地の拡大によってはたされたであろうから、生産を向上させるための農具の鉄器化は開墾具でなければならない。都出氏が指摘されたU字形鋤先を着装しても開墾具になりえないので、ただちに生産の向上とは結びつかないだろう。黒崎氏のナスビ型鋤先もまた同様である。

五世紀中葉にさまざまな分野で変革のきざしが見られることはさきに述べた（第三章）。農耕地については、方画地割の変遷から五世紀後半の画期を想定した（注22）。したがって、水田の乾田化、開墾具の鉄器化がこの段階に行われたことはありうることと考えるが、三氏の見解には若干の危惧をもつものである。

農耕具についてはさきに触れたことがあるので、図示するにとどめたい（図七―5）。

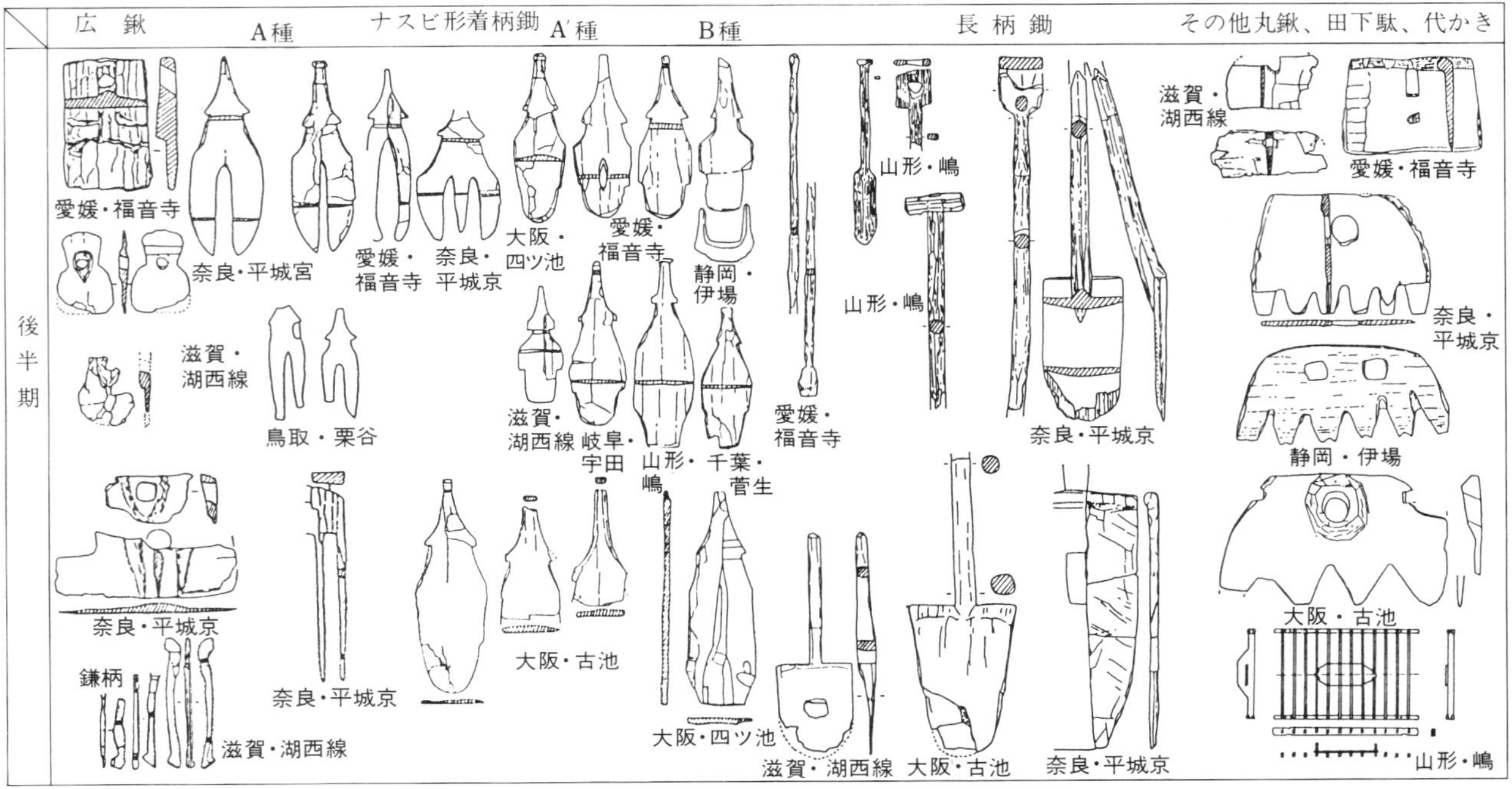

図七－5　古墳時代の木製農耕具（石野論文(注14)より）

5　鉄と塩と須恵器と玉

鉄と塩と須恵器と玉の生産については多くの研究の積み重ねがあるので、その個々については触れず、六世紀でのあり方を考えてみたい。

鉄生産と鉄器生産は区別して検討されているが、両者を早くみる論者は、弥生時代中期にその開始を求める。古墳時代には鉄器は大幅に普及したように見うけられるが、その生産、ならびに地金の輸入は王ならびに首長層に限られていたであろう。製鉄遺構のもっとも古い例は、近年調査された岡山県大蔵池南遺跡（六世紀後半）である。この頃になると中国山地と北部九州などの古墳に鉄滓が副葬される例が目立つ。岡山県糘山《すくもやま》古墳群では一六基中九基に（注23）、福岡県大牟田古墳群ではそのほとんどに認められる（注24）。この現象は、岡山県喜兵衛島における横穴式石室への製塩土器の副葬（注25）と同様、鉄・塩ともに専業者集団の存在を考えさせる。

須恵器生産の開始も徐々にさかのぼりつつある。福岡県小隈窯跡では五世紀前半の伽耶系土器が焼かれていた（注26）。大阪府一須賀窯跡や陶邑窯跡群より先行するものであり、北部九州での今後の検討が期待される。地方窯の成立も五世紀後半にははじまったらしく、愛知県東山一一一号窯はその一例である（注26）。「土器といったものは、特に宮廷が集中的に所有する必要もないし、また人民に分配してもとくに権力にとって危険なものでもない。大王は、一定量のものだけを『陶部』から確保すれば、あとはある程度自由に分配されていった」（注27）のであり、須恵器の普及、工人の拡散は迅速であったにちがいない。

玉は、弥生時代前期以来、山陰・北陸などの玉素材産出地で生産されていた。古墳時代に入ると、山陰は集中的に、北陸は各集落ごとに王ならびに首長層の注文をうけて生産を拡大していったらしい。五世紀後半には両地域とも生産が大幅に縮小される。それに対応するように奈良県曽我、同布留、大阪府陵南などの近畿の各遺跡で大規模な玉生産が開始され、六世紀後半まで継続する。大王、あるいは大豪族による専業者集団の集中管理・集中生産が行われたのであろう。曽我遺跡の地域は中世には忌部庄であり、忌部氏が管掌する玉作部の成立を思わせる（図七―6）。

6 まとめ

六世紀の社会は、住居内にカマドを固定して消費生活の自立性を見せるとともに、集落には屋敷が構えられ、王の居館の周辺には都市的空間――市の成立が類推できる。そして、集落の人々は、生産地の用水源を確保するためにも墓地（高塚古墳）を同水系の山間谷間に設定し、それとは別に集落周辺に、より下層者の低墳丘墓がつくられた。弥生時代以来の方形周溝墓の系譜は、奈良県矢部遺跡をはじめ、各地で継続したのである。

農業生産は、関東での鬼高式期集落の増大に見られるように、六世紀に大きく飛躍した。それは河川をつなぐ長大な灌漑水路の開削と溜池の築造によった可能性が強く、このことが初期方画地割の整備を進渉せしめたものと思われる。

鉄・塩・須恵器・玉などの生産は、王ならびに首長層の介入をうけながら、各地で専業者集団を輩出し、横穴式石室墳を築造しうる階層へと成長した。それは、各生産分野において、単に王ならびに首長層のためだけではなく、一

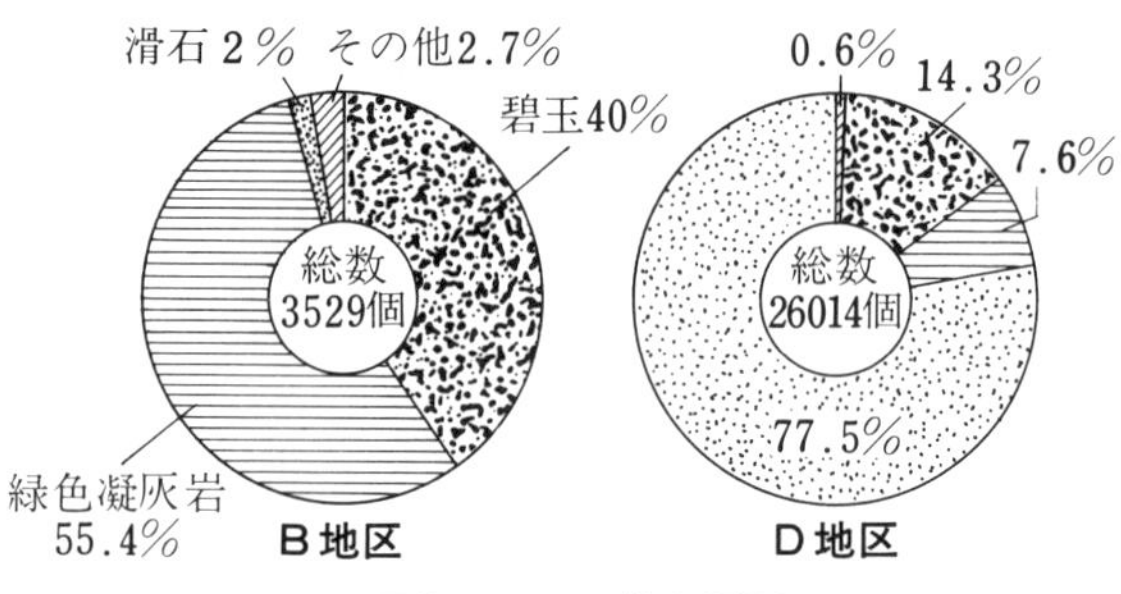

図七―6　玉作と原石
奈良県曽我遺跡（関川尚功報告より）

般の需要に応える体制へと展開したからであり、商品としての流通がはかられたものと思われる。それが、王の居館周辺や交通の要衝での市の成立を促すこととなったのであろう。六世紀の社会は、古墳時代の後期と認識するよりも、律令社会の萌芽期と位置づけるべきであろう。

注

(1) 石野博信「考古学から見た古代日本の住居」(『家』社会思想社)一九七五年
(2) 堺市教育委員会の樋口吉文氏のご教示による。
(3) 福岡県教育委員会『塚堂遺跡Ⅰ』一九八三年
(4) 和歌山県教育委員会山本高照氏のご教示による。
(5) 天野　努『公津原Ⅱ』千葉県文化財センター　一九八一年
(6) 佐原　真「食器における共用器・銘々器・属人器」(『文化財論叢』奈良国立文化財研究所)一九八三年
(7) 広瀬和雄「古墳時代の集落類型」(『考古学研究』九七)一九七八年
(8) 石田　修・十河　稔「堺市辻之遺跡現地説明会資料」堺市教育委員会　一九八二年
(9) 清水真一「奈良県天理市竜王山古墳群の問題Ⅰ・Ⅱ」(『古代学研究』六二・六三)一九七一・七二年
(10) 菅谷文則「六世紀の墓地と村落と水源」(『ヒストリア』七二)一九七六年
(11) 白石太一郎「大型古墳と群集墳―群集墳の形成と同族系譜の成立」(『橿原考古学研究所紀要』二)一九七三年
(12) 坂井利明ほか『にとな』仁戸名古墳群発掘調査団　一九七二年
(13) 広瀬和雄「古代の開発」(『考古学研究』一一八)一九八三年
(14) 石野博信「古墳時代の農耕」(『ゼミナール日本古代史』下　光文社)一九八〇年
(15) 伊達宗泰「古墳群設定への一試案」(『橿原考古学研究所論集』三)一九七五年ほか
(16) 中井一夫「奈良盆地における旧地形の復原」(『考古学論叢』関西大学)一九八三年
(17) 岡本明郎「農業生産」(『日本の考古学』Ⅴ　河出書房)一九六六年
(18) 菅原康夫「弥生系農業における水利施設の意義と展開　上・下」(『古代学研究』九二・九三)一九八〇年
(19) 八賀　晋「古代における水田開発」(『日本史研究』九六)一九六八年

(20) 都出比呂志「農具鉄器化の二つの画期」(『考古学研究』一三―三) 一九六七年
(21) 黒崎　直「古墳時代の農耕具」(『研究論集』Ⅲ　奈良国立文化財研究所) 一九七六年
(22) 石野博信「古代方画地割の整備」(『考古学と古代史』同志社大学) 一九八二年
(23) 光永真一「古代の鉄生産」(『考古学研究』一一八) 一九八三年
(24) 三島格氏のご教示による。
(25) 近藤義郎『前方後円墳の時代』岩波書店　一九八三年
(26) 「シンポジウム日本陶磁の源流を探る」大谷女子大学　一九八三年
(27) 門脇禎二・近藤義郎・藤沢長治「生産の発達―序説」(『日本の考古学』Ⅴ) 一九六六年

第八章　古墳の変質―群集墳の階層性

一九六二年、古代学研究会は「後期古墳の研究」(『古代学研究』三〇)を特集した。その中で、森浩一・石部正志両氏は「従来、古墳後期のメルクマールとされた条件は、(イ)横穴式石室の採用、(ロ)須恵器の登場、(ハ)乗馬と馬具の普及、(ニ)金銅工芸品の国産化、(ホ)群集墳の全国的発生、(ヘ)前方後円墳の縮小化と減少、など」であるが「(イ)、(ロ)、(ハ)、(ニ)の諸条件は五世紀初頭に遡る可能性が強」いので、「後期を区別する最大の条件は、(ホ)群集墳の全国的発生であろう」と指摘された。ここで、後期古墳の特質について、(1)多葬墓の普及、(2)多葬墓の群集、(3)古墳祭祀の変質の三項をもとに検討してみよう。

1　多葬墓の普及

多葬墓とは、横穴式石室や横穴への多数埋葬の意味であり、森氏の(イ)項にほぼ該当する。横穴式石室と横穴は、第四章で検討したとおり、五世紀中葉以降、中・北部九州の墓制として登場し、東方への伝播も認められるが、汎日本的な墓制にはなっていなかった。広汎に普及するのは六世紀に入ってからであり、それまでの単葬墓とは異質な多葬墓である点で、人々の意識の質的な変化を含むものである。

つまり、単葬墓と多葬墓の質的な差は、同一墓室への追葬の有無にある。横穴式石室・横穴などの多葬墓は同一墓室への追葬を本旨としており、それは、生者が死者の世界——黄泉の国に踏み込むことを意味している。ここに思想的な差がある。

多葬墓は、中・四国、近畿、中部、関東へと波及するが、その間には精粗があり、必ずしも一律ではない。

一例として、木棺直葬墓地帯の存在がある。木棺直葬墓とは、身体の大きさをさほど上まわらない割竹形木棺か箱形木棺を墳丘内に直接埋置する墓であり、一墳丘内に複数の棺を埋置することはできても同一棺内への追葬は難しい。一墳丘内に四棺、一棺内に二体の例は兵庫県焼山古墳群をはじめいくつか知られているので、木棺直葬墳も基本的には多葬墓と変わらないという理解も可能であるが、それでもなお石室を構築しない点は一つの違いである。木棺直葬墓について森浩一氏は百済古墳の系譜を示唆され（注1）、白石太一郎氏は伝統的・在地的な葬法であることを強調された（注2）が、白石氏も指摘しておられる副葬品の組み合わせに前代からの連続性が認められる点に合わせて、伝統的棺形態である割竹形木棺と共存することなどから、後者の性格が強いものと思われる。このような観点から、森氏が早い時期に作成された和泉の後期古墳のあり方（注3）を見ると興味深い。

旧大鳥郡の陶器《とうき》千塚・田園百塚、旧和泉郡の山田古墳群・唐国古墳群などは木棺直葬墳が多い古墳群であり、富木《とのき》車塚古墳では後円部の横穴式石室に先行する五基の木棺直葬墓が埋置されているなど、「畿内」でも横穴式石室が十分に普及していないことを示している。富木車塚古墳の例から見ると、木棺直葬墓が横穴式石室より時間的に先行するらしいこと、後円部の埋葬施設が横穴式石室である点から、両者に階層差があるらしいことは六世紀の前方後円墳の中心埋葬施設が木棺直葬である例がない点を含めて、両者の時間差・階層差を示すが、後述する副葬品の比較からは（特定階層を除いて）必ずしもそうはいい切れない。

大和の初期群集墳として著名な新沢千塚古墳群と石光山古墳群では、五世紀後半以降、木棺直葬墓による群の形成がはじまり、横穴式石室が採用されるのは六世紀後半に入ってからであって、とくに前者では群の中心部には横穴式石室は築造されない。このことは、大和でも横穴式石室の採用が一律でないことを示し、採用の遅さが古墳群の勢力の弱さを示すものではないことを教えている。

このような地域は、加賀の粘土棺地帯（注4）や木棺直葬墓の多い播磨・焼山古墳群など特定地域に認められ、多葬墓の時代の地域性、古墳群の性格差を示している。

2　多葬墓の群集

群集墳の形成は、古墳時代中期中葉以降にはじまる。さらにさかのぼれば、前期古墳の段階から奈良県池の内古墳群のように小古墳の群集が認められるし、さらには方形周溝墓の段階から墓は群として構成されている。

しかし、古墳時代後期の群集墳は、単なる墓の集合ではなく、横穴式石室・横穴などの多葬墓の群集である点に質的な差がある。したがって、新沢千塚古墳群や石光山古墳群に見られる木棺直葬墓による「初期群集墳」と横穴式石室・横穴による群集墳には質的な差があるのであり、前者を「初期群集墳」と呼称すべきではない。社会の変革は、後者の群集墳形成期に求めるべきであり、それは六世紀第2四半期、あるいは六世紀中葉と考えられる。各地域における群集墳の形成は、森Ⅱ式、田辺ＴＫ47型式、中村Ⅰ期―5の須恵器の段階である。

さきに述べたように、追葬を本旨とする多葬墓群集の意味は、生者による死者の世界への踏み込みが、地域社会に定着したことを示すものであり、ここにいたって、上層者のための墓――古墳が、より下層者の墓へと変質したのである。いい換えれば、古墳から墓への転換であり、それは踏み込むことができなかった世界の扉が開かれて、はじめて可能となったのである。

3　古墳祭祀の変質

前・中期古墳は、単なる墓ではなくその場で首長権継承儀礼が行われた祭場であった。五世紀後半――雄略朝以降には、王位継承儀礼は宮の南庭で行われ（注5）、大王墓はもはや国家的な祭場ではなくなった。大王墓の変質は、やがて各地の王墓にも及んだであろうし、王の居館の整備がこの段階から行われたであろうことが類推される。

西日本では、群集墳の形成とともに埴輪が主な外部表象ではなくなる。かつて、埴輪によって表象されていた祭祀が、現実の容器による墓前祭祀へと転換していく。埴輪は、さまざまな器物を埴土によって形象化した形代であり、王位継承にともなう神人共食儀礼が形代によって象徴されている。横穴式石室や横穴の前庭部などに認められる須恵器・土師器の多くが、集落内で使用されているものと同一であるのとは大差があり、これらは時には玄室内に持ち込まれている。古墳祭祀が、神に対するまつりから、死者――祖先祭祀へと変質したことを考えさせる。大分県上ノ原横穴群では、飲食物を納めたであろう容器類が追葬ごとに副えられた状況が、そのまま残されていた（注6）。そこには、もはや地域の人々による共食儀礼を示す容器数も器種もない。このことは、横穴式石室をもつ前方後円墳においても同様である。

4　各地域の群集墳と副葬品

群集墳には前方後円墳・大型円墳などの盟主的古墳を含むものと、顕著な盟主的古墳を含まないものとがある。ここでは、広い地域を比較するために、等質的な群集墳を選び、九州から東北までを局地的に比較してみよう。また、群集墳の副葬品が横穴式石室・横穴などの埋葬施設のちがいによって、差をもつかどうかを見るためにも、できるだけ同一地域の等質的な群集墳の比較は有効であろう。

(1)　北部九州の横穴式石室と横穴　（表八―1）

北部九州では、福岡県鞍手郡の汐井掛古墳群（注7）と小牧西牟田横穴群（注8）を比較してみよう。

汐井掛古墳群は六世紀後半を盛期とし、一基の木棺直葬墳と三七基の横穴式石室墳が調査されている。三八基のうち、土器以外の副葬品をもつ古墳は一七基であり、副葬品では耳環・玉類の装身具と鉄鏃が比較的多い。副葬品の組み合わせには、とくに顕著な傾向は認められない。刀・馬具が少ないながら認められるが、馬具は鉸具・留金具に限られる。

古墳群名	汐井掛古墳群																		小牧西牟田横穴群（他に土器しかない横穴20）														
副葬品＼号	3	4	5	6	8	9	10	11	12	13	14	19	21	24	25	30	33	基数	A 1	A 6	B 1ロ	B 1ハ	B 1ヘ	B 2	B 3イ	B 4	B 6イ	6 ロ	B 8イ	B 11	B 13イ	13 ロ	基数
耳環	○$_{2}$	○$_{1}$	○$_{2}$	○$_{2}$	○$_{1}$	○$_{9}$						○$_{2}$	○$_{2}$					8		○	○	○		○	○		○	○	○		○	○	10
玉					丸玉 ○$_{1}$	丸玉 ○$_{31}$			丸玉 ○$_{1}$		丸玉 ○$_{1}$	管玉 ○$_{1}$ 丸玉 ○$_{1}$	○$_{1}$ 丸玉 ○$_{2}$ 切子1	勾玉1 丸玉 ○90 小玉654	棗玉12 小玉3			8											○	○			
刀							○$_{1}$			○$_{1}$	○$_{1}$							3							○		○$_{4}$ 圭頭2（金銅金具）			○	○		4
鉄鏃	○					○$_{5}$				○	○	○			○	○$_{1}$	○$_{2}$	8					○		○	○					○		4
馬具 鉸具・留金具						○$_{1}$						○$_{1}$ 金銅						2															
馬具 轡																						○						○		○			3
刀子		○$_{1}$	○$_{1}$							○$_{1}$								3	○					○	○								3
タガネ								○$_{1}$										1															
斧			○$_{1}$															1			○							○					2
ノミ																																	
鎌																																	
鍬先								○$_{1}$										1															
鋤先																																	
紡錘車												○$_{2}$						1															
その他																														不明金銅品			
埋葬施設						□	□	〃	〃	□	□	□	□	〃		⊓			□	□	□	□		□		□	□	□			□		
時期	6C後半	6C末～7C前半	6C後半	6C末～7C初	〃	6C後半（～8C初）	6C後半	6C中	6C後半	6C中	6C後半～	ⅣA	ⅢB	TK23（5C末）	5C末（TK23）				7C	6C	7C		7C				6·7C	〃	7C				

表八－1　北部九州の横穴式石室と横穴の副葬品

古墳群は、A~Hの八群に分けられており、そのうちB・D・Eの複室系横穴式石室をもつ小群には刀・馬具があり、小型横穴式石室からなるG群はまったく副葬品をもたないなど石室構造による階層差、あるいは時期差が認められる。

小牧西牟田横穴群は、二〇基三五墓室からなり、六~七世紀に築造されている。土器以外の副葬品をもつ横穴は一一基一四墓室あり、うち一〇室が耳環をもっている。刀と馬具をもつ墓室は、それぞれ四室と三室あり、中でもB地区六号イ室は二本の圭頭大刀を含む四本の大刀が副葬されていた。

汐井掛古墳群(横穴式石室)と小牧西牟田横穴群は、副葬品の上では大差がない。両者とも耳環を多くもち、玉類と鉄鏃は汐井掛が比較的多い。刀・馬具はほぼ等しいものの、小牧西牟田の方がやや優れているように思われる。

古墳名 / 副葬品		石ノオ2	芦ヶ谷	高岩1	コウデン2	コウデン4	荒神西	大沢2	稼山1	基数	岩田古墳群 1	6	7	8	9	11	12	13	14	基数
耳環					○$_5$	○$_4$				2	○$_2$	○$_4$		○$_7$	○$_2$		○$_1$		○$_{17}$	6
玉		○$_2$ 切子1 ナツメ1				○$_1$ 勾玉				2	○$_{多}$	○		○$_{多}$					○$_{多}$	4
刀		○$_2$			○$_2$					2	○$_1$	○$_1$							○$_8$	3
鉄鏃		○$_{20}$	○$_3$	○$_3$	○$_8$	○$_1$	○$_3$			6	○$_{17}$	○$_2$	○$_1$	○$_{15}$	○$_4$				○$_{114}$	6
馬具	鉸具・留金具		○$_2$		○$_3$					2	一式			○$_1$					一式	1
	その他		(馬胸繋)鐸・鐶轡 鉸具											鞍片 杏葉1						
刀子		○$_5$	○$_5$	○$_3$	○$_5$	○$_3$		○$_1$	○$_1$	7	○$_2$	○$_1$		○$_1$	○$_1$	○	○$_2$		○$_{20}$	6
矛																			○$_4$	1
甲冑?			○$_1$ 小札?		○ 小札					2										
鉄滓			○		○		○	○												
その他											鏡 ○$_1$									1
埋葬施設 □木棺 ∩陶棺		□	∩∩		∩ ∩∩	∩	∩∩	□						□ □□	□	□□	□□	□	□ □□ □□ □□	
石室全長(m)		5.6	8.9		8.25	7.5	7.8	3.75				小型	小型	10.4	小型	〃	〃	〃	11.8	
時期(↓追葬)			6C後半↓7C後半	6C末↓7C中	6C末	6C末↓7C前半	7C前半↓8C初	7C中	7C後半・末		6C中・後半	6C末・7C初	〃	6C後半↓7C初	6C末・7C初	〃	〃	〃	6C後半↓7C初	

表八－2　山陽の横穴式石室の副葬品

(2)　山陽の横穴式石室（表八―2）

山陽では、中国山地の稼山《すくもやま》古墳群（注9）と瀬戸内沿岸の岩田古墳群（注10）の副葬品を整理してみよう。

稼山遺跡群では、六世紀後半～七世紀後半の一六基の横穴式石室が調査され、うち八基に土器以外の副葬品がおさめられていた。副葬品では、刀子と鉄鏃が顕著であり、刀と馬具がそれぞれ二基の横穴式石室に認められるほか、芦ケ谷古墳では鞖《しおで》・鐙靼《みずお》・鉸具《かこ》を着装した馬が墳丘外の土壙に埋葬されていた。馬具をもつ芦ケ谷古墳とコウデン二号墳は、石室全長が八メートルをこえていて、稼山では大型石室の部類に属する一方、石室全長三メートル前後の小型横穴式石室には土器以外の副葬品は認められない。

岩田古墳群では、六世紀後半から七世紀前半の九基の横穴式石室が調査され、七基に土器以外の副葬品が認められる。六世紀後半に築造された三基の比較的大きな横穴式石室（一・八・一四号墳）には、馬具一式をはじめ多量の副葬品がおさめられているが、これらは群形成以前の独立墳的な色彩の強いものであるという。六世紀末か七世紀初に築造された六基（六・七・九・一一・一二・一三号墳）について見ると、二基は土器以外の副葬品をもたず、他の四基も耳環・刀子・鉄鏃が目立つ程度であり、刀も一基にともなうだけである。

山陽の場合も、等質的な群集墳が形成される段階には、刀子と鉄鏃が主な副葬品となる古墳が主体となり、群内の少数が刀・馬具をもつことがわかる。

(3)　大和の木棺直葬墳と横穴式石室墳（表八―3）

六世紀の木棺直葬の群集墳は、大和・新沢千塚古墳群、同・石光山古墳群と和泉・陶器千塚古墳群などその分布は畿内でも限られており、汎日本的に見ても多くはない。

石光山古墳群（注11）は、葛城山麓にあり、五世紀後半から七世紀に及ぶが、盛期は六世紀である。径一五メートル前後の円墳がもっとも多く、小型前方後円墳と方墳を含む。埋葬施設は、箱形と割竹形の木棺が主体で、小型竪穴式石室と横穴式石室が少数認められる。土器以外の副葬品をもつ三六基四六棺のうち、刀子が三一基三六棺に、鉄鏃が二四基二七棺にあり、全期間を通じて両者が副葬品の主流を占めている。刀子と鉄鏃がともに副葬されているのは二〇基二二棺である。

これにひきかえ、直刀は一〇基一一棺に限られ、馬具はさらに少ない。また、もう一つの特色は、五世紀末から六世紀中葉の古墳に鎌・斧・鋤先などの農工具類のミニチュ

								石上・豊田古墳群																										
11	13	31	49	50	19	43	52	ホリノオ 1	〃 2	〃 3	〃 4	〃 5	〃 6	石峯 1	〃 2	〃 3	〃 4	〃 〃	〃 5	〃 6(A1)	〃 A2	〃 A3	〃 A4	石上北 A5	〃 A6	〃 A7	〃 A8	石上北 B1	タキハラ 1		〃 2	〃 3	〃 4	〃 5
○○ ド⊕	○○ キ⊕			キ ○○ ド○	○ キ⊕			○ 2	○ 6			○ 2	○ 5											○ 4			○ 2	○ 1				○ 2		
		○ 丸玉1						○ 多	○ 多		○	○ 多	○ 多 (手玉も)			○										○								
			○					○ 1	○ 2	○ 1	○ 3	○ 1?		小○ 1					小○ 1							○ 2	小○ 1							
○	○	○	○	○	○			○ 15	○ 12		○ 30	○ 3	○ 15	○ 2	○ 3		○ 1		○ 5		○ 墳麓一括			○ 17		○ 8	○ 8	○ 20余					○ 14以上	○ 5
									○ 1																									
								○ 2				○ 1					○ 2																○ 8	
											一式																							
												○ 1					○ 1																	
○ (鹿角)	○ 鹿角 ○	○	○	○○		○○	○ ○○○									○ 1	○ 1	○ 1	○ 1		木棺 ○ 1					○ 2		○ 1				○ 1	○ 2	○ 1
	○		○○			○		● 1					○ 1						○ 1															
				○																														
					○?													○ 鈍片1																
									○ 1																									
									○ 1																									
			○	○																														
													矢入具? ○		鉄滓 ○				釣針? ○ 1								飾鋲 ○ 4	鉄滓 ○		金銅鈴 ○ 1		鉄滓 ○	飾金具 ○ 4	
□ □	□ □	□	(箱形石棺)	□	□	□	土壙墓 ○ ○			(木直)?						小竪穴		小竪穴				竪穴礫石 配石木棺	小竪穴		(木直)				(攪乱)	小竪穴				
←V期→ 6C後半					VI期 6C末	←VII期→ 7C		↓ 6C末 7C初	6C中 ↓ 6C末 7C初	6C初	6C前半		↓ 7C前半	6C後半末	6C中	2号より新	6C中		6C前・中	6C後半	6C前半	〃		6C末・7C初	6C前半	6C中	6C前半	6C後半~7C	6C末~7C初		7C初	6C末	6C中	6C初

と横穴式石室墳の副葬品

アが多いことで、三者を合わせると八基八棺に二五点副葬されている。この比率は、河上邦彦氏も指摘されているとおり、他の古墳群にくらべて群を抜いている。

横穴式石室の群集墳として石上・豊田古墳群（注12）をとりあげよう。石上・豊田古墳群は、奈良盆地東部にあって全長一〇〇メートルをこえる石上大塚・ウワナリ塚などの前方後円墳を含むが、その多くは径一五メートル前後の円墳である。古墳群はいくつかの支群によって構成されており、ホリノオ・石峯・石上北・タキハラなどの支群が調査されている。

古墳群名：石光山古墳群　耳環｛キ 金環／ギ 銀環／ド 銅環｝　●ミニチュア

号／副葬品	3	8	15	51	7	12	17	25	29	30	34	41	45	46	48	6	14	20	23	24	38	39	40	44	4	16	18	26	27
耳環														ギ○○ ○○ 大2、小2								○ キ		○○ ギ					
玉		○ ○ パラマキ			○ 土玉400	○ 土玉一連					○ 管玉1			○ 一連 ○				○ 管玉17		○ 土玉25					○ 管玉1				○ 滑石臼玉5
刀	○ 木	○曲木					○ 鹿角	○ 木○小 木 木○小					○ 木	○ 鹿角,玉纒		○ 木					○ 木				○				
鉄鏃	○	○ ○	○			○	○	○ ○		○			○	○	○	○	○		○	○	○	○				○	○ ○		
矛																													
馬具 鉸具・帯金具		○ ○																											
馬具 轡		○																							○				
馬具 鐙		○																											
馬具 杏葉		○																											
馬具 鞍		○																											
馬具 辻金具																													
刀子	○ 1	○○ ○○○○ 鹿角2	○		○	○ 鹿角	○○	○○○○○ 鹿角	●●	○		●?	○	○○○	○○○○ (鹿角1)	○		○○○○ 鹿角2	○○○ 鹿角	○●	○	○○○ 鹿角		○ (鹿角)	○○ (鹿角)	○	○ ○	○○ 鹿角	
鎌					○		●	●●		○		●● ●○	○○	○		●	○				○	○			小○1			○	
斧					○		●	●●		○●		●			○		○	●			○●●				○● ●●				
鉇						○		○?		○					○	○	○				○?				○○○				
ノミ								○							○	○													
鋤先								●		●								●● ●●			●								
鐫																													
鉗																													
埴輪		○		○		○	○			○		○			○			○					○						
その他									針?																				
埋葬施設	⊖	○◁ ×□ □	□		⊖	□	○△ ↓ □	⊖ □	⊖	□	⊖	⊖	⊖ □	⊖ □	□	北□ 南□	□	⊖	⊖ □	⊖	□	□	○△ × □		□	□	⊖ □	□	□
時期	I期 5C後半				II期 5C末～6C初											III期 6C前半									IV期 6C中頃				

表八－3　大和の木棺直葬墳

ホリノオ支群は、調査支群中では石室規模が大きくて追葬も多く、副葬品も豊富で、各古墳に耳環・玉類・刀・鉄鏃が含まれ、馬具も五基中三基の古墳に副葬されている。石峯・石上北・タキハラ各支群は、中・小型の横穴式石室を主体とし、中には小型竪穴式石室や木棺を中心埋葬施設とする古墳も少数ある。副葬品は、ホリノオ支群と異なり刀子と鉄鏃が主流となる。三支群一九基のうち、刀子は九基、鉄鏃は一一基に副葬されているが、刀は三基、馬具は二基に認められるだけである。

石光山古墳群と石上・豊田古墳群の石峯・石上北・タキハラ各支群の副葬品は、刀子と鉄鏃が主体を占める点で共通し、前者に農工具のミニチュアが多いこと、後者は少量の馬具と鉄滓をもつ点で、それぞれ個性を示している。共通する点を重視すれば、木棺直葬と横穴式石室という埋葬施設の差をこえた群小古墳の性格として意義づけることができるであろう。

(4) 関東の横穴式石室墳（表八—4）

埼玉県黒田古墳群（注13）は、全長四一メートルの前方後円墳一基を含む六世紀前半から七世紀前半の三〇基余の古墳群である。調査された一三基について、その副葬品を見ると耳環（七基）、玉類（六基）、刀子（七基）、鉄鏃（六基）が顕著で、装身具類のほかは刀子と鉄鏃が多いことがわかる。ただし、刀や馬具も副葬されていて前方後円墳を含む古墳群としての位置づけを考えさせる。

埼玉県塚本山古墳群（注14）は、六世紀末から八世紀前半にかけての胴張横穴式石室を主体とする一七〇数基の古墳群である。調査された二八基の古墳の副葬品は、鉄鏃（一一基）がもっとも多く、刀子（七基）、直刀（六基）がこれについでいる。刀子が比較的少ないこと、馬具をもたないことが目をひく。直刀の中には、頭椎大刀一振が含まれており（一九号墳）、そこには成人男子が葬られていた。

関東の横穴式石室には、一部の古墳が刀や馬具をもち、多くの古墳は鉄鏃を副葬している傾向が認められる。刀子は、古墳群によってその比率に差があるように思われる。

(5) 東北の横穴式石室と横穴

仙台平野には、七世紀中葉に横穴式石室が導入され、普及した。中には、名取市山囲古墳のように金銅装頭椎大刀をはじめ直刀・刀子・鉄鏃・玉類などの豊かな副葬品をもつものや、上郷古墳群や台町古墳群のように二〇〇基をこえる群集墳も形成された(注15)。上郷一〇九号墳(横穴式石室)には直刀一、刀子一、鉄鏃四、金環一が、一三五号墳には刀子片、鉄鏃八などが副葬されていた(注16)。

東北北部の横穴式石室系竪穴式石室として著名な岩手県五条丸古墳群(奈良時代)(注17)には、比較的多くの副葬品がある(表八―5)。土器以外の副葬品をもつ二六基の古墳について見ると、多量の玉をもつ古墳がもっとも多く(一八基)、刀子(一三基)、直刀(九基)、鉄鏃(九基)がこれについでいる。また、轡一具をもつ古墳が二基あることは注目すべきであろう。

東北南部の横穴は、九州系の装飾をもつ福島県中田横穴(銅鏡・銅鋺・銅釧・金銅装馬具・耳環・玉類)や宮城県亀井囲横穴群(方頭大刀・直刀・馬具・帯金具)など豊富な副葬品をもつものと、宮城県枡形横穴群(一一基で玉類五点と土器数点)のようにほとんど副葬品をもたない一群があることはよく知られている(注18)。

副葬品の少ない横穴群の一端を、宮城県青山横穴群(七世紀～平安)と同混内山横穴群(八世紀)(注19)で見ると表八―6のとおりである。両群の横穴一四基のうち、土器以外の副葬品をもつのは六基であり、そこには直刀(三基)、鉄鏃(三基)、刀子(二基)が認められる。

東北では、地域によっては横穴が豪族層の主たる埋葬施設であって豊かな副葬品をもつとともに、横穴式石室系竪

埼玉・塚本山																		
12	13	15	16	17	18	19	20	21	22	24	25	26	27	28	29	30	34	35
				○3	○3	○2			○2				○2					
	○				○													
					○1	(鉄鏃1)○2							○1	○1				
				○6		○4		○1	○20	○4			○4		○1			
				○1	○1	○1		○1	○1						○1			
		○																
		○イエ																
				○3														
		成♂1	成♀1	成♀未成人1 〃♀1		成♂1	成♂1 〃1		成♂2					成1				
					〃					〃	〃	〃		〃	〃	〃		
〃	7C後半	6C末~7C前後	7C中	〃		7C中	〃						7C後半	〃	8C前後			

石室墳と横穴の副葬品

〃	〃	〃	〃	〃	〃	〃	〃	〃	〃	〃	〃	〃	〃	〃	〃	〃	〃	〃	〃	〃	基数(五条丸)
23	24	30	31	35	36	39	45	47	48	49	50	51	52	65	66	69	71	72	73	75	
ガラス小玉○54 土玉71	○多	土玉○97	○	ガラス小玉○305	〃○36	土玉○237	○多		○多		○多		○多		○多		○多			○	18
		○2		○1		○		○3					○2		○1	○1					9
								○4		○1		○57	○1			○12	○6	○8			9
○1		○1										1									3
				○2	○1	○3		○1				i	○2	○1	○1		○2		○1	○1	13
								くつわ一具○1				くつわ一具○1									3
												○1									
						鋲 1 目釘1						くわ先1 斧 1 刺突具1	カマ1 鉇 1 鉄輪金具1					環状鉄器1 (馬具?) 金銅飾金具1 (帯金具?)			農工具 2

の横穴式石室の副葬品

副葬品＼号	黒田古墳群 1	3	4	5	6	7	8	9	10	11
耳環		○		○	○		○	○		○
玉			○		○		○	○	○	○
刀	○ 1						○	○		
鉄鏃		○	○	○				○		○
刀子	○		○			○	○	○	○	○
円筒埴輪	○	○	○		○		○	○	○	○
形象埴輪	○		○		○			○	○	○
その他	○ 馬具		○ 馬具							
人骨										
埋葬施設										
時期	6C後半・7C前半	6C前半			6C前半					

（13・14・15は遺物なし）

副葬品＼号	1	3	4	5	7	8	9	10	11
耳環									
玉									○
刀	ツバ ○ 1						○ 1		
鉄鏃	○ 4	○ 3					○ 4		○ 7
刀子		○ 1							
円筒埴輪	○								
形象埴輪									
その他							筒状金具 ○ 1		
人骨					成♀1				成♀ 成2 未成人1
埋葬施設			〃	〃				〃	〃
時期	7C前半	7C後半	〃		↓8C前半		8C前後	7C後半	7C中

表八－4　関東の横穴式

副葬品＼号	宗禅寺	青山1	〃5	〃6	混内山3	〃4	〃7
耳環	15基で↓	○ 1	○ 2				
玉			○				
刀			○ 1	○ 1			○ 1
鉄鏃			○ 12			○ 15	○ 53
刀子	○ 1				○ 1	○ 3	
斧			○ 1				
時期	7C後半↓8C後半	7C→平安（2～4・7には土器以外なし）				8C初・前半	8C

（1・2・5・6は遺物なし）

表八－6　東北南部の横穴の副葬品

副葬品＼号	猫谷地3	〃5	五条丸14	〃19	〃20	〃21	〃22
耳環		○ 2					
玉		○ 多	○ 多	○	○	土玉 ○ 55	
刀			○ 1		○ 1		○ 1
鉄鏃		○ 3		○ 1			○ 1
蕨手刀	○ 1				○ 1		
刀手		○ 1			○ 2	○ 2	○ 2
馬具 くつわ							
馬具 鉸具							
その他	青銅石突 ○ 1	金銅円形金具 ○ 2			鞘尾金具 ○ 1		

（1・2・4は遺物なし）

表八－5　東北北部

穴式石室や多くの横穴群の副葬品では直刀・刀子・鉄鏃の三者がきわだっている。

5 群集墳の副葬品

前項では、日本列島の数多くの群集墳の中から一〇群を選び、その副葬品について各地域ごとに検討した。本項では、群集墳ごとの各副葬品の比率を求め、汎日本列島的な傾向と地域相互の比較を行ってみたい（表八―七）。

とりあげた一〇カ所の群集墳の調査古墳数は二七〇基であり、そのうち土器以外の副葬品をもつ古墳は一六四基で、約六〇パーセントを占める。いいかえれ

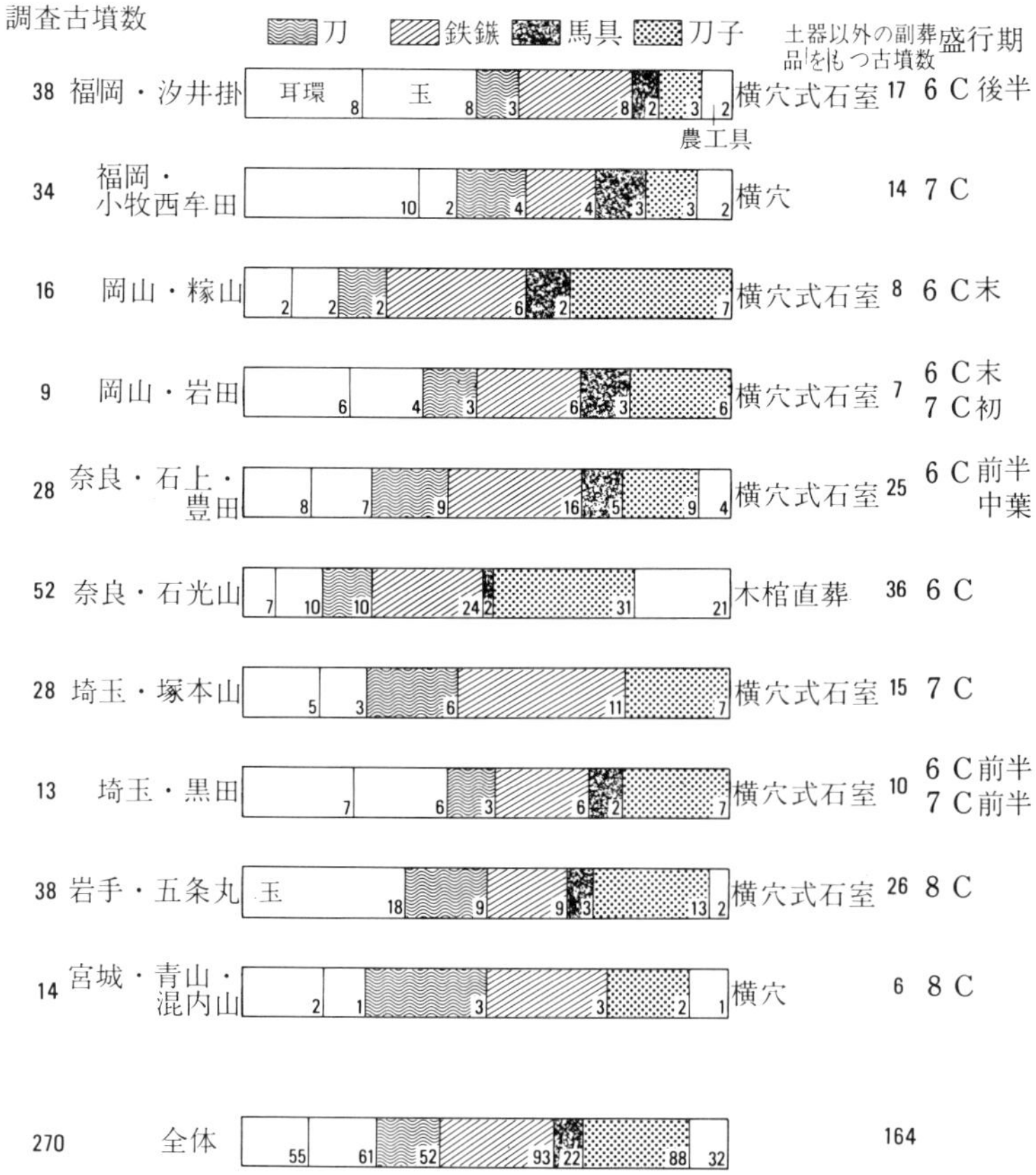

表八―7 群集墳における副葬品の比率

ば、約四〇パーセントの古墳が飲食物供献を主体とした葬送儀礼を行っていたのであり、各地域の群集墳、あるいは群内の支群すべてが飲食物供献を主体としている事例は少なくはない。例えば、兵庫県雲雀山古墳群東尾根B支群(注20)では、ほとんど乱掘されていない二三基の小型横穴式石室と小型竪穴式石室を全掘し、土器以外では刀子一本が出土しただけであり、さらに土器さえもたない石室が一〇基ある。もっとも、同支群は七世紀前半から中葉にかけて形成された古墳群であって、六世紀の近畿の群集墳の副葬品の傾向を代表させる事例としては必ずしもふさわしくはないが、さきに見た七世紀を盛期とする福岡県小牧西牟田横穴群や埼玉県塚本山古墳群の副葬品のあり方とは著しく異なる。

約六〇パーセントの土器以外の副葬品をもつ古墳では、鉄鏃と刀子の副葬が目立つ。耳環・玉の装身具以外では、刀が一〇パーセントをこえ、馬具は少ない。刀子はナイフであり、「つねに佩用して食事にも、雑用にも用いられる」(注21)と考えられている。つねに身辺に保持したナイフであるからこそ、多くの副葬品をもたない階層の人々に副葬されつづけたのだろうか。そうではないように思われる。身辺雑用のナイフが、なぜこれほど広い地域に、永い期間副葬されつづけられなければならないのだろうか。

刀子の機能を知るために、多くの古墳に刀子が副葬され、かつ原位置が保たれていた石光山古墳群についてその出土状況を検討してみよう(図八―2)。石光山古墳群の刀子の多くは棺内に副葬されている。刀子と刀が共伴する九棺のうち、両者が接しているのは五例ある。他方、刀子と農工具が共伴する一五棺のうち、両者が接しているのは三例にとどまる。刀子と鉄鏃が接して出土する例はなく、刀子が単独で副葬されているときには棺中央付近におかれている例が多い。このような出土状況を見ると、刀子は工具としては認識されておらず、刀と同じ扱いをすべきものと考えられていたことがわかる。刀子は武器の一つであり、後世の護刀的な意識が芽生えていたかもしれない。

刀子を武器の一つと考えうることになると、六・七世紀の群集墳の主体的副葬品となる鉄鏃と刀子の組み合わせの

図八―1　奈良県石光山古墳群（航空写真）

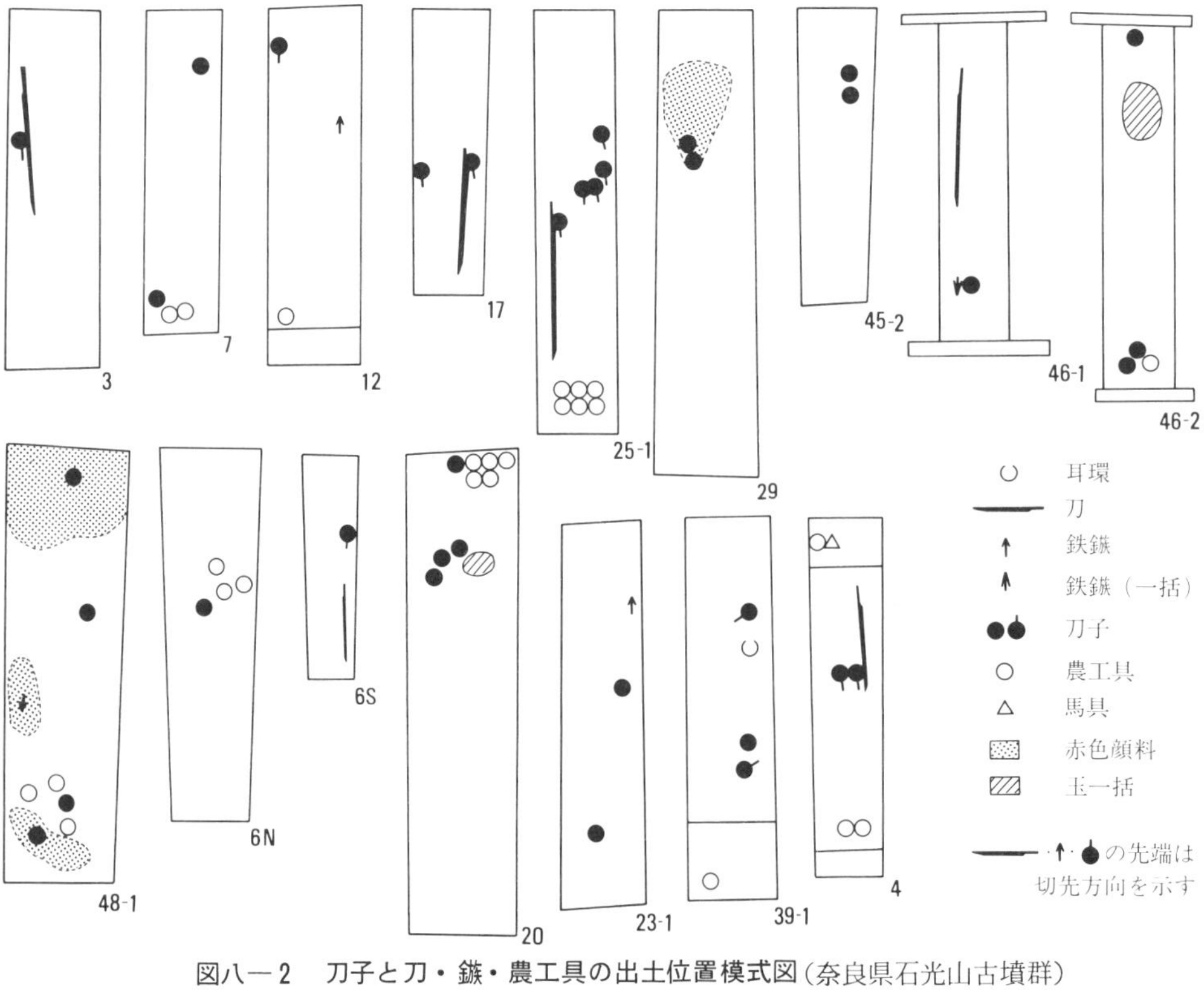

図八―2　刀子と刀・鏃・農工具の出土位置模式図（奈良県石光山古墳群）

意味が理解しやすい。つまり、群集墳の被葬者は、攻撃用武器としての鉄鏃と防禦用武器としての刀子を象徴的に副葬したのであろう。それ以上に、刀を副葬しえたのは、より限られた人々であり、馬具はさらに限定された。

六・七世紀の群集墳の階層を副葬品によって分類すれば、次のとおりであろう。

A．馬具階層＜AA金銅装馬具／Aa鉄製馬具＜Aa_1馬具一式／Aa_2馬具一部

B．刀階層

C．鉄鏃階層＜CC鉄鏃一括／Cc〃数本

D．刀子階層

E．土器階層＜EE多量／Ee少量

F．ゼロ階層

六世紀になると、汎日本列島的に爆発的に高塚古墳が造営されたといわれている。新たに造墓集団に加わったのはC・D・E・F階層であろう。AA馬具階層の多くは、装飾付大刀をもち、のちの国・郡単位に存在し、豊かな副葬品をもつ(注22)。群集墳の中の馬具階層の多くはAa_2階層であり、その比率は五パーセント余である。つまり、地域や古墳群による差はあるものの、おしなべて見れば轡一具、あるいはその一部をもつ古墳は、二〇基に一基程度であり、馬具をもたない古墳群の方がはるかに多い。「乗馬して戦う層と『歩兵』との差異」(注23)は、前者が一部階層に限られ、後者が圧倒的に多いことを示している。

群集墳内の刀階層の多くは、ほとんど無装飾の鉄刀をもち(注24)、その比率は一〇パーセント余と比較的多い。奈良県石上・豊田古墳群ホリノオ支群では、六基中五基が刀をもち、同タキハラ支群(五基)はまったく刀をもたず、刀

子と鉄鏃に限られるなど支群単位の階層差が存在する。

鉄鏃階層は、矢入れに入れた矢を一括副葬しているCC階層と、二・三本の矢を副葬するCc階層に分けることができ、群集墳内では後者が多い。奈良県石光山古墳群では、五二基中二四基に鉄鏃が副葬されていたが、うち一括副葬されていたのは五基（四・八・一六・三八・四六号墳）だけである。これら五基は、馬具階層一基、刀階層三基を含み、より上層者が矢入れのまま副葬する場合が多いことを示している。一基の鉄鏃階層が、鏃七本ともっとも少ないのは象徴的である。

今回、刀子と土器類だけを副葬する古墳群を摘出していないが、兵庫県焼山古墳群では刀子一本だけをもつ木棺直葬墳が多く、群としての刀子階層も存在するものと思われる。ただし、多くの場合は少なくとも鉄鏃と共伴するようであり、鉄鏃・刀子階層として把握した方がよいかもしれない。

本項で示した群集墳の階層性は、新納泉氏が大阪府塚原古墳群をモデルとして概念化した図式とほぼ等しい（図八―3）。しかし、それは一つの概念にすぎないのであり、各地域の群集墳の階層性はより多くの資料を分析した上で構築しなければならないだろう。

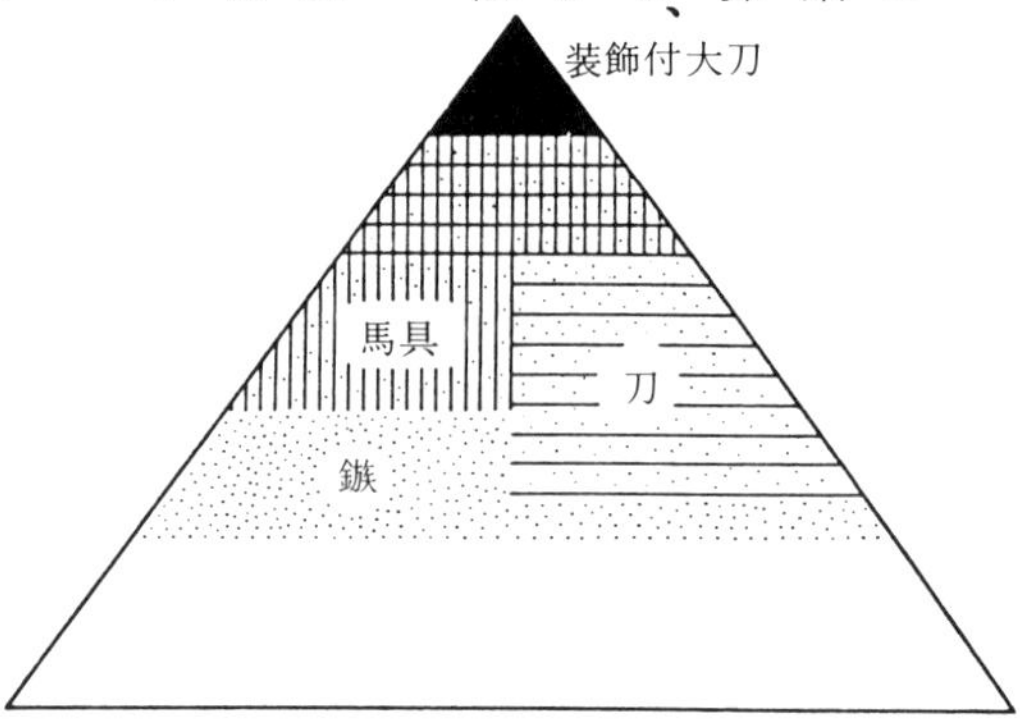

図八―3　群集墳における武器の階層性
（(注22)による）

注

（1）森　浩一『古墳』保育社　一九七〇年
（2）白石太一郎「石光山古墳群のまとめ」（『葛城・石光山古墳群』奈良県教育委員会）一九七六年
（3）森　浩一「後期古墳の研究―和泉」（『古代学研究』三〇）一九六二年

（4）上野与一・吉岡康暢「後期古墳の研究―加賀」（『古代学研究』三〇）一九六二年
（5）和田　萃「殯の基礎的考察」（『史林』五二―五）一九六九年
（6）村上久和・吉留秀敏・佐藤良二郎『上の原遺跡群Ⅰ』大分県教育委員会　一九八二年
（7）上野精志ほか『九州縦貫自動車道関係埋蔵文化財調査報告二二』福岡県教育委員会　一九七八年
（8）酒井仁夫『小牧西牟田横穴群』鞍手町教育委員会　一九八一年
（9）村上幸雄『糘山古墳群Ⅱ』久米開発事業に伴う文化財調査委員会　一九八〇年
（10）神原英朗『岩田古墳群』岡山県山陽町教育委員会　一九七六年
（11）白石太一郎・河上邦彦ほか『葛城・石光山古墳群』前掲（注2）
（12）泉森　皎ほか『天理市石上・豊田古墳群』Ⅰ・Ⅱ　奈良県教育委員会　一九七五・一九七六年
（13）塩野　博・小久保徹『埼玉県花園村黒田古墳群』同調査会　一九七五年
（14）増田逸朗ほか『塚本山古墳群』埼玉県教育委員会　一九七七年
（15）氏家和典「仙台平野における横穴式石室古墳について」（『多賀城跡調査研究所紀要』四）一九七七年
（16）氏家和典「群集墳と横穴古墳」（『古代の日本』八　角川書店）一九七〇年
（17）伊東信雄・板橋　源『五条丸古墳群』岩手県教育委員会　一九六三年
（18）（注16）文献に同じ。
（19）佐々木安彦・三宅宗議『青山横穴古墳群・混内山横穴古墳群』三本木町教育委員会　一九七五年
（20）石野博信「兵庫県宝塚市長尾山古墳群」（『兵庫県埋蔵文化財集報』第一集）一九七一年
（21）小林行雄「刀子」（『考古学辞典』創元社）一九五九年
（22）新納　泉「装飾付大刀と古墳時代後期の兵制」（『考古学研究』一一九）一九八三年
（23）今井　堯・近藤義郎「群集墳の盛行」（『古代の日本』角川書店）一九七〇年
（24）静岡県宇洞ケ谷横穴をはじめ、横穴で装飾付大刀をもつものがあるが、新納氏も指摘しておられるように、それらは独立墳的な性格をもつものと理解しておきたい。

第九章　後期古墳の実態

1　奈良県藤ノ木古墳

一九八六年、斑鳩町は法隆寺以前の斑鳩文化の追求と古墳の保存顕彰のため、橿原考古学研究所に藤ノ木古墳の調査を依頼された。第一次調査である。

当時、藤ノ木古墳は五世紀の円墳と考えられていた(『斑鳩町史』、『奈良県の主要古墳』)。調査の結果、横穴式石室をもつ六世紀後半の古墳であることがわかった。石室内から多量の金銅装馬具などが検出されたので体制を建て直すため調査を中断した。

以下、第一次調査の成果を要約し、以後に実施した第二・第三次調査(石室内)の成果についても簡単にまとめておきたい。

位　置　藤ノ木古墳は、奈良県生駒郡斑鳩町法隆寺西二丁目一七九五番(小字、藤ノ木)にある。古墳の東三五〇メートルには法隆寺の塔・金堂があり、さらに東四〇〇メートルには聖徳太子の斑鳩宮跡(現、法隆寺東院・夢殿付近)がある。

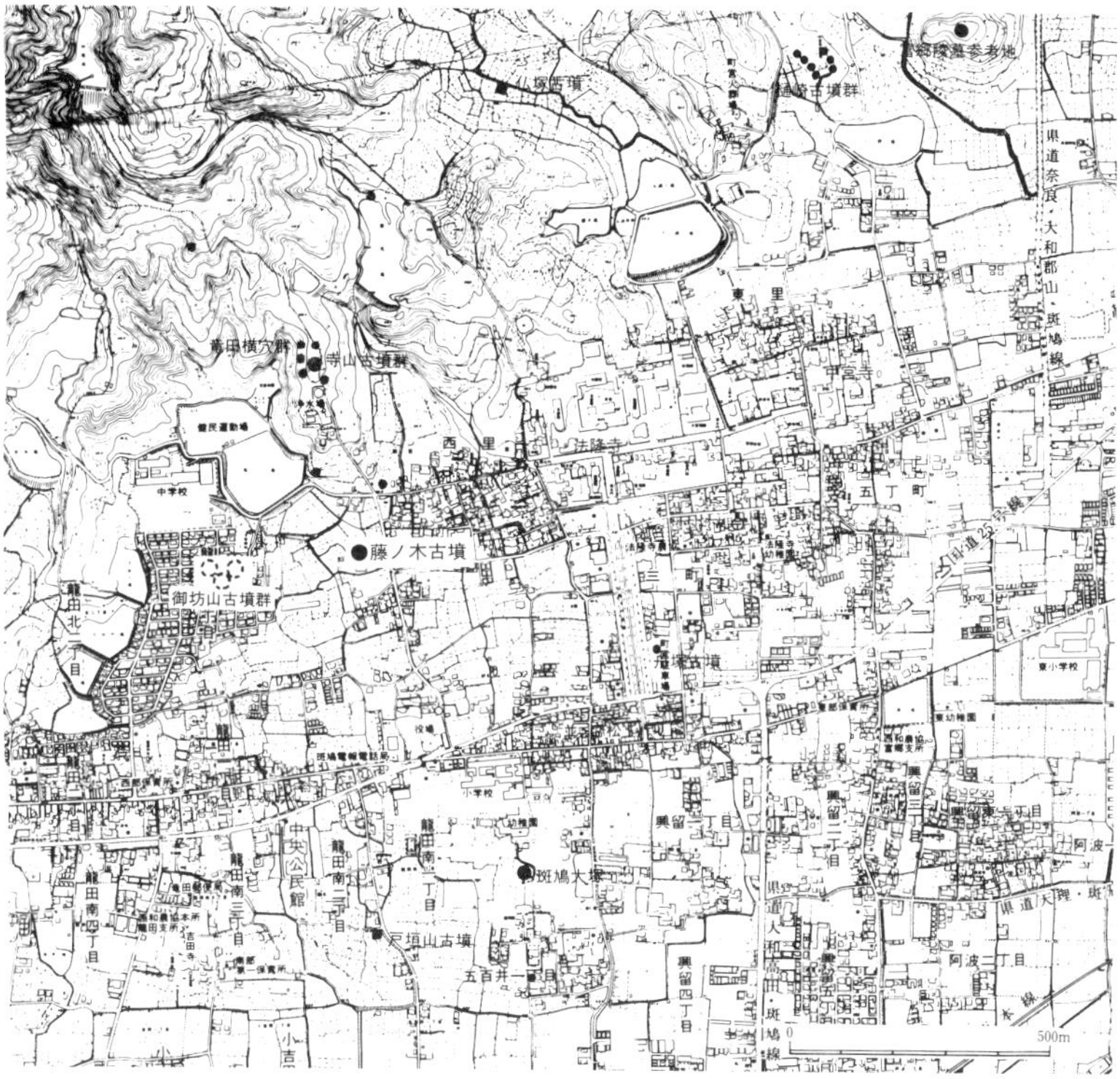

図九―1　藤ノ木古墳付近遺跡地図

図九―2　藤ノ木古墳全景

墳　形　藤ノ木古墳は径四八メートルの円墳である。六世紀後半から七世紀初の円墳では天理市塚穴山古墳が径六五メートルで県下最大であり、ほぼ同規模では広陵町牧野古墳と大和郡山市割塚古墳がある。

なお、横穴式石室をもつ前方後円墳は県下に一五基ある。最大は見瀬丸山古墳の全長三一〇メートルで、全長一〇〇メートルをこえる石上大塚古墳（一一五メートル）、ウワナリ塚古墳（一一〇メートル）などが大型墳で、全長五〇メ

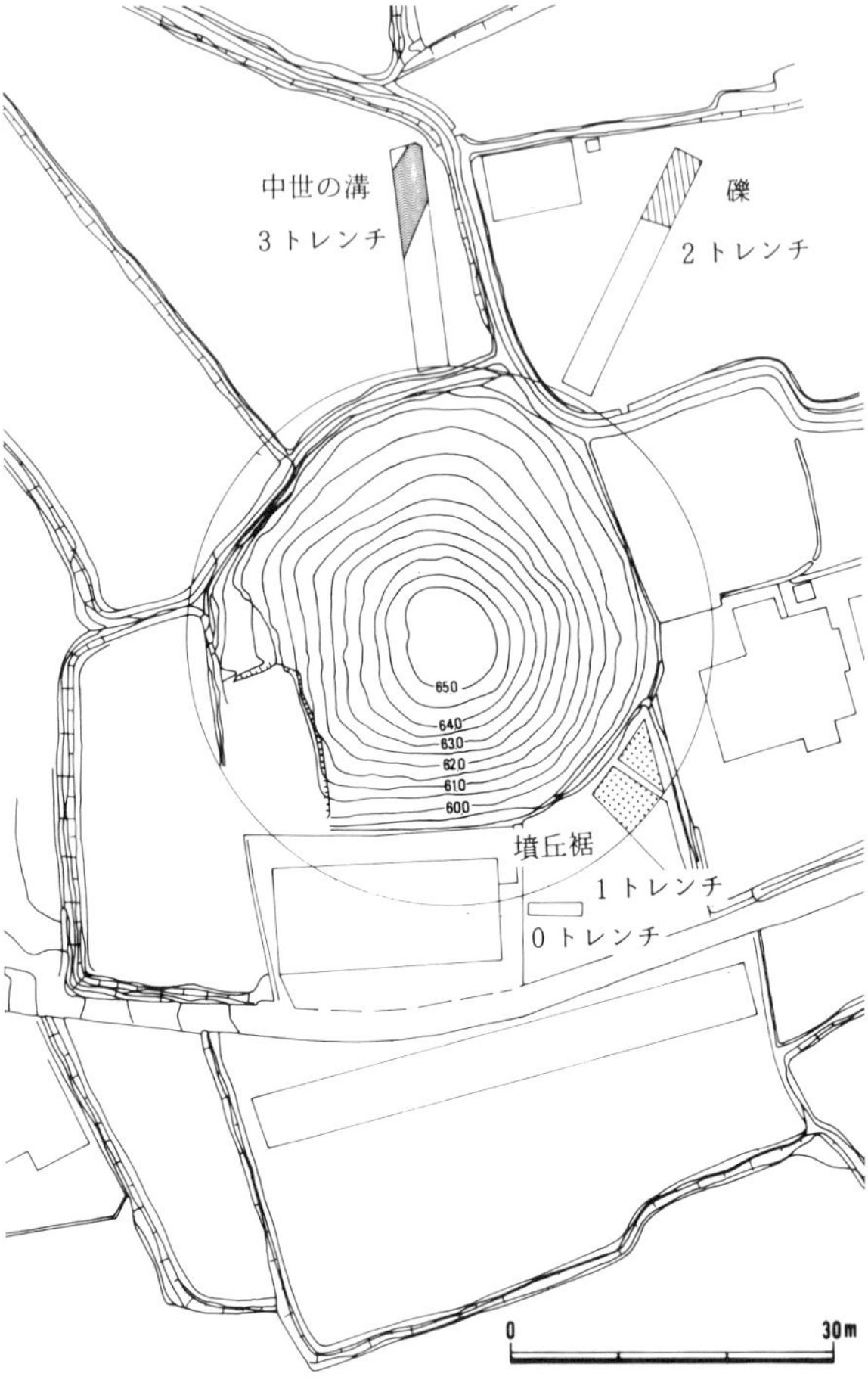

図九―3　藤ノ木古墳墳丘測量図

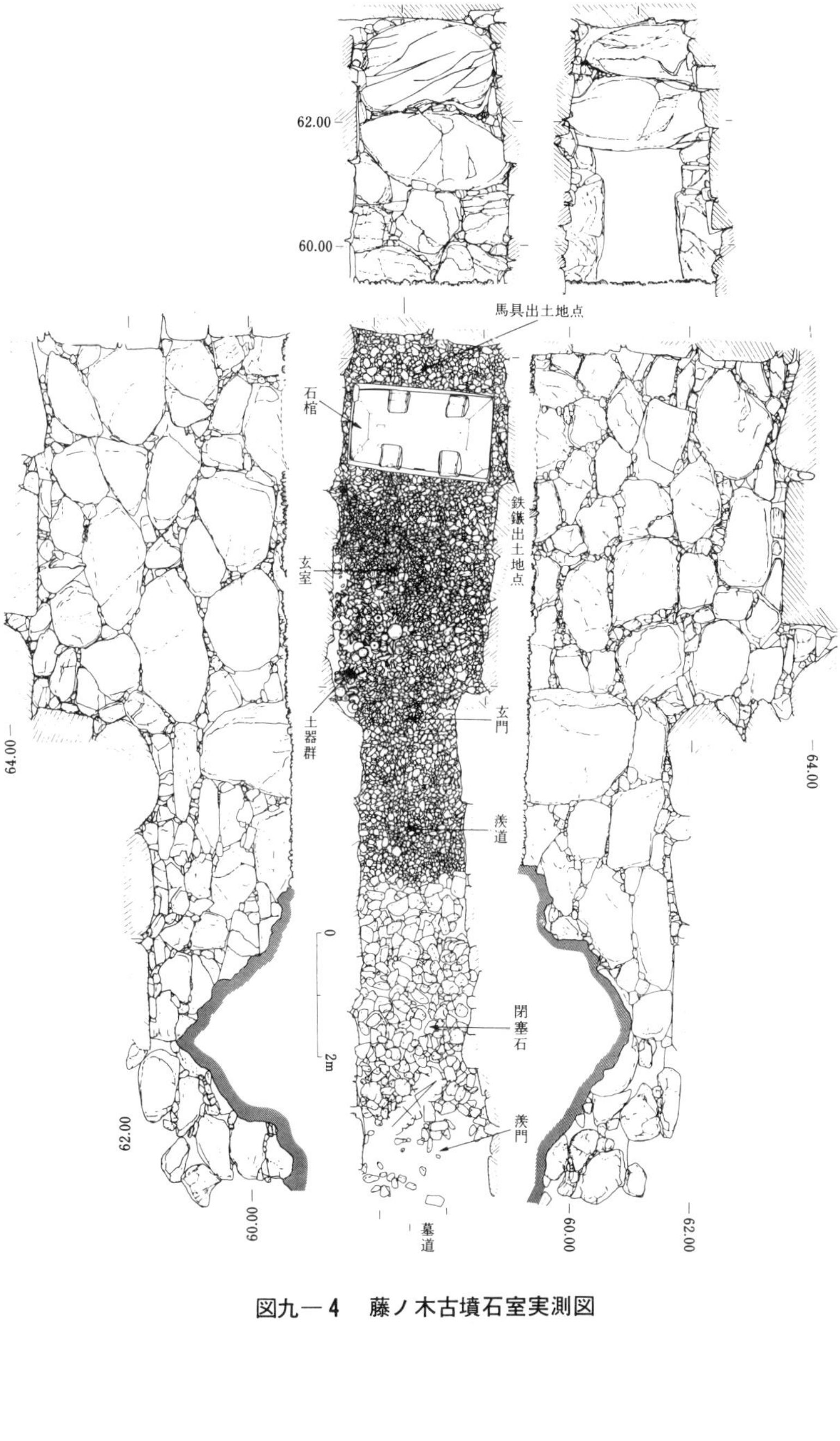

図九－4　藤ノ木古墳石室実測図

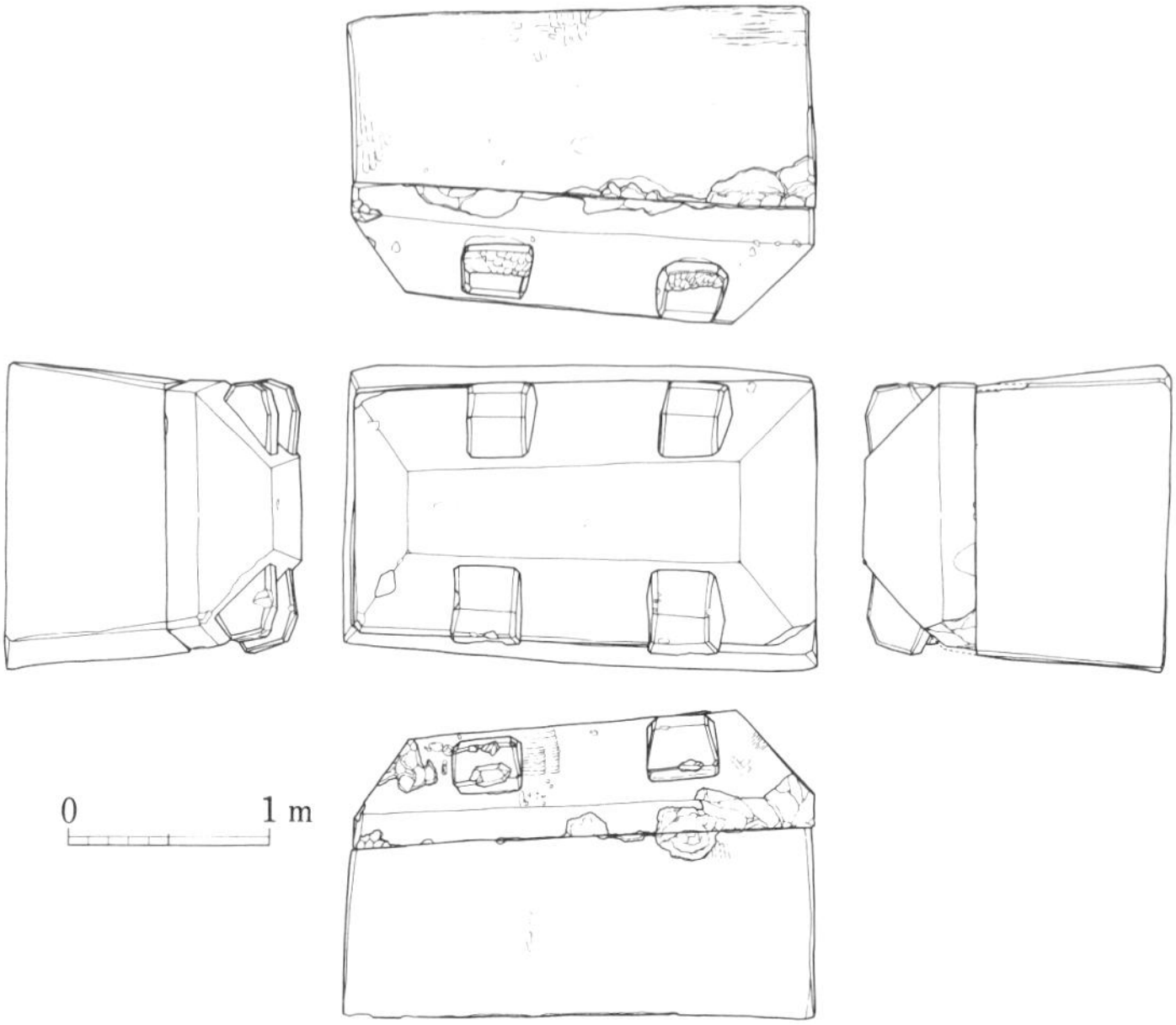

図九－5　石棺実測図

図九－6　開棺前の石棺

ートル以下のものは四基だけである。

横穴式石室　藤ノ木古墳の横穴式石室は全長一三・九五メートルで、石室全長で比較すれば県下一四位である。見瀬丸山古墳の二六・二メートルや石舞台古墳の一九・〇メートルを別格としても、烏土塚古墳（一四・三メートル）や牧野古墳（一六・〇メートル）など、隣接する地域にそれ以上の石室墳が存在する。

石　棺　藤ノ木古墳の横穴式石室内には刳抜式家形石棺一基が置かれている。県下には刳抜式家形石棺が約三〇基ある。そのうち藤ノ木古墳とほぼ同時期の第四期（関川尚功）の石棺は七基（推定を含む）あり、その多くが盆地西北部の平群郡と東南部の磯城・高市郡に分布しているのは注目すべきことである。

棺配置　藤ノ木古墳の石棺は、石室主軸に直交して配置されている。近畿地方の横穴式石室内の棺配置は、石室長軸に平行して配置されるのが普通である。ときに、コの字型配置をとるときに主軸直交配置が認められるが、兵庫県宝塚市雲雀山西尾根B2号棟、奈良県平群町三里古墳や大阪府太子町聖徳太子磯長墓など数少ない（森岡秀人論文、関西大学）。

とくに藤ノ木古墳の場合は、玄室奥に棺を置き、玄室前に広い空間をつくっておりながらまったく埋葬痕跡が認められない。異質な棺配置であるが、その理由は明らかでない。

石室内の鉤状鉄製品　石室内の四カ所に頭部U字形の金具（鉄製）が各一本打込まれている。金具に裂《きれ》をかけると石棺を覆う〝帳〟の役割をはたす。群馬県高崎市綿貫観音山古墳の石室にもフックがあり、石室床面に裂がうず高く積もっていたらしいので、可能性がある（菅谷文則論文）。ただし、藤ノ木古墳の石室床面は江戸時代に清掃されているので、精査したが裂は確認できなかった。

棺外の副葬品　石棺と奥壁の間に三セットの馬具と挂甲片が置かれていた。馬具各セットや馬具各種はそれぞれバラバラで、セットごとにかためて置くというような傾向は認められない。

もっとも顕著なのは馬具Aセットの鞍金具である。全体にパルメット文と亀甲繋文を配し、亀甲繋文の中に象・兎・龍？・鳳凰？・怪魚・鬼面などを透彫りしている。このような鞍は、現段階では類例がない。個々の文様の系譜は、中国大陸や朝鮮半島はもとより、はるかインド・西アジアからギリシャ・ローマの世界に求めうるものを含んでいる。なお、石棺両端の石室側壁との間にはそれぞれ鉄鏃群があった。

棺内の副葬品　棺内から冠・耳環・頸飾り・大帯・履・玉などの金銅製の装身具類と銅鏡・刀剣・刀子などが副葬されていた。

冠は広帯二山式で、樹木、ないしは鹿角を象徴する曲線的な立飾りをもつ。立飾りには鳥文や船形文があり、その系譜は古代朝鮮の伽耶・百済・高句麗だけではなく、遠く中央アジアとの関連を検討しなければならない。

頸飾りはすべて金銀製空玉で、北の人は丸玉・梔子玉・有段平玉を各一連もち、南の人は丸玉一連をもつ。六世紀の日本列島の頸飾りは、濃紺色のガラス玉が主

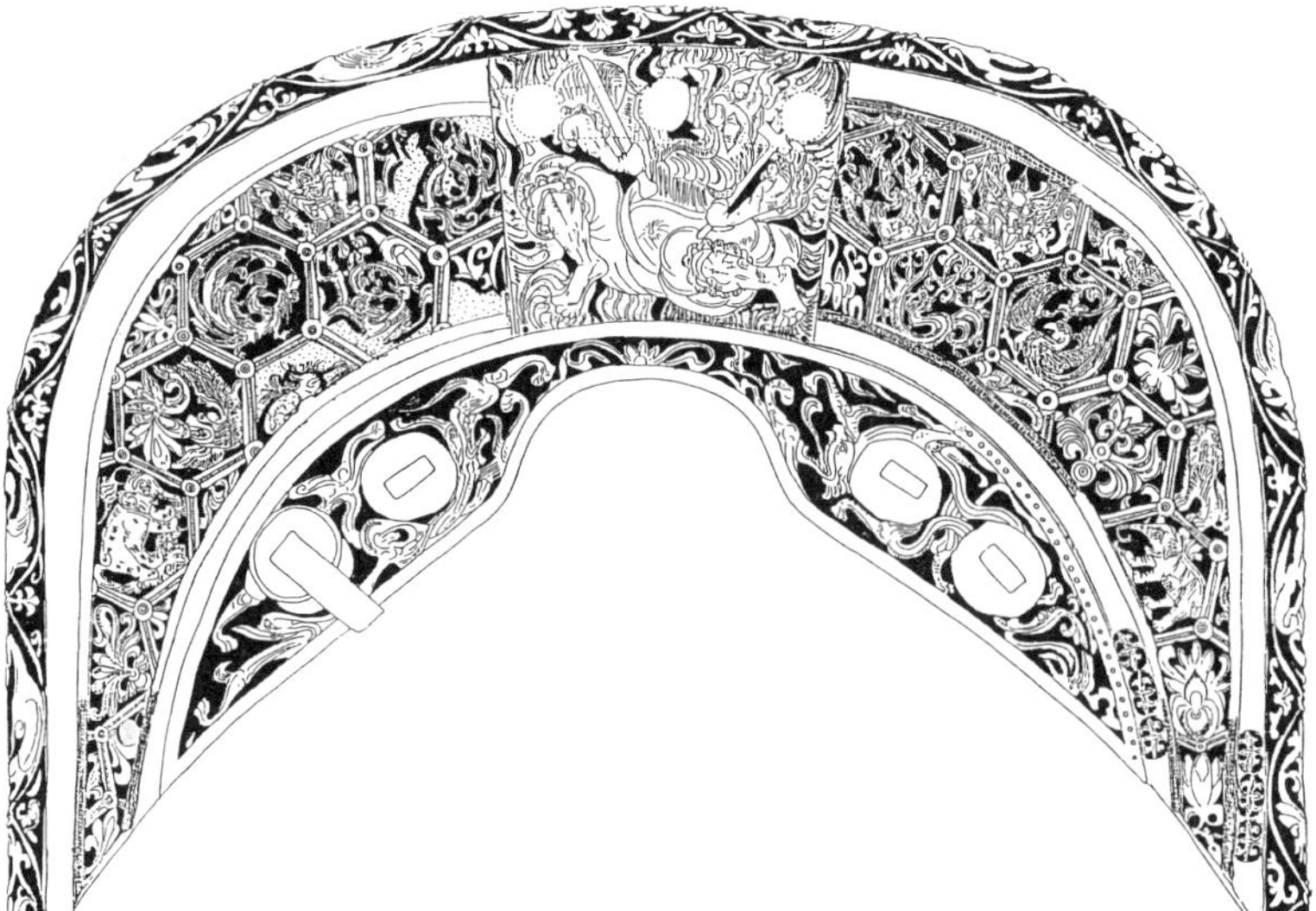

図九―7　鞍金具後輪(しずわ)

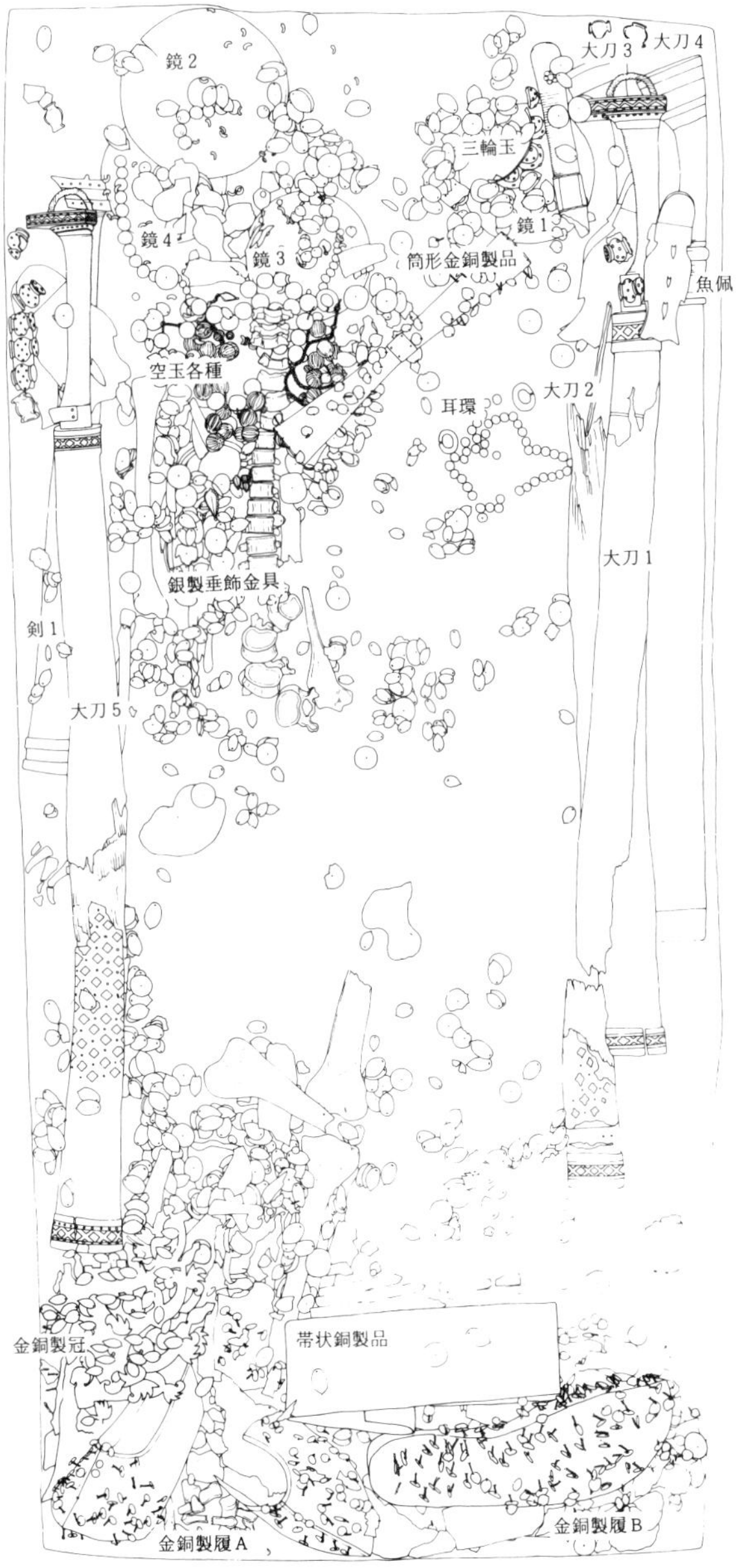

図九―8　遺物出土状況模式図

体である。藤ノ木古墳の場合は、ガラス玉を全く用いず金属製の空玉だけを用いる点に大きな特色がある。

ガラス玉群は棺内の四カ所に集中する。①北の人の頭部（オレンジ色五一〇〇個、緑色四二〇九個など）、②北の人の後頭部から腰部（黄色・濃紺色各二一九八個）、③南の人の頭部（緑色・紺色各四〇〇個）、④南の人の腰部（オレンジ・紅色約一五〇個）である。

①は冠帽、②は①と連なる玉すだれ状の背中飾り、③は帽、④は腰飾りかと思われるが、いずれも明るい色が中心で、六世紀の日本列島の濃紺色の世界と異質である。明るいガラス玉を中心とするのは和歌山県大谷古墳や韓国・武寧王陵などにある。

大帯は、朝鮮半島には出土例がなく、日本列島では群馬県綿貫観音山古墳と山王金冠塚古墳の二例だけである。ただし、人物埴輪では綿貫観音山古墳をはじめ大帯を表現する例は多い。藤ノ木古墳の大帯は鉸具をはずし、三つ折りにし、中に刀子を入れて足もとに置いているのが特異である。

履は二足ある。二足とも全体に亀甲繋文を配し、歩揺を装着する。底にスパイクをもたず、亀甲繋文をつけ、大型（三八センチと四二センチ）である点で朝鮮半島の例と異なる。祖型は朝鮮半島で、年数を経て国産された姿と考えられる。

鏡は四面ある。六世紀には大型鏡の複数副葬は減少する。六世紀の一棺内四面副葬は稀有であり、被葬者の伝統的祭祀を重んじる傾向が感じられる。

刀が五口、剣が一口ある。把頭はすべて楔形で、栃木県七廻り鏡塚古墳をはじめとする伝統的木製装具と思われる。鞘には刀によって異なるが七宝繋文や菱形文を透彫りした金銅板を巻き、文様の交点に濃紺色のガラス玉をはめこんでいる。

把頭には金銅製三輪玉をつけた曲金を装着する、いわゆる玉纏大刀である。

剣の拵えは刀とほぼ等しいが、棺内での扱いは全く異なる。剣は棺底に布や皮などの敷物が敷かれる前、つまり遺体を納める前、棺内に最初に納置されている。刀五口は、遺体の上にあり、剣一口は遺体の下にある。この優先的な扱いは、剣の把頭の頭部を空洞にし、二つの〝丸《がん》〟を納めているという特殊な構造＝剣の特殊な機能と関連するだろう。

刀子は五口ある。すべて銀装で本来は大帯の中に納められていたらしい。大帯内に残る二口は紐で結合されており、正倉院の三合刀子・五合刀子などと関連するかもしれない。韓国・武寧王陵と群馬県綿貫観音山古墳の銀装刀子はいずれも五口であり、五という数に意味があるかもしれない。

筒形銅製品が一点、南の人の頭部に副葬されていた。両端面を除く全体に歩揺がつき、中央に紐がある。頭飾り・腰鼓・筥迫《はこせこ》などの用途が想定されているが明らかでない。

棺内の副葬品は全体に、他の六世紀の古墳と大きく異なるところはない。類例のある副葬品が盗掘を免れて一括出土したという感が深い。藤ノ木級の規模の古墳がもつ副葬品の一つの基準となるであろう。

一棺二体埋葬　棺内には二体の埋葬がある。それぞれ北の人、南の人と仮称する。北の人は、二〇歳前後の男性、南の人は性別年齢不詳の大人らしい。人骨の遺存度は、北の人が良く、南の人が悪いが、その原因は銅イオンの作用である。遺体の上に青銅製品が置かれた部分の人骨は保存良好で、置かれていない部分の人骨は消滅している。例えば、刀の下にあった北の人の右手は完存しているが、左手は全く残存していない。つまり、人骨の遺存度から二人の人の埋葬時期の差を考えることはできない。

二人の人は、筒形銅製品の副葬原位置からみても、同時に埋葬されたと考えられる。

北の人と南の人の副葬品を区別することは難しい。帰属の明らかな副葬品は、北の人の頸飾り三連、頭部のガラス玉群、背中のガラス玉群、耳環一対と南の人の頸飾り一連、耳環一対、足玉である。やや確実なものとして北の人の鏡三面、南の人の鏡一面であろう。

他の冠・刀剣・大帯・履などの帰属は不明である。

なお、六世紀の一棺内複数埋葬の例は、奈良県でも当麻町櫟山古墳や茶山古墳にそれぞれ三体埋葬があるなど、必ずしも稀有ではないが、一棺一体埋葬が一般である。

土　器　石室内から完形の須恵器四〇個と土師器一一個が出土した。須恵器の形式はＴＫ43形式で、通説では六世紀第3四半期に当たる。

藤ノ木古墳の須恵器は、新古二つの要素をもつ個体があるが数が少なく、いずれもTK43形式内での差異である。そして、須恵器の新古の差は、古墳の埋葬の時間差を必ずしも示すものではない。それは、奈良県石光山古墳群など、同時に使用されたことが確実な木棺直葬墓に副えられた須恵器群に型式差があることから解るように、消費地では異なる生産時期の須恵器を同時使用している可能性が多いからである。消費地編年の見直しが必要である。

古墳の階層　六世紀の古墳の中で藤ノ木古墳は、どのような階層に位置づけうるであろうか。

①墳丘は、六世紀では大型の円墳である。ただし、前方後円墳ではない。

②横穴式石室は、石室全長で比較すれば奈良県下で一四位であるが、ほぼ同時期の古墳に限れば三～四位とかなり上位にランクしうる。ただし、藤ノ木古墳より大型の横穴式石室は、熊本県大野窟古墳、福岡県宮地獄神社古墳、福井県丸山塚古墳、山梨県姥塚古墳等々、比較的多い。

③馬具Aセット、特に鞍金具は東アジアで類例をみない

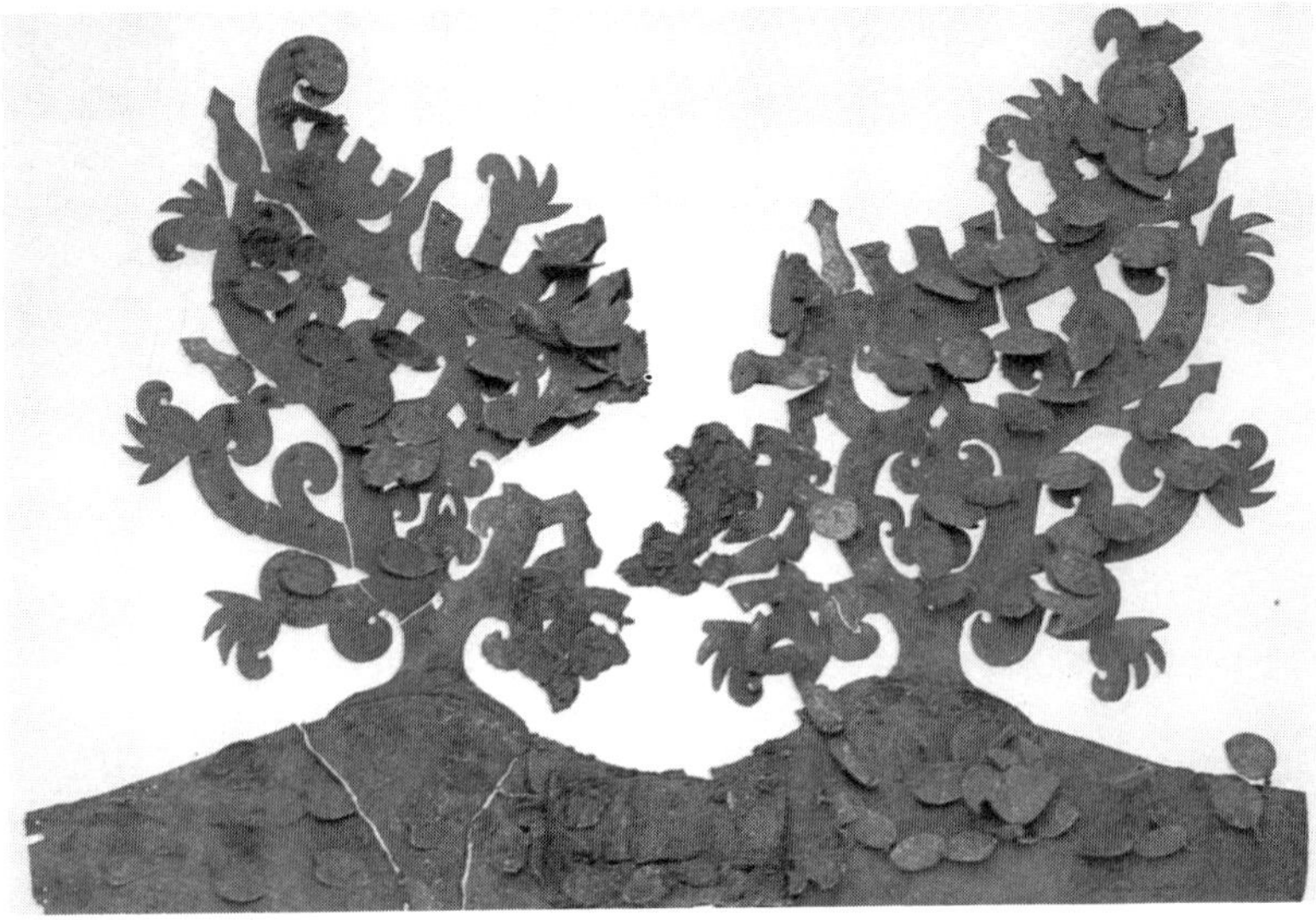

図九－9　金銅製冠

超一級品といいうる。

④冠などの棺内の金工品は、およそ群馬県綿貫観音山古墳や千葉県金鈴塚古墳の一括品に相当する。両者は、それぞれの地域の六世紀の王墓である。ただし、福岡県宮地獄神社古墳の豪華な金冠や大刀にはとても及ばない。

以上を総合すれば、藤ノ木古墳は、上位の墳丘、石室、副葬品をもつが、最上位級ではない。

六世紀の大和における、上位者の文化の一つの基準として、日本列島内の他の古墳文化と比較検討し、さらには朝鮮半島・中国大陸からさらに西方へと文化の淵源を求めうる点に藤ノ木古墳の重要性がある。

2　兵庫県長尾山古墳群

大阪平野西北部の山腹・山麓には数多くの後期古墳がつくられている。平野西部（武庫川以西）には西宮市上ケ原・五ケ山古墳群（横穴式石室、現存一一基）（注1）や芦屋市八十塚古墳群（横穴式石室、現存一八基）（注2）があり、平野北部には長尾山古墳群がある。

長尾山という呼称は、武庫川以東、猪名川以西の東西約八キロの山なみに用いられている。長尾山古墳群とは、この長尾山山域に点在する後期古墳の総称として用いる。従来使用してきた呼称と必ずしも同じではないので、その異同は表九―1の右欄に示した。

1　長尾山古墳群の構成（図九―10・11）

分　布　長尾山古墳群の構成は表九―1のとおりである。消滅墳を含めた古墳の総数は一五一基である。これは二単独墳と八支群に分けることができる。うち四〇基以上からなる支群は平井と雲雀山東尾根であり、二八基の雲雀山西尾根がこれに次ぐ。これら三支群は長尾山古墳群の東半にあって密集地域を形成しているのに対し、西半は二〜六基ずつ散在するものが多く対照的である。

この対照は主体部の構造と対応する。西半の中山寺・阪急山・稲荷神社・庚申塚・山本の各支群は、すべて横穴式石室で石室全長八メートル前後のものがもっとも多い。東半の古墳密集地域にある平井・雲雀山西尾根・同東尾根の各支群は、それぞれ三小支群に分れ、山腹の小支群は小型の横穴式石室と箱式石棺、山麓の小支群は横穴式石室から成るという形態をとる。ただし、同じ東半でも雲雀ケ丘支群と火打古墳は横穴式石室である。

2 雲雀山東尾根支群

長尾山古墳群の分布調査は昭和三二年に一応完了しているが、発掘調査したものは、雲雀山東尾根支群のA・B小支群と雲雀ケ丘A小支群

表九―1 長尾山古墳群の構成

支群	小支群 A	B	C	計	構造	旧称
中山寺				1	横穴式石室	
阪急山				2	〃	
稲荷神社				2	〃	
庚申塚				2	〃 (複室系)	上中筋
山本	1	4(7)	1(2)	6(9)	〃	
平井	12	29	2	43	小横穴式石室	長尾山 A雲雀ケ丘西 B平井 C雲雀ケ丘学園グランド
雲雀山西	16	10	2	28	〃	
雲雀山東	12	23	5(3)	40(3)	小横穴式石室 箱式石棺	雲雀ケ丘東 A雲雀ケ丘ゴルフ場 B精常園 C雲雀ケ丘
雲雀ケ丘	5	4	5	14	横穴式石室	
火打				1	〃	
				139(12)		

注）◦支群、ならびに小支群の群分けは地形（尾根・谷・川）を主とし、古墳主体の構造を従として行った。

◦(　)内の数字は、ききとりによって判明した消滅墳である。なお、現存数は、昭和34年3月当時のものである。

◦旧称とは、主に文化財保護委員会編『全国遺跡地図（兵庫県）』、昭和43年3月、兵庫県教育委員会編『兵庫県遺跡地名表』昭和40年と末永雅雄『日本の古墳』挿図101の10、昭和36年3月で使用している呼称をいう。

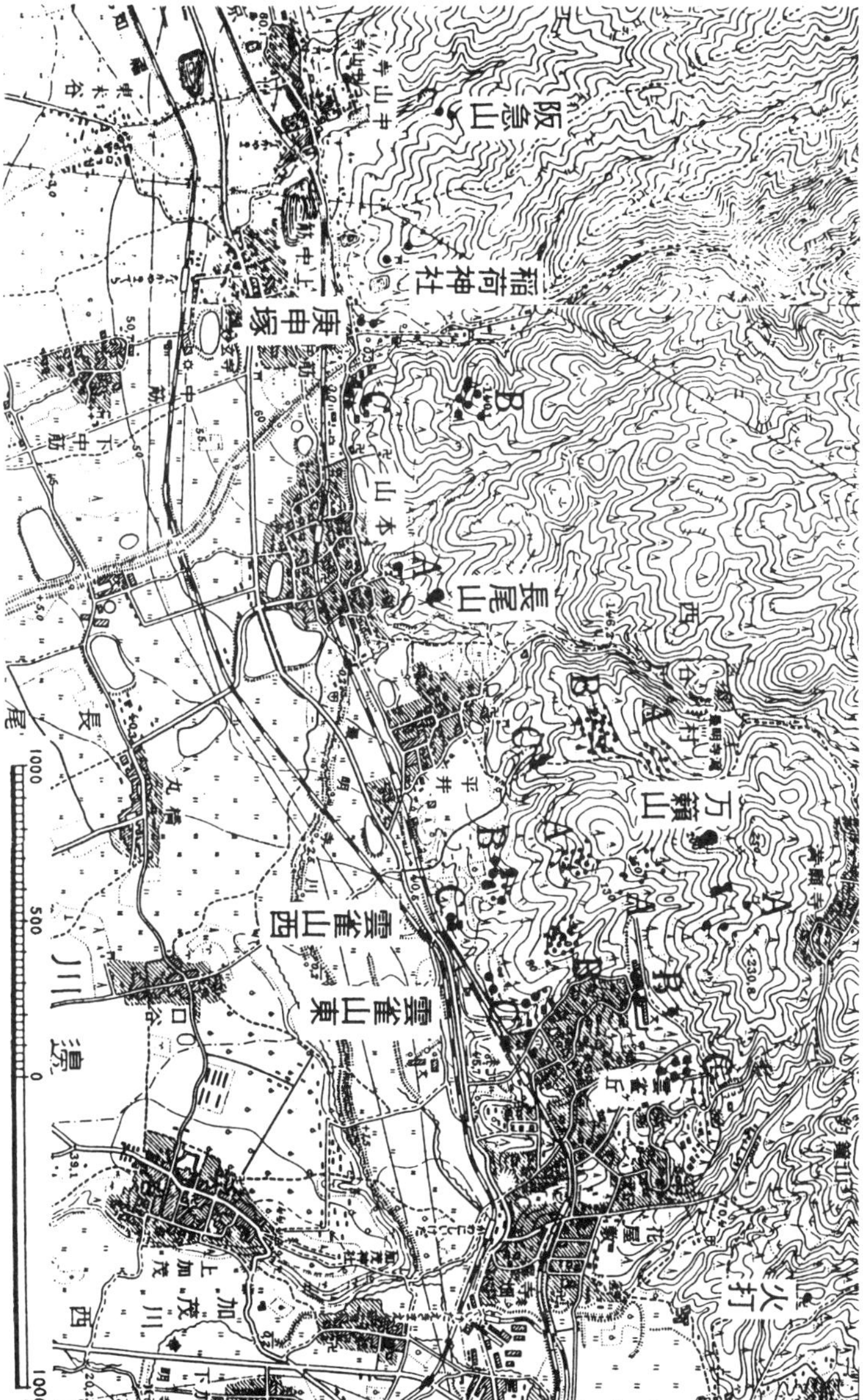

図九—10　長尾山古墳群分布図

だけである。ここでは雲雀山東尾根支群のうち、完掘したB小支群について記述する。

B小支群の調査　調査は昭和三四年八月から九月にかけて行った。B小支群には二三基の古墳があり、平面的には東西四五メートル、南北五五メートルの範囲内に、垂直的には（もっとも高い地点にある古墳と低い地点にある古墳の比高）一二メートルの範囲内にある。

墳　丘（図九―12・表九―2）　調査の前にすでに石室の天井石が露出しているものが多く（一号・四号・一五号墳など）、封土はかなり流失しているものと思われる。図九―12の地形図を見てもわかるように、等高線がわずかに墳丘の輪郭を描き出しているものがあるのと同時に、等高線が明らかに墳丘の上を直線的に走っているほど何らの高まりを見せないものが多い。しかし、これらが、かつては墳丘を構築したであろうことは、一一号・一五号・一九号墳に見られるように墳丘の裾をとりまく外区列石によって墳丘を区画し、明らかに盛土をもっていることによってわかる。

このような条件であるので、墳丘の大きさを計測することは難しいが、相対的な数字としては表九―2に示すとおりである。墳丘直径の最大は一〇メートル（一五号墳）、最小は五・五メートルであり、高さは高いもので一・五メートル、低いものは〇・五メートルにすぎない。

古墳の外形　古墳外形はほとんどが円墳であるが、外区列石の配列から見て方墳の可能性のあるのが一五号墳と一九号墳である。しかし、一五号墳は、石室開口部から両側に各二メートル余列石を積むだけであるので、普通の横穴式石室によく見られるように、羨門部外側だけを直線的に石積みして全形は円形に盛土する方法と同じである可能性があるし、一九号墳は現封土上の片側に明らかに方形に石が配置されているが、石積みはなく、総数五個の石の配置だけから方墳であることをいうのは難しい。

外区列石　外区列石とは、墳丘の周縁部に石垣状に石を積み重ねたり、単に数個の石を一定区画に配列したりしているものを含めてよぶ。いままでいわれてきた墳丘外表施設としての葺石や貼石とも異なるので、外区列石とよび分

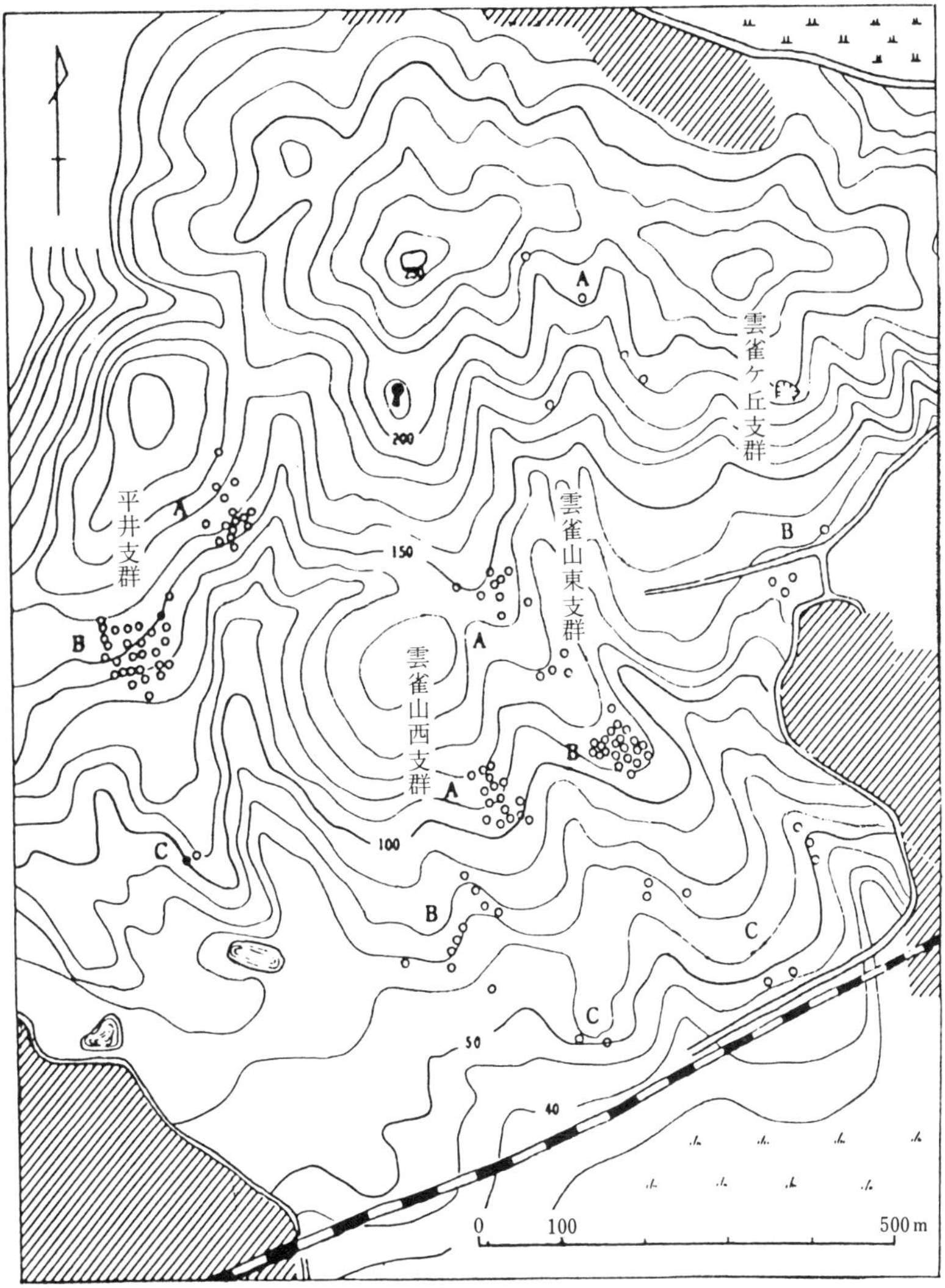

図九−11　平井・雲雀山西・同東・雲雀ケ丘小支群古墳分布図

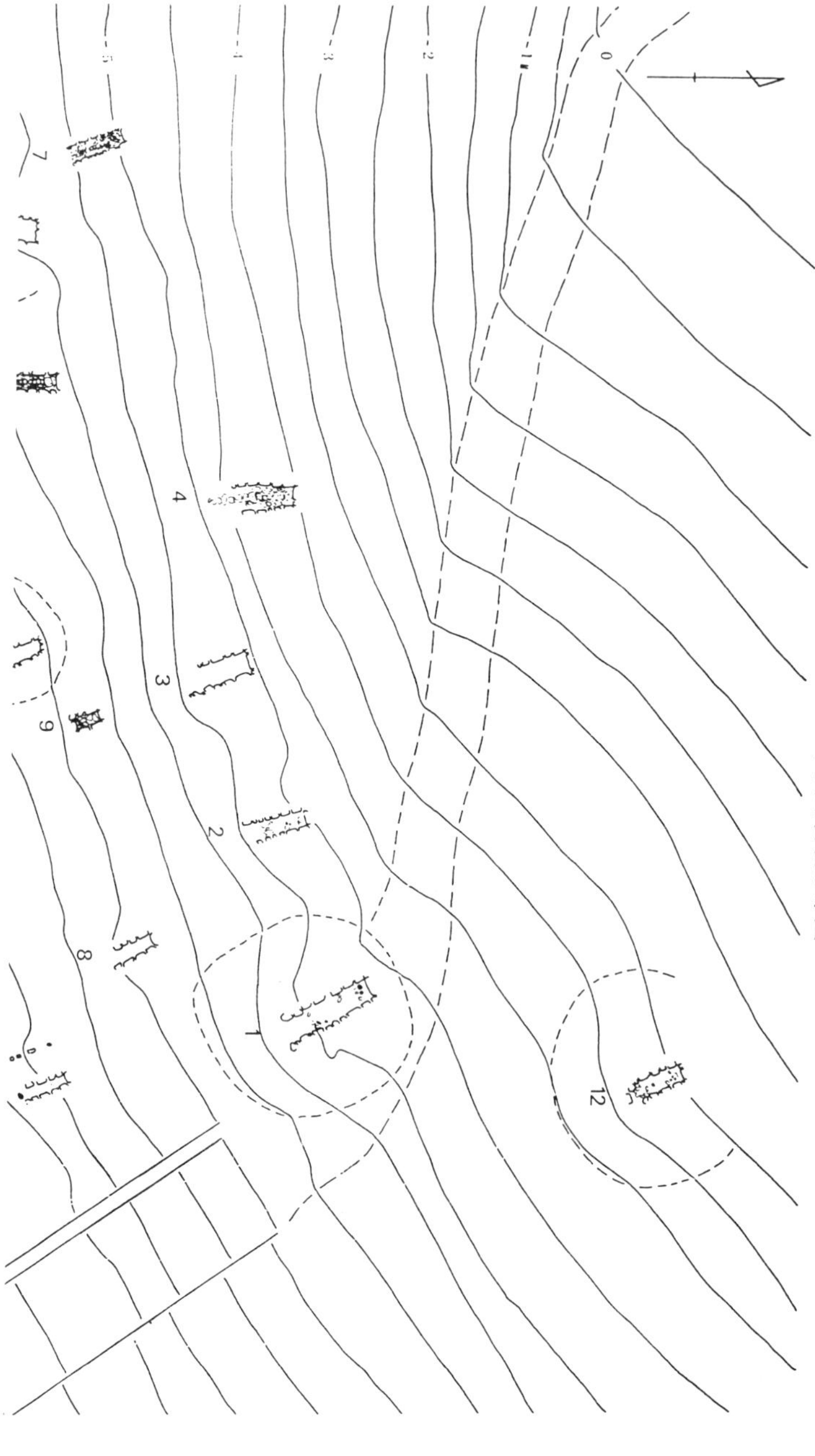

図九－12　雲雀山東・B小支群古墳分布図

14m
13
12
11
10
9
8
7
6
5
6
10
11
13
14
15
16
17
18
19
20
21
22
23
0
20 m
木炭

けることとする。

外区列石の意味は、古墳の主体部を内区、墳丘を外区と考え、これがその外区にある列石であることと、列石が墳域を区画する意義をもつものであろうことにある。

B小支群の外区列石の平面形には円形と方形があり、前述のように古墳外形を規制する（図九―12参照）。外区列石は、二三基のうち九基に付設され、うち六基は円形で三基は方形である。九基の外区列石のうち明瞭なのは一一号墳と一五号墳だけで、痕跡をたどることができるのは一九号墳である。

一五号墳の外区列石は、石室開口部の羨道側壁の石積みと連続して開口部から石室主軸に直角に配列されている。石積みの方法は、地山直上に三〇～四〇センチの大きさの角礫を二段に重ね、開口部から両側にそれぞれ二メートル余つづいている。石室に向って左側の列石に接して、土師器の甕が一個体置かれていた（図九―16）。

一一号墳の外区列石は、石室開口部の延長上一メートル余からはじまり、円形にまわる。開口部延長上のものは二段に積まれているが他は一段で、単に円形に石が置かれている状態である。外区列石の下底は、古墳築造当時の地表面上の可能性がある。

一九号墳の外区列石は、石室開口部の延長上にはなく、石室に向って左側の角から直線上に点々と石が置かれている。石は、封土上面にのっている。

石室の形態（図九―13～17）　二三基の古墳のうち一七基は横穴式石室で、六基は箱式石棺である。横穴式石室はすべてが小型のもので、多くは閉塞施設をもっているので、外観は竪穴式石室に似ている。石室の使用法も、埋葬後石室を開かないという竪穴式石室の方法と同じである可能性がある。

石室の大きさ（図九―13～16、表九―3参照）　横穴式石室の最大のものは、長さ四〇センチ、幅九四～、深さ八八センチ（一号墳）あり、最小は、長さ一八〇センチ、幅五〇センチ、深さ四六センチ（二一号墳）である。箱式石棺は、

表九—2 雲雀山東尾根・B小支群の構成

	石室形態		石室規模			石室開口方位（主軸）			石材使用法		石材種類		石室床面の施設						閉塞施設		天井石	外区列石		墳丘		副葬品
	小横穴式石室	箱式石棺	長さ	幅	深さ	南々東	南	南々西	横積	縦積	割石	自然石	石敷 全面	石敷 部分	排水 全面	排水 部分	木炭敷	棺台	土	石		円形	方形	径	高さ	
1	○		410	94	88	○			○	◦	○										○	○?		8.5	1	土師器皿(玄室奥) 釘26本(玄室)
2	○		260	60	70	○			◦	○	○							○?		○	○	○?		7	1	
3	○		225	98	70	○			○	◦	○	◦												7?	1	須恵平瓶 1 (玄室左袖)
4	○		275	80	62	○			○	○	○			○	○		○			○	○			9?	1.2	
5	○		230	62	70			○	○	◦	○		○		○		○									
6	○		330	95	94			○	○	○	○								○	○	○?	○?		8	1.2	土師器片(表土直下) 須恵器片(羨門外)、釘、鉄滓
7	○		250	60	72	○			◦	○	○		○ 小礫		○					○	○			?	?	刀子 1 (玄室中央)
8	○		190	55	70	○			○	◦	○								○?	○?	○?			7	0.7	須恵器坏、平瓶、長頸壺(羨門) 土師片(羨門)
9		○	105	40	35	○			○	○	○		○											—	—	
10	○		195	56	60	○			○	○奥	○													5.5	0.6	
11	○		380	90	100			○	○	◦	○			○					○	○	○	○		6	1	須恵坏 4 (玄室奥) 高坏、平瓶(玄室右袖)
12	○		230	72	85	○			○	◦奥	○							○?		○		○?		7	1.2	
13		○	120	50	53	○南東			○	○	○							○						8	0.5	
14		○	125	45	46	○			○	◦上	○											○?				
15	○		(400)	(100)	(100)	○			○		○									○?	○		○	10	1.5	土師甕(列石下)
16	○		220	80	94	○			○	◦	○					○		○	○	○	○			9	1.5	須恵器、長頸壺(玄室)
17		○	96	35	35	○			◦	○	○		○								○			8	1	
18	○		300	65	90		○		○	◦	○							○?						7	1.2	土師皿、蓋(玄室右袖)
19	○		200	50	72	○			○		○												○	7	0.7	須恵俵壺(羨門)、高坏(羨門)
20	○		180	30	38			○	◦	○	○	○								○?				—	2体(?)	須恵坏 2 (羨門)
21	○		180	50	46		○		○	○	○	○												—	—	土師甕
22		○	82	46	46	○			○	◦	○						○				○			7?	0.7	
23		○	65	38	43	○南東			◦	○	○						○充満				○?		○?			
	17	6	(単位 cm)			17	2	4	18	10	23		4	2	3	1	3	5	4	10	12	6	3	(単位m)		

幅・深さとも四〇～五〇センチあってほぼ等しいが、長さでは六五センチ（二三号墳）から一二五センチ（一四号墳）まである。

石室の大きさをグラフにあらわしたものが表九―3である。これによると、表九―4のような類別が認められる。これら四つの類型が一支群の中でどのような意味をもつのかは後述する。

石室開口（主軸）方位（図九―12参照）　横穴式石室は開口方位を、箱式石棺は主軸方位の平地側をとって表示したのが、表九―2の1項である。

石室方位が南側（平地側）を向く点ではすべて共通しているが、こまかく見ると、南々東方位をとるものが圧倒的に多くて一七基あり、他は南々西方位が四基、南方位が二基である。尾根の走向は、南々東方位にあるので、大多数の石室は尾根走向に平行してつくられているのに、いくつかは意識的に方位を変えてつくっていることがわかる。

表九―3　雲雀山東尾根・B小支群の石室の大きさ　　＊石室の幅は原則として奥壁の部分で測る

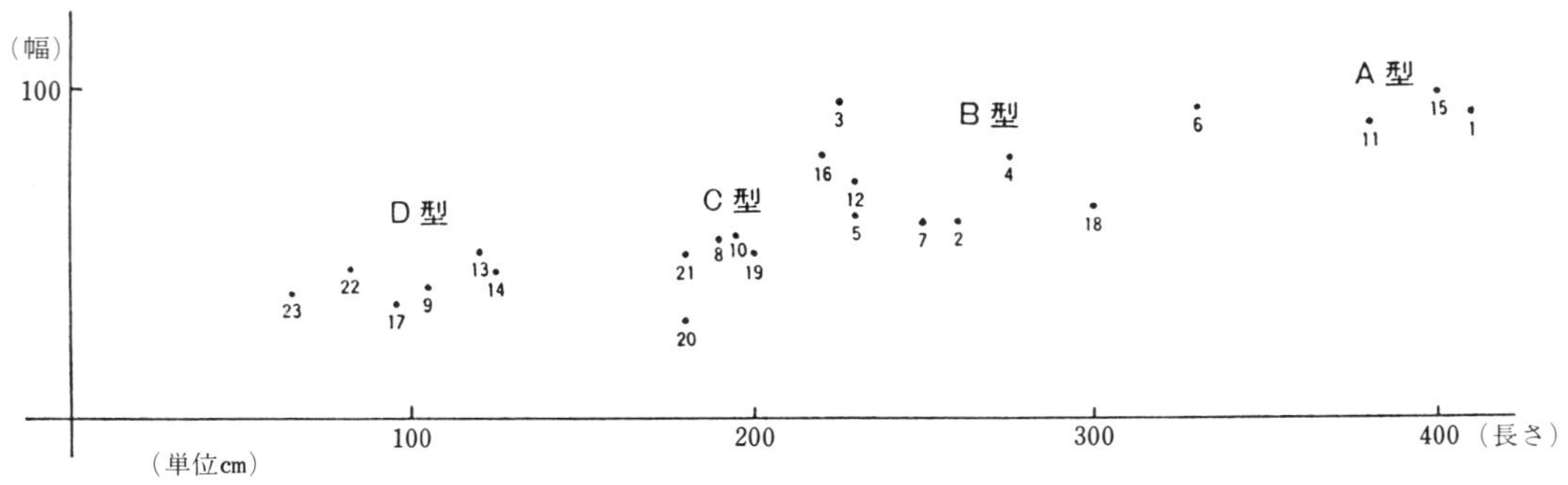

石材使用法（図九―13〜16、表九―2参照）　石材使用法とは、石室の構築に際して石材を横積みしたか縦積みしたかをいう。どの地域でも横穴式石室においては、相対的により古い時期には横積みを、より新しい時期には縦積みを、それぞれ主流としている。二三基の石室のうち、横積みを基調とするものは一一基あり、縦積みを基調とするものは五基、横積みと縦積みが相半ばするものが五基ある。他の二基は横積みだけで構築している。

横積みを基調とするものの多くは、石室床面に接している基底石だけを縦に使用し、上側を横積みしている。横穴式石室で縦積みを基調としているのは、石室長二〇〇センチ前後のもので三〇〇センチをこえるものは含まれない。縦積みを基調とする構築法は、基底石を縦積みし、上側の石を横積みにする。

箱式石棺の構築法は、必ずしも縦積みに限られず横積みを併用している。

石材の種類　ここでいう石材の種類とは石質ではなく、割石・切石・自然石の類別をいう。二三基の石室すべてが割石を主用している。自然石を併用するのは三基（三号・二〇号・二一号）だけである。

石室床面の施設（図九―13〜17、表九―2参照）　石室床面の石敷・木炭敷・棺石・排水施設をまとめる。

石　敷　二三基の石室のうち六基の石室に石敷がある。そのうち石室全面に石を敷くのが四基（五号・七号・九号・一七号）で、玄室相当部分（注3）にだけ石を敷くのが二基（四号・一一号）である。多くは二〇センチ〜三〇センチ大の板石を使用しているが、七号墳だけは五センチ大の小角礫を室に敷きつめている。主体部構造を見ると、横穴式

表九―4　石室規模の類型

	石室形態	大きさ(単位cm)		該当古墳
		長さ	幅	
A型	横穴式	400前後	90〜100	1,11,15,(6)
B型	〃	210〜300	60〜 80	2,4,4,7,12,16,18,(3)
C型	〃	190〜200	45前後	8,10,19,20,21
D型	竪穴式	65〜125	35〜 50	9,13,14,17,22,23

＊　3号墳はB型に、6号墳はA型に含めて考える。

図九—13　雲雀山東・B小支群、石室実測図（1）
（上　1号墳，下　16号墳）

石室が四基、箱式石棺が二基である。石敷墳の分布は、箱式石棺を除くと尾根上方の古墳にかたよっている。

木炭敷　木炭が石室内に入っていた古墳は三基ある。そのうち二基（四号・五号墳）は横穴式石室で石敷をともなうものであり、一基（二三号墳）は箱式石棺で石敷をともなわない。四号・五号墳は石敷上に三センチ～五センチの厚さで木炭があり、二三号墳は石室高四三センチのうち三〇センチ余まで木炭が充満していた。

棺　台　明らかに棺台を付設していたのは二基（一三号・一六号墳）で、他はその可能性があるもの（二号・一二号・一八号）である。棺台は、二〇センチ大の板石を石室床面の四隅に置くだけである。棺台をもつ石室（可能性のあるものも含めて）で、石敷、木炭敷をもつものはない。

排水施設　当小支群では、小石室墳でありながら完備した排水敷設をもつものが四例（四号・五号・七号・一六号）ある。石室の主軸に沿って奥壁から開口部まで一本の溝を掘り、溝上に板石をかぶせたのが三基（四号・五号・七号墳）、同じ手法で石室開口部から外側につくったのが一基（一六号墳）である。前者は石敷と、後者は棺台と併用されている。

閉塞施設　箱式石棺を除く一七基の横穴式石室には、すべて何らかの閉塞施設があったものと思われるが、現存するのは一〇基だけである。石室の閉塞は石と土によって行われる。石だけで塞いでいるのは六基（二号・四号・七号・一二号・一五号・二〇号墳）で、石と土で塞いでいるのは四基（六号・八号・一一号・一六号墳）である。閉塞石四〇センチ～五〇センチ大の自然石を一〇数個用い、閉塞土は開口部の基底に盛土する。

閉塞施設の構築方法には、石室の構築後に行うものと石室の構築と同時に行うものがある。前者は従来指摘されている構築順序であるので、後者の構築順序について記述する。

石室の玄室相当部分の構築が終ってのち、両側壁の延長部分の基底部に土を置き、その土の上に石を数個置いて羨道相当部分の側壁とする。側壁基底部の土は同時に開口部の基底部にも置いて、その上に石を積重ねて閉塞する。この時、閉塞石が玄室相当部分にまで入るものがあるが、それがすべて玄室両側壁の間に入っているので、玄室構築後に閉塞が行われたことがわかる。

天井石　天井石の現存するものは二三基中一一基である。墳丘の保存度合の悪い当小支群で、天井石が現存しないもののうち当初より天井石を構築しなかったものを証明することは難しい。同じ尾根のA小支群の中には（注4）、玄室相当部分の床上一〇センチ～二〇センチに拳大の角礫が密集しているものがあり、石室天井を木板・木枝で覆い、その上に角礫を置いた可能性がある。このような例からB小支群の中にも当初から天井石をもたず、天井板などのものがあったことが考えられる。

副葬品（表九―2参照）　副葬品には須恵器・土師器の土器類

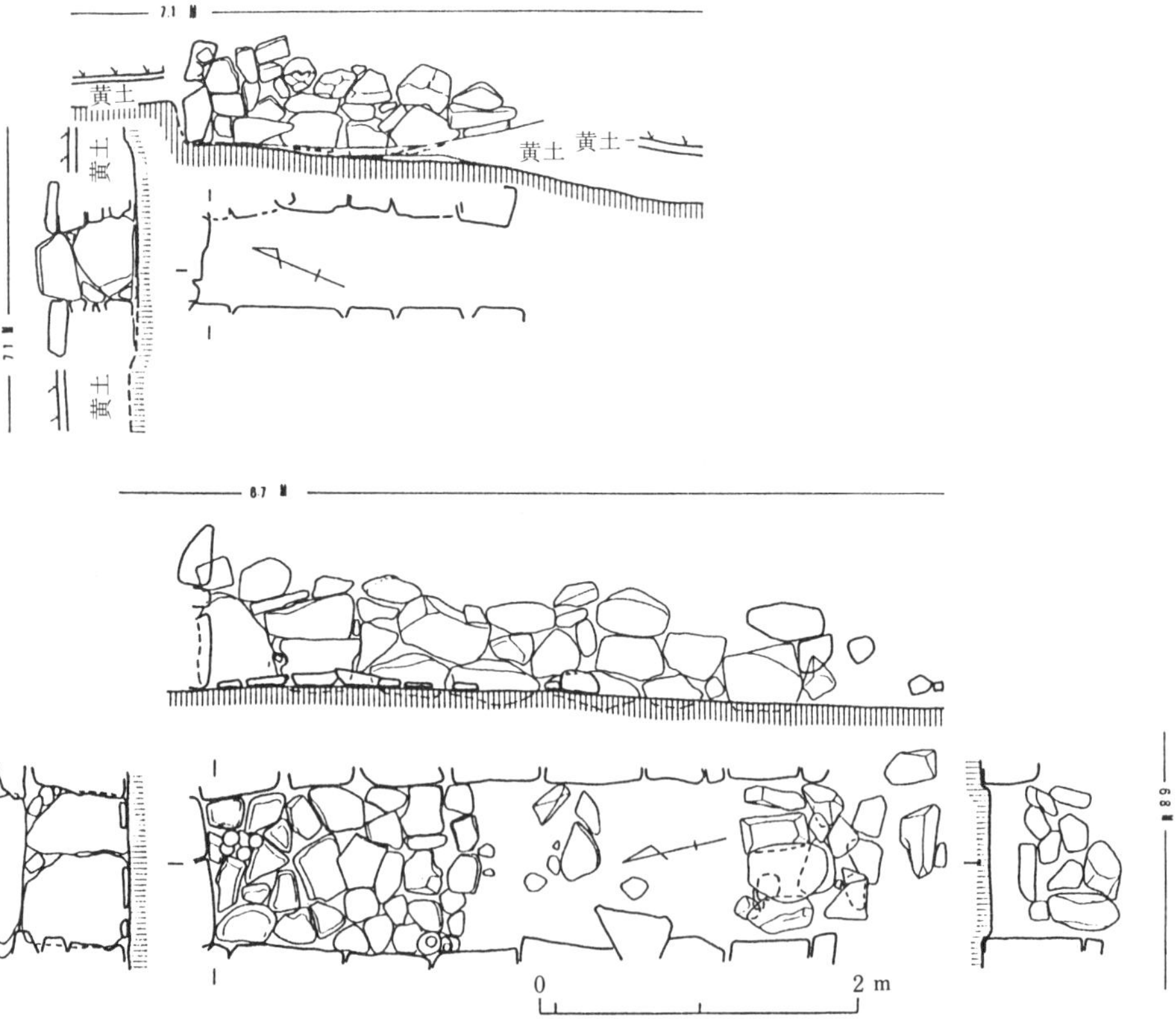

図九―14　雲雀山東・B小支群、石室実測図(2)（上　10号墳，下　11号墳）

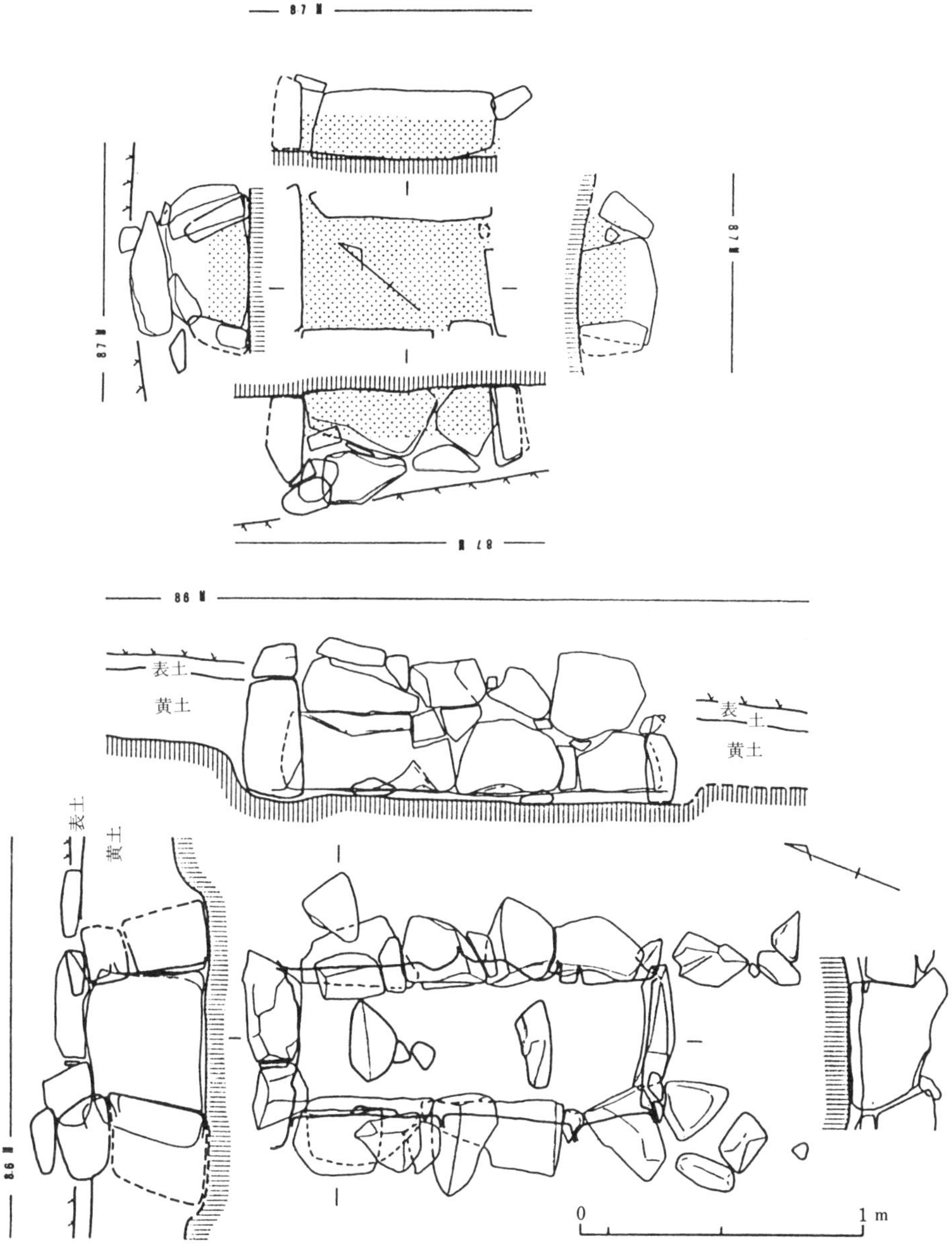

図九－15　雲雀山東・石室実測図(3)（上　23号墳，下　13号墳）

図九—16　雲雀山東・石室写真(1)(数字は号墳を示す)

図九—17　雲雀山東・石室写真(2)（数字は号墳を示す）

と鉄器（刀子）のほか、鉄釘・鉄滓がある。

須恵器（図九―18）　須恵器には坏・高坏・平瓶・長頸壺・俵壺があり、六基の横穴式石室に計一六個副葬されていた。副葬位置は玄室奥、玄室袖相当部分羨門の各部分であって、坏と他の器種の組み合わせがもっとも多い。

土師器　土師器には皿と甕があり、完形品としては三基の横穴式石室に計六個副葬されていた。副葬位置は玄室奥と玄室袖相当部分が多く、他は外区列石下に一個あったほか、羨門や封土直下に破片が散在していた。

鉄製品　鉄製品には、二つの横穴式石室から出土した三〇余本の釘と一本の刀子があるだけである。一号墳の釘は、玄室の奥に近く一二本、前に近く一四本とほぼ同数が分れて出土した。刀子は七号墳の玄室中央部やや右寄りに尖先を南にしてあった。

なお、鉄滓一個が六号墳の羨門（床上八センチ）から検出されている。

出土品の組み合わせ　二三基の石室のうち出土品のあったのは半数の一二基であり、適確に出土品の組み合せ関係を抽出するには不足ではあるが、次のことが指摘できる。

①　完成品の須恵器と土師器は同じ石室に副葬されることはない。（一〇例）

②　釘（を打ちつけた木棺）は須恵器をともなわない。（二例）

③　鉄器（刀子）を副葬する古墳は土器をともなわない。（一例）

①は例数が多いので当小支群の傾向をあらわすものと認めることができるが、②・③は例数が少ないので、はたして埋葬のときにそのことが意識されていたのかどうかはわからない。

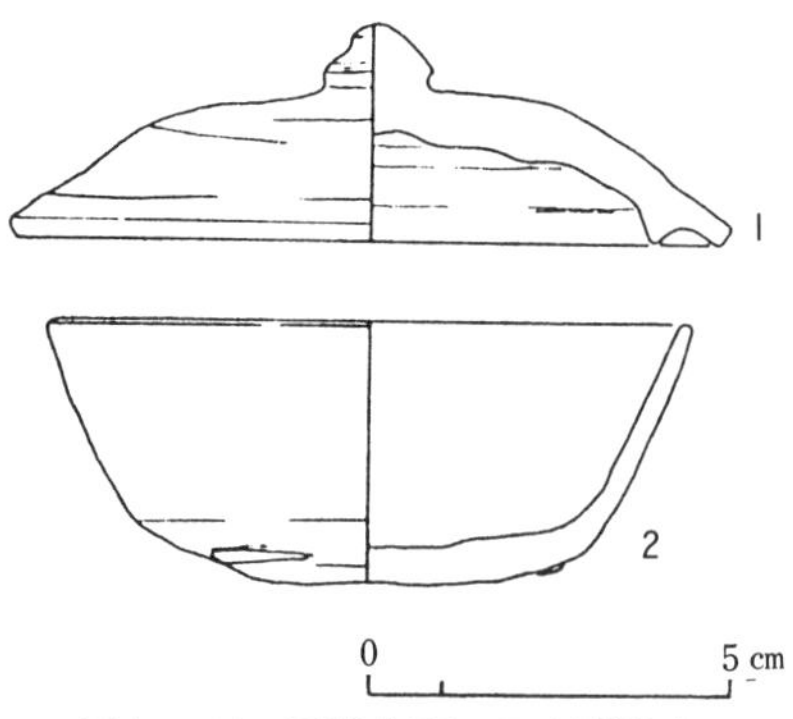

図九―18　雲雀山東・B支群出土須恵器実測図
1．1号墳封土　2．16号墳石室

3　石室の構造と支群構成

石室の構造

長尾山古墳群・雲雀山東支群・B小支群の二三基の石室について、次の点が指摘できた。

a、石室形態には横穴式石室（一七基）と箱式石棺（六基）がある。

b、石室の大きさはA～D四類型に分けることができる（表九―4）。

c、石室開口方位は南々東が多いが、南々西も少数ある。

d、石材は割石を横積みにするものが主流であるが、縦積みを併用するものもあり、時には自然石を使用する。

e、石室の床面に板石を敷くもの（六基）や、木炭を入れるもの（三基）があるが、これらをもたないものは板石四枚で棺台とするもの（五基）がある。

f、排水施設としては、石室主軸の中心線のすべてか一部に溝を掘り、石を積めるものがある（四基）。

g、石室の閉塞は土と石によって行う。

B小支群を構成する単位集団の摘出

B小支群を構成する二三基の石室が同時期に埋葬されたものでなければ、小支群内での石室の個々の分布の仕方や構造の違いは埋葬時期や埋葬集団の違いを示すものであろう。このことを前提として一小支群を構成する単位集団を摘出してみたい。

石室の列状分布　西南西――東北東に走る等高線に沿って、石室はほぼ東西方向の線上に並んで分布する。尾根上方から下方に整理すれば、次のようになる。

第一列　六基（一～四・七・一二号墳）

第二列　六基（五・六・八～一一号墳）

第三列　七基（一三・一四・一九〜二三号墳）

第四列　四基（一五〜一八号墳）

第一列はB小支群内の最上段にあって、横穴式石室だけから成ることを特色とする。列内にはB小支群最長の石室をもつ一号墳を含み、他の石室もすべて石室規模B型（表九―4）で大型石室で占める。このうち四号墳と七号墳は石敷をもち、一二号墳は棺台を備えている。このように比較的すぐれた内容をもつ第一列であるが、外区列石を明確に残していない（一・二・一二号墳は可能性があるが不明瞭）点では他と異なる。なお、第一列の古墳は鉄釘でとめた木棺を使用し（一号墳）、唯一の鉄器（刀子―七号墳）を副葬し、土器は土師器のみで須恵器を含まない。

第二列は五基の横穴式石室と一基の箱式石棺から成る。横穴式石室はA型二基（六号・一一号墳）、B型一基（五号墳）、C型二基（八号・一〇号墳）の各類型を含むことを特色とする。A型の二基は円形の外区列石をもち、B型の一基と箱式石棺（九号墳）は石敷をもつ。副葬品は石室内の須恵器を主とし、羨門には土師器片が散在する。

第三列は第二列と密接し、東群と西群とに分けられる。東群は横穴式石室一基と箱式石棺二基、西群は横穴式石室二基と箱式石棺二基から成る。東群の横穴式石室（一九号墳）は方形の外区列石をもち、箱式石棺は一墳二石室の可能性がある。

西群の横穴式石室はいずれもC型に属していて当小支群内最小の石室であり、箱式石棺もまた、箱式石棺の中での小さい方の二基である。

副葬品としては東群に須恵俵壺（一九号墳）があり、西群には須恵器（坏―二〇号墳）と土師器（甕―二一号墳）がある。

第四列は、三基の横穴式石室と一基の箱式石棺から成る。横穴式石室の大きさはA型（一五号墳）とB型（一六号・一八号墳）に属し、第一〜第三列と離れながら大型の石室をもっている。その上、一五号墳には石室の主軸に直交する直線状の外区列石が、一六号墳には棺台と完備された排水溝がある。また、一七号墳の箱式石棺も石敷をもっている。

副葬品は土器だけで、須恵器（一六号墳）と土師器（一五号・一八号墳）がある。
類別した四列の各群は、それぞれ一つの単位集団をあらわしているものと考える。「単位集団」は、おそらく血縁家族であろう。一血縁家族内の墳丘はおたがいに重なり合い独立墳としての意識が薄い。さらに各血縁家族もそれほど独立的でないことは、各列の墳丘もまた相接していることによって推定できる。
このように四つの家族によって二三基の古墳が築造されたが、各家族は均等ではなく、第一列の家族がもっとも盟主的である。

古墳の年代　長尾山古墳群・雲雀山東尾根支群・B小支群（二三基）の年代は、各古墳に副葬されていた須恵器に型式差がなく、すべて森浩一氏の第四型式前半に属するので、七世紀はじめから中葉にいたる期間に相当する。

3　兵庫県家島群島の後期古墳

1　チンカンドー古墳

チンカンドーという里称の由来は明らかでないが、この名でよばれる遺跡が石棺をともなう横穴式古墳の廃址であることは早くから知られ、家島本島の名所旧跡の一つになっていた。今次の調査はこの遺跡の現状を明らかにし、その旧状を考究するにあった。

古墳の位置と構造

本墳の位置は家島本島の宮部落の東方にあたり、家島湾が深く南に湾入してつくる入江の東にある山（標高一〇三メートル）の南斜面である。入江の最深部から東海岸へ通じる道路を行くこと約五〇〇メートル、火葬場のあるところから左方（北方）へ二〇〇メートルほど登ったところ（標高約四〇メートル）にある。

古墳はこの傾斜地を利用して斜面をけずり、これに直角に横穴式石室を造築したもので、石室の主軸方向は北西から南東に向かっている。付近一帯は開墾されて畑地が階段状につくられている。封土はまったく失なわれ、天井石も残存せず、わずかに玄室の奥壁と側壁の一部をとどめ、玄室の規模の一部を明らかになしうるにすぎない。側壁は西南側（奥壁から入口に向かって右方……以下右壁と記す）が二六〇センチ、東北側（奥壁から入口に向かって左方……以下左壁と記す）が一三〇センチ遺存していて、両壁はほぼ並行し、奥壁部で幅一三六センチ、左壁端で一四二センチを測り、狭長な矩形

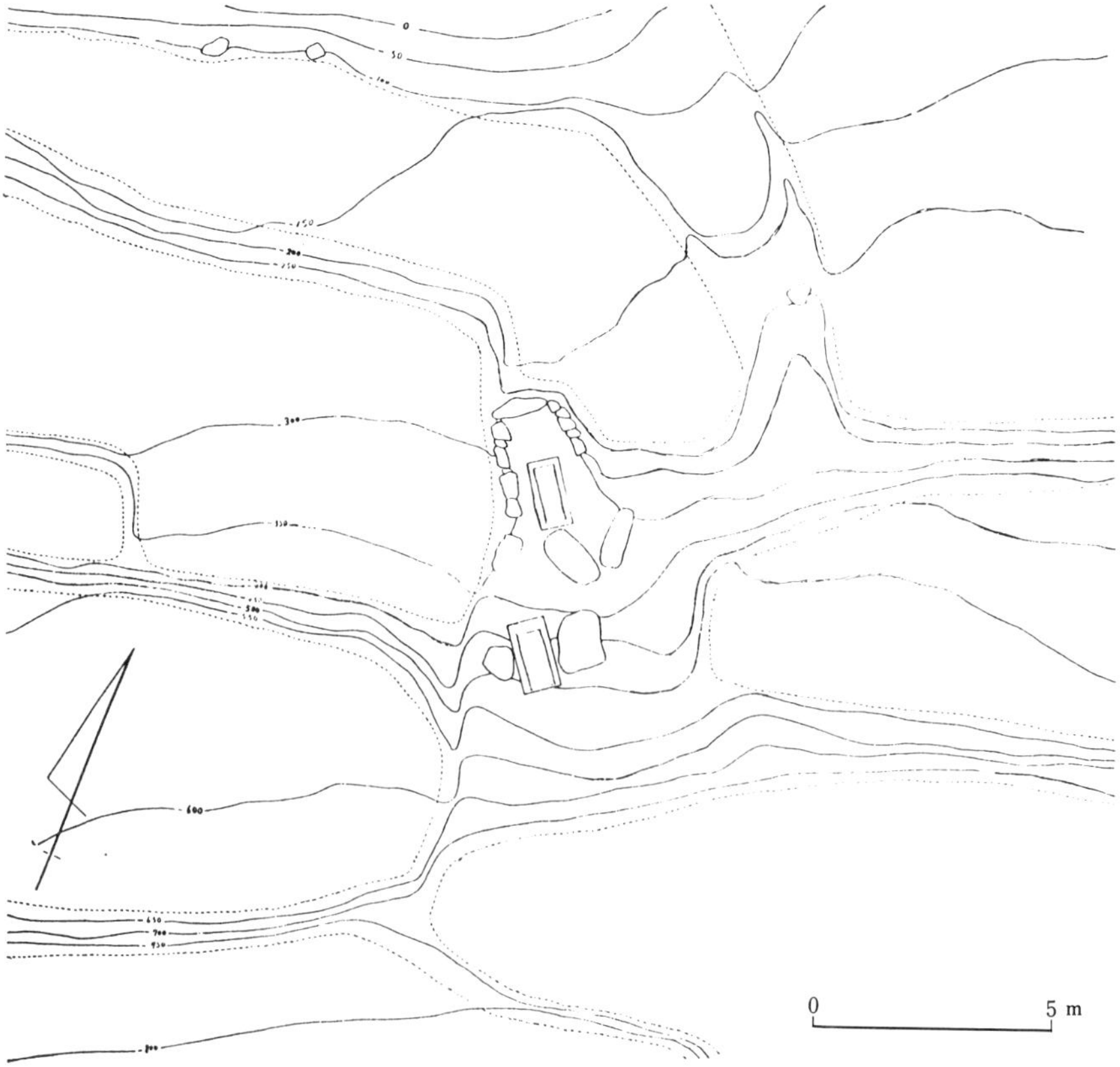

図九—19　チンカンドー古墳所在地地形

の玄室であったことがわかる。奥壁から一二五センチ、両壁から各々二八センチ〜三〇センチの間隔をおいた位置に家形石棺々身が存する。石棺蓋石は前方一五〇センチに放置されてある。いつこのように蓋石が動かされたかは明らかでない。したがって棺身も本来それがすえられてあった位置を保っているか否か不明であるが、石棺位置が正しく両側壁に並行して石室中央に位置しているので、一応そのすえ置かれた面を石室の床面と認め調査をすすめた。この床面からは、石棺と奥壁との間に須恵器蓋坏の蓋の破片を見出したほか、遺物は認められなかった。

奥壁は巨石二個を主として直立する。それに接する両側壁がほぼ同じ高さに頂部をそろえて構築されている状況から推して、旧状を残していると思われる。したがって石室の高さはこの奥壁の床面よりの高さ一三〇センチであり、石棺の総高は九〇センチであるから、蓋石と天井との間隔は四〇センチにすぎないことになる（図九—20実測図上）。

一方、奥壁も側壁もその全体を露わしていないことが注意されるので、石棺を動かして床面下をさぐったところ、約三〇センチ下方に多くの須恵器、土師器が、同じレベルで発見された。しかもこれら土器中には完形品を含み、奥壁から約二〇〇センチ、右壁に接して須恵器蓋坏、土師器坏、皿が群をなしており、また中央より左壁の間に須恵器蓋坏・坏・器台片・土師器皿（図九—22）が散在していた。それらは、副葬された位置を保っているように思える。すなわちここに本墳の最初の床面があったのである。石棺存置の床面は、第二次床面であることが明らかとなった。両床面間の土層は灰褐色粘土層で、第一次床面にいたると暗灰色含レキ粘土層となることも注意された。なおこの土層下をトレンチにて検したところ、淡黄褐色の地山がすぐ現われ、それが前方へ傾斜していることがわかった。石室の構築のため、傾斜地をけずり、暗灰色含レキ粘土で水平床面をつくっているのである。

右の事実が判明した結果、奥壁の高さ（石室高さ）は一六〇センチであること、残存する側壁は基底部において右壁三一〇センチ、左壁二三二センチであることが判明した。石室の長さや羨道部についてはわからないが、地山の傾斜度から推測して、残存する三一〇センチにあまり多くを加えるものではなかろうと思われる。

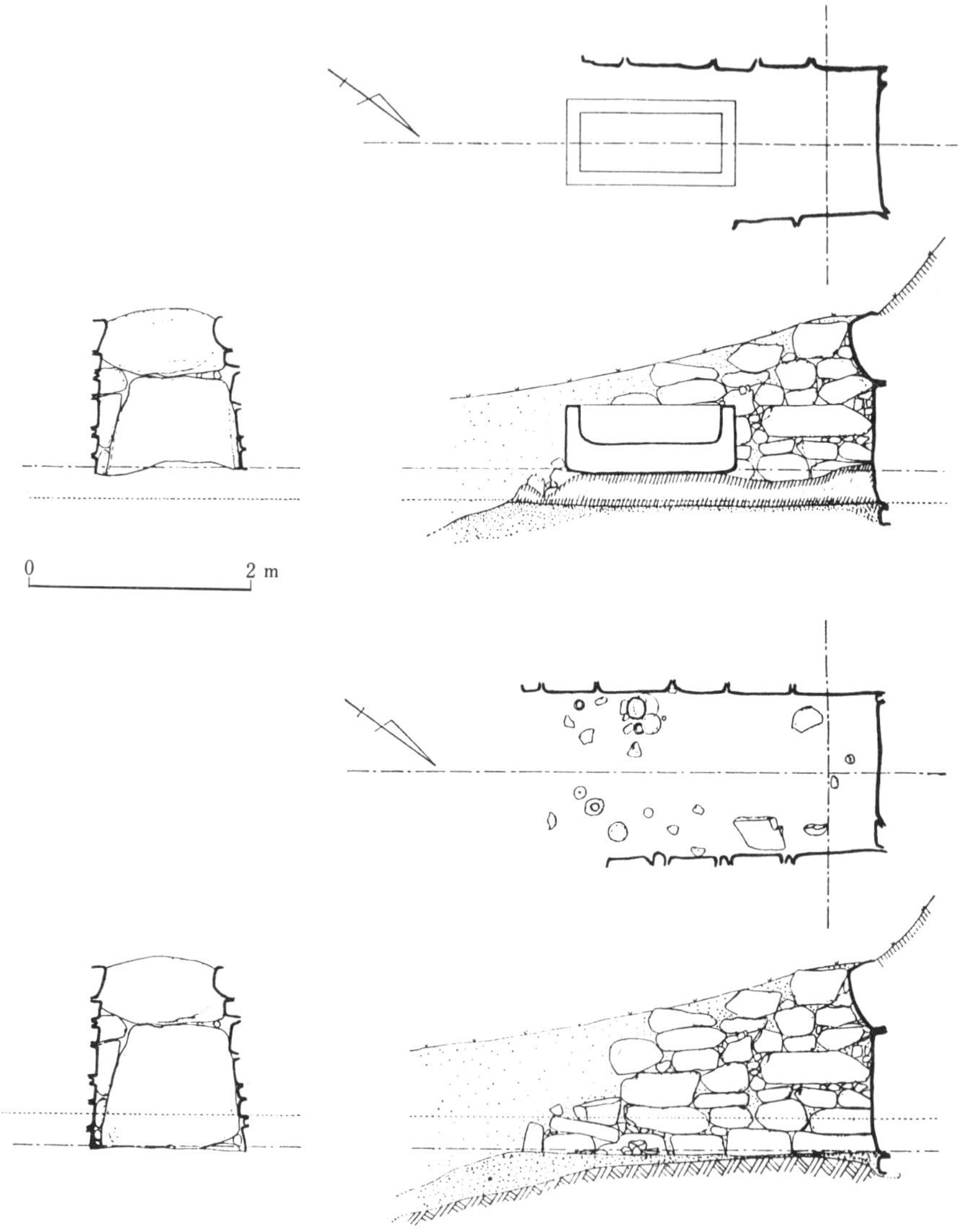

図九—20　チンカンドー古墳石室
（上は石棺存置の状況、下は石棺撤去後の状況）

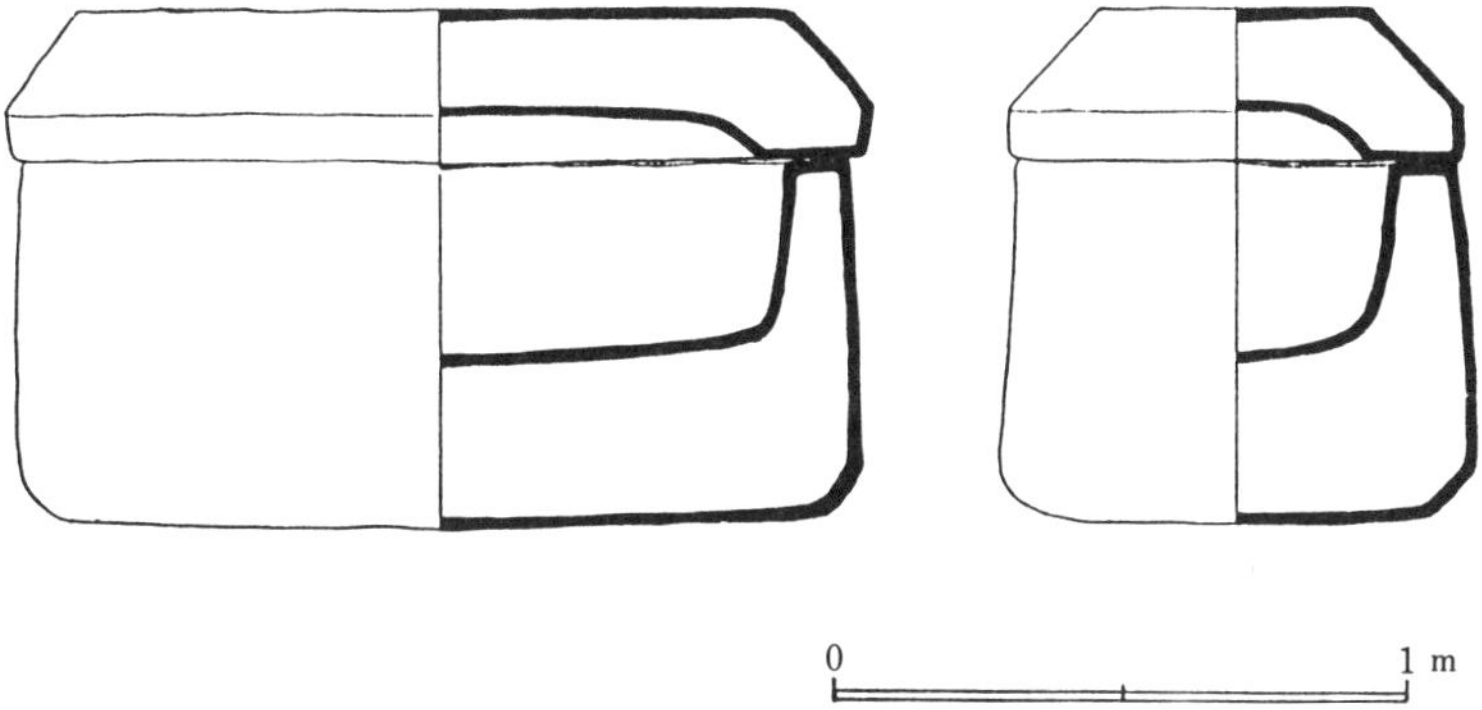

図九－21　チンカンドー古墳石棺

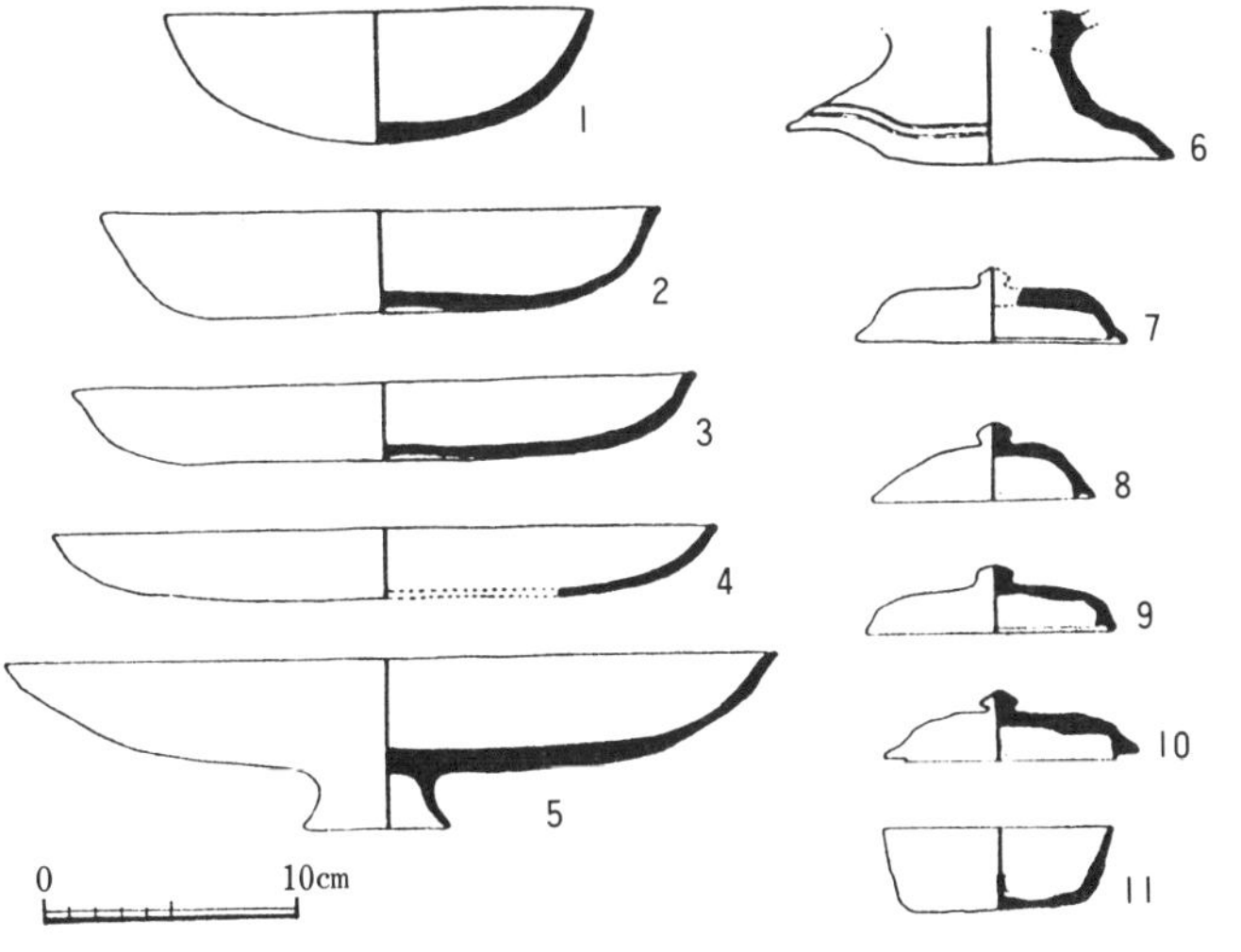

図九－22　チンカンドー古墳出土土器
（1～5土師器，6～11須恵器）

床面が二重になっていることはいかに解すべきであろうか。

本墳が築造され、最初の埋葬が行われた後、石室を再使用するため土を入れて新しい床面をつくり、追葬が行われた。石棺はこの第二次葬のとき安置されたと一応解することができる。その後いつのころにか石室が壊され、石棺も蓋石が動かされ遺棄され、棺内の遺骸・副葬品が失なわれた。こうして第二次埋葬の状況は撹乱されたが、第一次の埋葬床面は保存されたと推定するのである。

しかし石棺を追葬のものとせず、第一次葬のときのものと解することもできる。第一次床面に土器の遺存が検された以外、棺材を徴証するもの（木材片・釘）が見出されず、また副葬品も土器以外見出されなかったことは、この解釈を有力にする。この場合、後代に石棺が何かの事情で一度搬出され、その間に石室床面が土でおおわれ第二次床面ができた後、再び何らかの理由で石棺が石室内に入れられたということになる。

後期古墳において一つの墳丘なり、石室を複次使用することは通例であるから、前者の場合の可能性が多いと思われる。後代に移動した石棺を再び石室に戻す場合はむしろ特例と思われる。棺材関係遺物の見出されないことは必ずしも決定的理由とはならず、また三〇センチの堆土は発掘に際しての観察によれば、自然堆積とは見ることができないことも考慮すべきであろう。

石　棺

石棺はいわゆる家形刳抜式で、石材は男鹿《たんが》島産の流紋岩である。蓋は完全な形をもち、大きさは長さ一五〇センチ、幅七六センチ、高さ二六センチ。内面は幅一八センチの縁をめぐらし、長さ一一五センチ、幅四四センチ、中央での深さ一八センチのくり込みがある。縄掛突起はなく、このことがこの形態の石棺として後期に属することを示している。刳抜棺身は外測幅上端で七六センチ、底に近い部分は作りやや粗で下ぶくれの観があり、幅も八四センチを測る。長さは一四四センチ、高さは六四センチである。内測は幅五三センチ、長さ一二〇センチ、深さ三三センチを測る。

蓋石をのせた総高九〇センチである。

2　ヒシノタイ古墳

男鹿島のヒシノ浜タイに旧状をかなりよく残した横穴式石室古墳が遺存していることは、早くから知られていた。昭和一四年八月二五日、当時兵庫県史蹟名勝天然記念物調査事務嘱託の任にあった中野三令氏が踏査を行って提出した報告書に、次のとおり記されている。

「男鹿島の北側斜面、山麓葡萄畑中に位置しており、丸塚にして石室を有し、南面して開口す。墳の直径、現在約三間許りなるも、封土の表面及び周辺は旧状を存せざるものと認めらる。即ち、封土の表面殊に周辺の底部には花コウ岩の小塊を積みて蔽へり。此は葡萄畑開墾に際して、出土の石塊を此の墳上に捨積したものかと思わる。因みに該古墳は十数年前石工が発見せしものと云う。石室は両袖式なり。前記石工が此石室を発見せし時には、既に石棺は存せず、石室内には唯祝部式土器が存せしのみと。」

今次の家島群島総合学術調査に先立って行われた予備調査において、本墳が右の中野三令氏の調査当時の状態とあまり変化せずに遺存していることが確かめられ、かつ本墳が男鹿島だけでなく家島群島全域において横穴式石室の旧態を遺している唯一の遺構であることが知られた。

古墳の位置と外形

男鹿島の西北にそびえる標高二二〇メートルの大山は、西側においてはけわしい傾斜をもって海に迫り、海岸は絶壁をなしているが、北側斜面はやや緩く、海岸に若干の砂浜(ヒシノ浜)をもっている。本墳はこの大山の北側山麓、標高二八メートル〜二五メートルの斜面に位置する。その地点は、山頂から流れ下って海へ突出している尾根の一つの西側斜面に当たる。この西向きの斜面は果樹園に利用されていて、昭和一四年中野氏調査当時はブドウ園であった

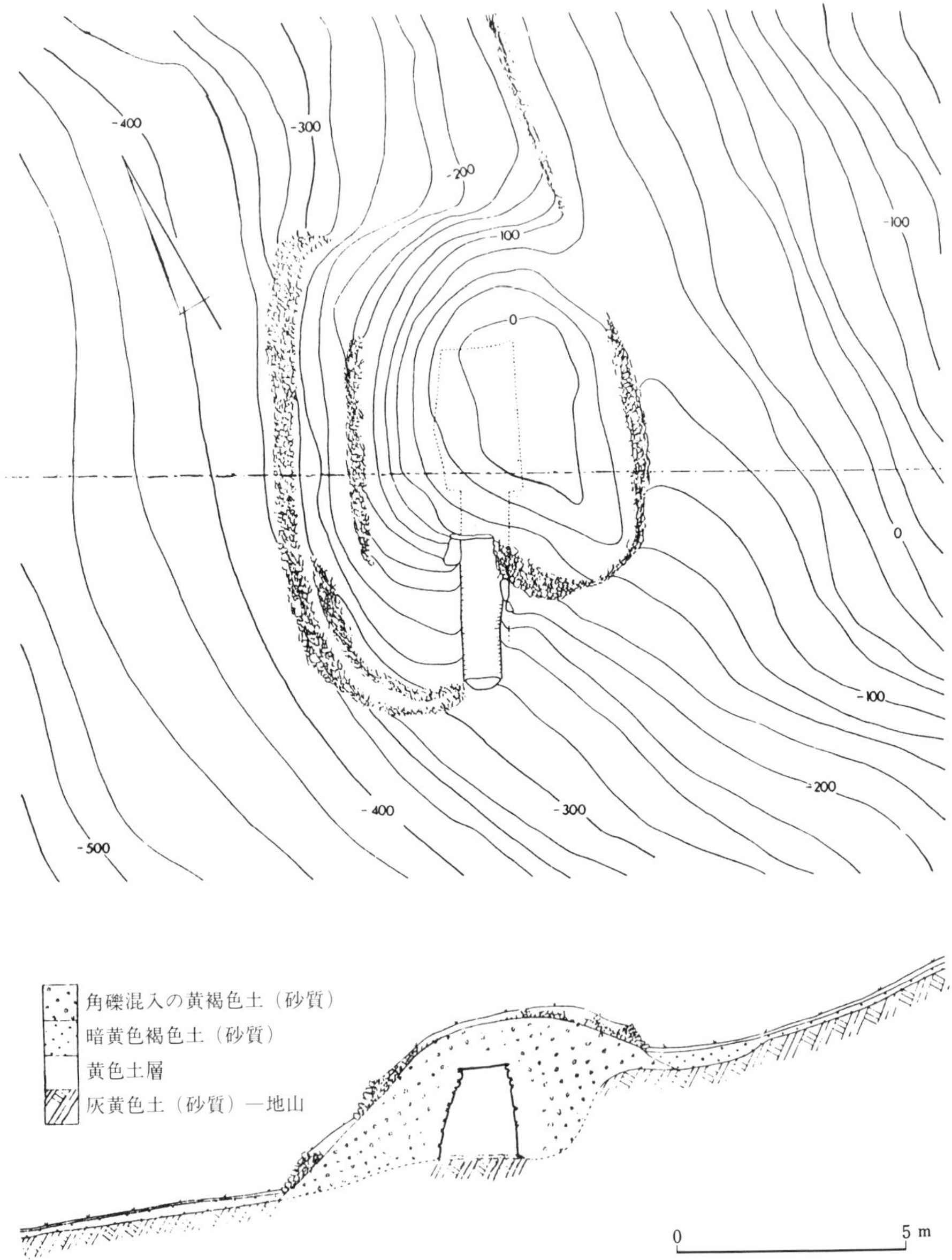

図九—23　ヒシノタイ古墳外形実測図

ことが知られるが、いまは高島天理園の経営地となりナシが栽培されている。眼下にヒシノ浜と海をへだてて家島本島の一部を望むことができ、景勝の地である。

古墳は傾斜にほぼ並行に主軸をおき、南々西に口を開いた横穴式石室を主体としているので、自然封土の外形は傾斜面にそって南北に長く、東西、すなわち傾斜面に直角方向に短い楕円形を示し、南北径の約九メートル、東西の径約七メートルを測る。また封土の高さは東側では〇・七五メートル、西側では三・七五メートルである（図九―23）。

墳丘の中央での断面を測定したところ、玄室床面から、封土頂上まで三・二〇メートル（玄室の高さ二メートル・天井石厚さ三〇センチ・封土の厚さ九〇センチ）であった。墳丘頂部の標高を海水面から測定すると二八・八六メートルであった。墳丘の築成状況を、墳丘の中央から北方へ幅五〇センチ、長さ五メートルのトレンチをつくって検したところ、墳丘周縁から二メートルへだてたところから地山（砂質灰黄色土）が約二・五センチ削られ、封土下約一・二メートルのところから、石室床面に向かって、さらに深く削られていることが分った。すなわち石室築成のため傾斜面に併行に地山を削平し、かつ墳丘の形態を整えるため、傾斜面上方においても地山の削平工作を施しているのである。また現在の封土の上層は花コウ岩角レキであるが、このレキ層は厚さ約二〇センチで、その下層は角レキの若干混入した砂質黄褐色土層で、それが削られた地山に接している。この砂質黄褐色土層が封土であり、現在墳丘をおっている角レキはおそらく果樹園をつくったときに墳上に積みすてたものであろう。

墳丘の周縁に、やや大きい角レキが石垣状に積まれているのも同様な事情により、近時の加工であろう。したがって墳丘の外形はかなり変形させられていると思われる。

内部構造――玄室と羨道――

石室は主軸を南々西から北々東におき、口を南々西方に開いている。玄室はほぼ旧状を保っているが、羨道は天井石二枚を残して他を失ない、側壁の石も多数欠いている。

玄室内には多数の板状の石が散在していた。これらが、あるいは床面に敷かれた石が若干動かされたものではないかと思われたので、注意をひいたが、石の下に腐植土があり、側壁が下方にかなり深くつづいているので外部からもちこまれたか、またははなはだしく撹乱されたものと判断された。そこで石をとり除き漸時掘り下げを行い、二〇～三〇センチ平均に土を除いたところ、黄色土層があらわれ、その面が固くしまっていることが注意され、かつ二枚の平石がこのレベルにおいて奥壁と側壁に接して見出され、石敷きの床面が想定された。この発掘作業中、腐植土中から瓦器、須恵器、土師器の細片が見出された。

右の調査観察により、玄室の床面をほぼ確かめ得たので、そのレベルで羨道部の発掘を行った。羨道部は半ば破壊

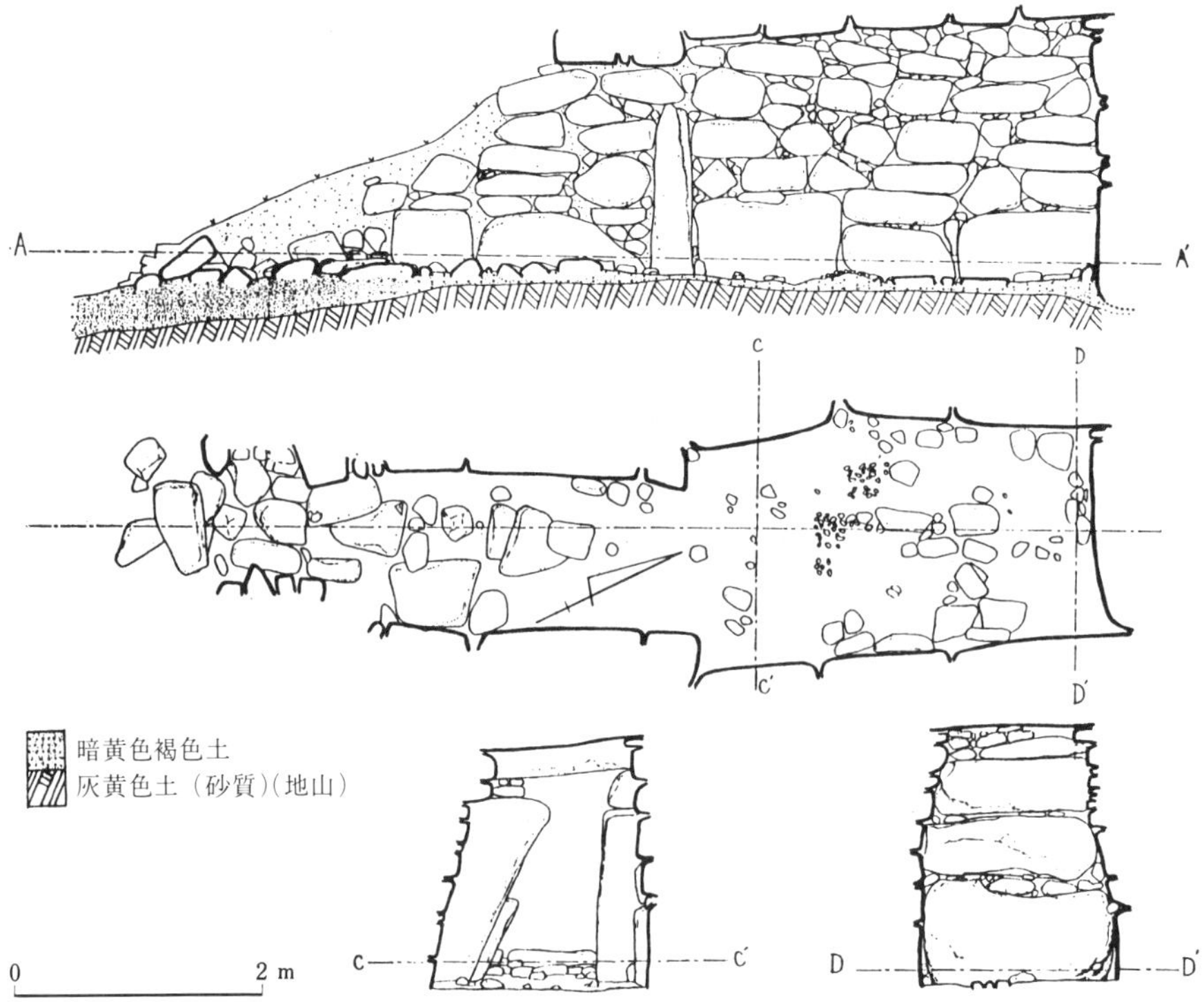

図九―24　ヒシノタイ古墳石室実測図

されているので、崩落している石、土を除去し、床面を追求する作業を行い、その間須恵器片若干を得た。

このような作業によってほぼ旧状を明らかにした石室の形状は実測図に示すように、横穴式石室古墳の類型的な形状を示す。その規模を記すと、玄室は奥行三二〇センチ、南西に口を開く。幅は奥壁部で一六〇センチ、羨道部で一七〇センチをはかる。中央部はややひろく一八五センチである。両壁ともに最下段に三個の巨石を用い、およそ五段に順次大きさを減じて整然たる築成を行っている。ただし右壁（奥から羨道部に向かって右方……以下これにしたがって記す……）は、最下段の石が直線におかれ、また左壁は奥壁に直角でなく、やや左方に開いておかれているので、平面形がすこしひずんでいる。右壁はおおよそ直立するが、左壁は上方をもち送り傾斜し、上端において五五センチもち出されている。したがって、天井部で幅は一〇〇センチにせばめられている。奥壁は巨石三個を用い、その間に若干の小石をはさみ、天井石との間に板状の石をおき、直立する。天井は、ほぼ同じ幅の巨石の面をそろえ、間隙すくなく巧みに架してあり、前方へやや傾いている。床面からの高さ奥壁部で二一〇センチ、羨道部で一八五センチを測る。

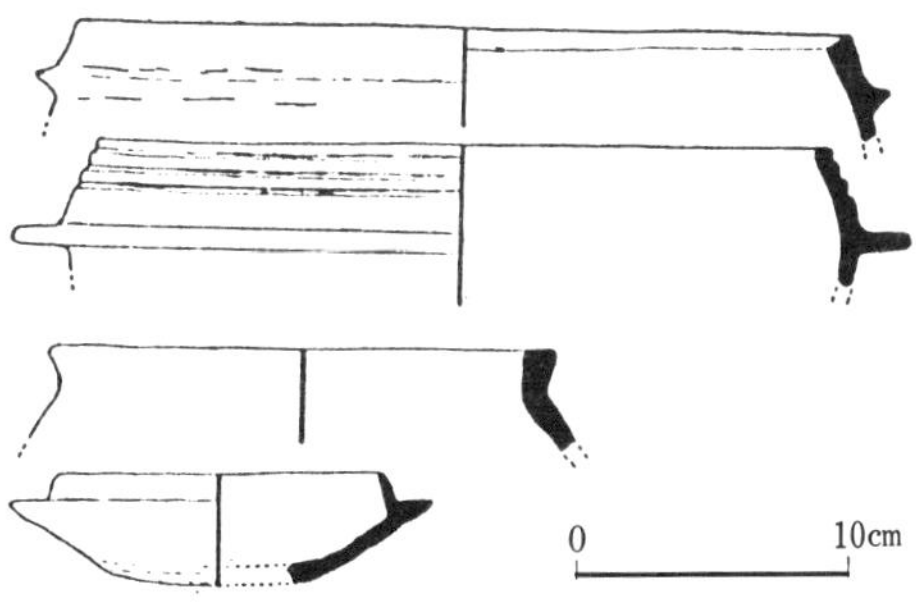

図九—25　ヒシノタイ古墳出土土器実測図

羨道は幅一〇五センチ、いわゆる両袖式で、袖の石は両壁と直角に、それぞれ幅三〇センチもち出してある。かつ両袖石はともに高さ一四〇センチに対し長さ四〇～四五センチで、厚さの均等な石衡立式に立て、玄室と羨道の区画を整えるという工夫がなされていることが注意される。ただしこのため左方の袖石は著しく内側に傾斜し、上端で六〇センチばかり下端から突き出て右壁との間に四五センチを残すにすぎない状態となっている。

羨道部はすでに記したように破壊がひどく旧状を明らかにし難いが、玄室からつづく床面を追求しつつ両側壁の延長をさぐった結果、右側壁は三〇センチ、左側壁は二六〇センチあることがわかった。高さは玄室より二〇センチを減じ一六五センチである。ただしこの高さの壁を残しているのは玄室から一七〇センチばかりの間で、そのうち、玄室から一〇〇センチの間に二枚の天井石が残っているにすぎない。それより前方は漸次壁の高さを減じている。一部は崩落のためであろうが、天井石が失なわれているのは、おそらく、五〇〜七〇センチばかりの間で、それより前方は側壁だけを封土の傾斜に応じて高さを減じつつ、築いていたものと見られる。

4　長野県本郷大塚古墳

本郷大塚古墳は、長野県須坂市日滝に所在する七世紀前〜中頃の古墳である。埋葬施設は横穴式石室で、象嵌大刀や馬具などの優れた副葬品をもつ。報告書『本郷大塚古墳』（須坂市教育委員会、一九九二年）をもとに主要な点を要約する。

(1)　墳丘と横穴式石室

墳丘　径一五〜一六メートルの円墳と推定されているが、墳丘裾がすでに削平されているらしく、確実ではない。

墳丘構築上興味深いのは、墳丘内に塊石が集中する状況である。普通、古墳の墳丘は土か石で構築する。本郷大塚古墳では、「墳丘裾部の追加調査」Bトレンチ（図九―26）によると、横穴式石室の最下段の石＝基底石の底面に接して大きさ三〇センチ前後の石が乱雑に置かれている。層位的には、地山上に墳丘を築くとき、最初に石群を設置したような状況である。石群の範囲は明らかではないが、横穴式石室を中心に設置されたとすると、径約一〇メートルの範囲となる。横穴式石室下に石群を設置する例は、奈良県高取町市尾墓山古墳などにあるが、それとも異なる。

墳丘下に石群を敷設する例はない。したがって、現状では本郷大塚古墳例を拡大解釈することはできないが、今後、横穴式石室の下部構造、ならびに墳丘構築技術の系譜と地域性を検討するための資料として重視したい。

横穴式石室　石室全長八メートル余の片袖式の横穴式石室であるという。ただし、当初は無袖式の横穴式石室で、のちに片袖式に改造したのではないか。『報告書』の「横穴式石室実測図」と本文によると、袖石は側壁（外側壁）の内側に独立して掘り据えられ、羨道西側壁（内側壁）がそれに続く。つまり、羨道の西側壁は二重に造られており、その間には「黄色味をおびた粘土状の土が充満している」（『報告書』一九頁）という。内、外の両側壁の土は、自然堆積土ではなく、充填された土であることを示す。

また、玄室の「敷石面の上には十七センチメートル前後の河原石を含む黒色の土が薄く敷かれ床面がもうけられて」おり、「中央部には幅一・三メートル、長さ二・七メートルにわたって粘土がたたきしめてあり、いくぶん高く

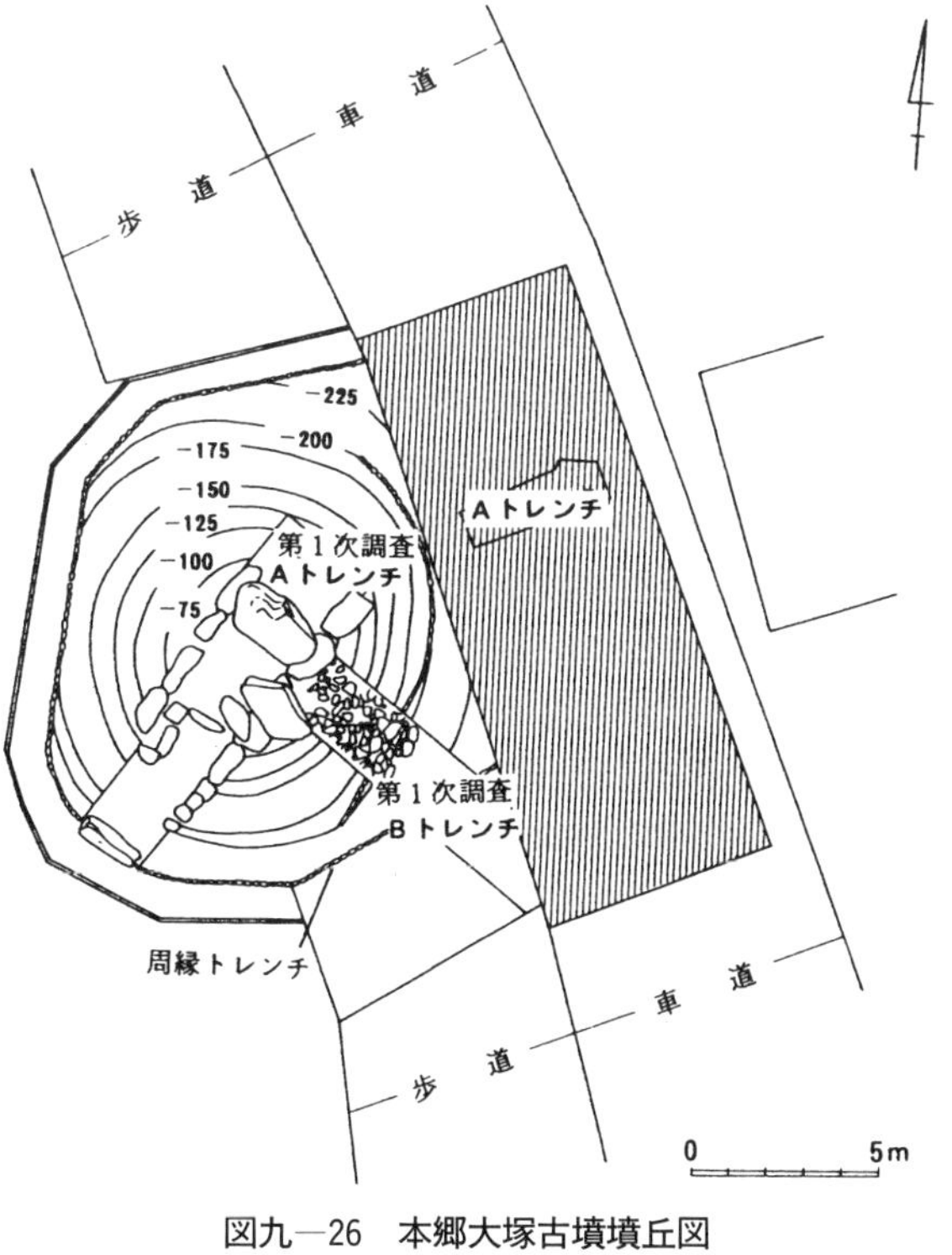

図九―26　本郷大塚古墳墳丘図

なっている」という。粘土敷の位置は、玄室の中央部で、石室の長軸に平行しており、棺床と呼ぶのにふさわしい。

第一次・第二次床面　袖石が二重で内側壁が後補されていること、玄室床面が二重になっていることから、追葬時の改造が推定できる。このような例は、兵庫県家島町チンカンドー古墳や奈良県桜井市外鎌山古墳群竜谷八号墳などにある。

チンカンドー古墳は、家形石棺を持つ横穴式石室であるが、石棺は第一次床面より上三〇センチに作られた第二次床面上にある（注5）。一次葬は木棺で、二次葬が石棺と考えられる。竜谷八号墳は、玄室の床面を版築状に叩きしめ、約三〇センチ上に第二次床面を作っている（注6）。

(2)　副葬品の出土状況と数量から見た被葬者の数

被葬者の数　装身具、馬具、武器などの副葬品の出土状況は図九—27にある。副葬品は、追葬時の移動と近年の乱掘時の移動があるようで原位置を保つものとの区別は難しい。玄室東側中央部に接して、一〇振の鉄刀がほぼ切先を南にしてまとめて置かれているのは、粘土床上の棺に対応するものと思われる。ただし、粘土床は整地土上の最上層であり、この段階に、それ以前に副葬されていた鉄刀がまとめられた可能性もあり、一被葬者で一〇振の鉄刀ということではない。

被葬者数については泉森皎氏が興味深い推定をしている（注7）。石室内の耳環には大・中・小の別があり、大が二対、中が三対、小が二対の計七対あることから、一人が一対を副葬、あるいは着装したとすれば七人の埋葬が推定できる。さらに八セット以上の馬具と一七振の鉄刀は、一人当り馬具一セットと鉄刀二振を副葬したと類推できる。泉森氏自身も条件を付しているように、耳環は一人で複数もつ場合もあり、その数を基準に単純に被葬者数を割り出すことは危険である。しかし、本郷大塚古墳の場合は、馬具のセット数と鉄刀の倍数と対応しており、その蓋然性は

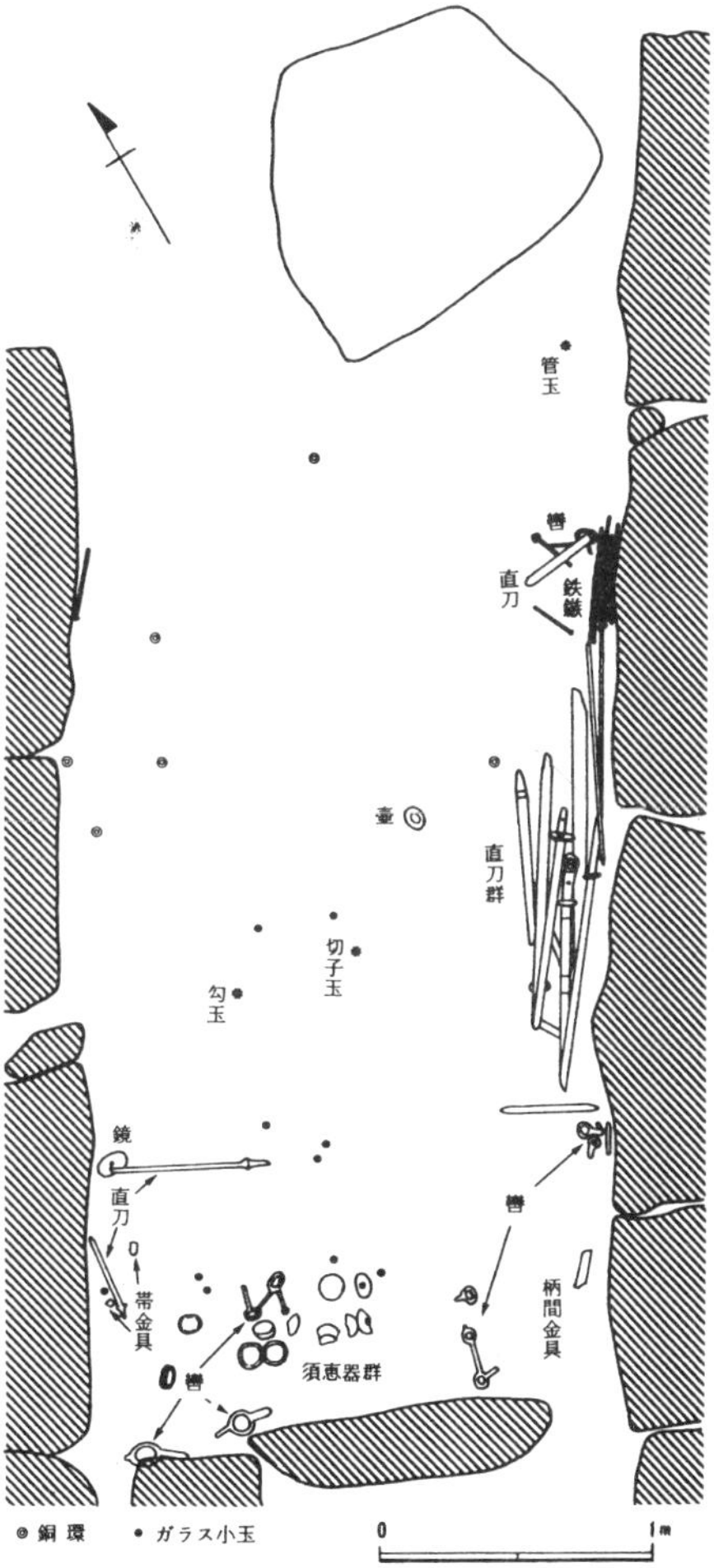

図九―27　本郷大塚古墳横穴式石室遺物出土状況

高いと思われる。

藤ノ木古墳との比較　奈良県斑鳩町藤ノ木古墳の場合、未盗掘の一石棺内に二人の被葬者が同時に埋葬され、棺内に耳環二対、刀五振、剣一振などがあり、棺外に馬具三セットが副葬されていた（注8）。一人当り、耳環一対、刀剣二〜三振、馬具一セットという対応は本郷大塚古墳と等しい。つまり、本郷大塚古墳の被葬者数の推定に一つの根拠を与えることとなる。

(3) 象嵌大刀と被葬者像

本郷大塚古墳からは古墳の性格を物語る数多くの副葬品が出土している。その中から被葬者の階層性を示す象嵌大刀について、西山要一氏の検討（『報告書』）をもとに要約しておきたい。

銘文大刀　五世紀後半から六世紀前半に盛行した銘文大刀は、著名な熊本県菊水町江田船山古墳や埼玉県行田市埼玉稲荷山古墳などのように、律令国制単位に相当する地域を代表する古墳被葬者の所持品である場合と兵庫県八鹿町箕谷古墳や千葉県市原市稲荷台一号墳のように郡単位の郡集墳内小古墳被葬者の所持品である場合とに分れる。とくに、プレ律令期とも言える六世紀の銘文大刀の場合には、刻まれる銘文の内容によって被葬者の階層が明瞭に表示されたであろう。その契機は、ワカタケル大王（雄略天皇）の頃に萌芽することを江田船山、埼玉稲荷山の両古墳の銘文大刀が教えている。

文様大刀　銘文大刀のあと、六世紀から七世紀にかけて盛んに製作された文様大刀は、九州から東北までの広い範囲に分布し、その数は二〇〇振をこえる。文様が施される部位は、把頭、鍔、鎺、責金具から刀身に及び、刀の種類は円頭、方頭、圭頭、環頭、頭椎など多くに施される。文様の種類は、竜、虎、鳥などの瑞獣、瑞鳥とその抽象化したものと亀甲文をはじめ羽状文、鱗状文、渦巻文、円形文、花形文、火焔状文、心葉形文などの図形がある。

象嵌文様の種類と類例　本郷大塚古墳からは一振の文様大刀が出土している。円頭大刀の把頭に羽状文を、鍔と鎺責金具に火焔状文や円形文が施されている（図九―28・29）。把頭の羽状文の類例は、長野県の二例（湯谷一号墳、釜石古墳）をはじめ、京都府京丹後市湯舟坂古墳や兵庫県日高町盾縫古墳など中・西部の日本海沿岸に広がる。文様としては同系統の鱗状文をもつ把頭は、茨城県大洋村常陸梶山古墳や福島県いわき市中田横穴一号墓など中・北部の太平洋沿岸に広がっている。鍔と鎺、責金具の火焔状文や円形文は、群馬、栃木、福島各県の東国と静岡、愛知両県の東海の各古墳にある。

文様大刀の二つの流れ　本郷大塚古墳の文様大刀は、日本海中・西部の古墳と結びつく傾向がある。羽状文と関東、東海の古墳と関連するらしい火焔状文を合せもつ点で特異である。ただし、本郷大塚古墳の被葬者が両地域を連携す

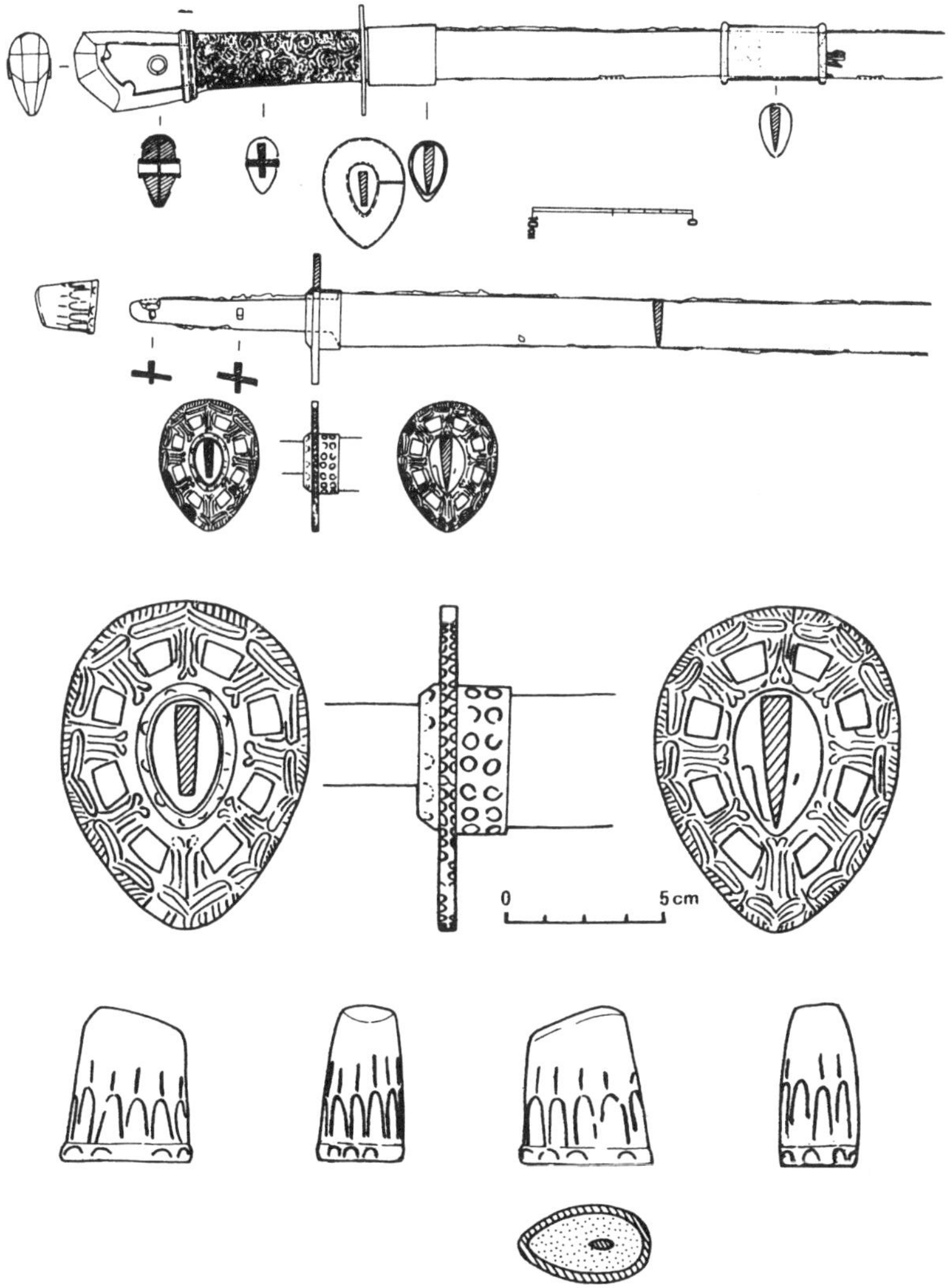

図九―28　本郷大塚古墳出土銀象嵌鍔・
銀象嵌円頭大刀柄頭実測図

図九—29　本郷大塚古墳出土銀象嵌円頭大刀の細部（鉏・鍔の銀象嵌文様）
（日滝史蹟保存会提供）

る役割をはたしていたと考えるには資料不足であり、今後の課題である。

本郷大塚古墳を中心に考えれば、六、七世紀の須坂の豪族は、常に毛野、常陸など東国との関係を保持し続けていた。その上で、時によっては丹後、但馬とあるいは駿河、尾張との連携を強めつつ、大和と対峙していた、ということになる。

本郷大塚古墳の被葬者像を考える上で、もう一つ重要なことは、八セットの馬具すべてが実用品であるという点であろう。さきに、被葬者数を復原とするために藤ノ木古墳を例としたが、馬具について比較すると藤ノ木古墳の馬具三セットはすべて飾馬具で、使用したとしても儀式に際してであったろう。実用馬具だけを副葬しつづけた本郷大塚古墳の被葬者は実用の馬に関係ある職掌の人物となろう。歴代騎馬の武人であれば、横穴式石室の規模からみて金銅装馬具があってもよいように思われる。それが欠けている点で馬に係わる職掌＝信濃の牧が浮かぶ。近年、群馬県子持村黒井峯遺跡で、六世紀の牧跡が発掘された。さらに、大阪府四条畷市奈良井遺跡などには、五世紀後半の馬飼集団の存在が検証されつつある（注9）。

先進文化をになう馬の飼育が、河内では五世紀にはじまり、関東でも六世紀にはじまっているので信濃でも六世紀には十分に可能性が考えられる。そのような中で、本郷大塚古墳の被葬者は、牧の長を務めたか、あるいは郷の長を務める階層と職掌を想定しうる。それによって、圭頭大刀・象嵌大刀と馬具を含む一七振の大刀をもつ被葬者群を輩出したのであろう。

注

（1）　武藤　誠「考古学上から見た古代の西宮地方」（『西宮市史』第一巻所収）一九五九年
　　　武藤　誠「五ケ山古墳群第一号墳・同第二号墳・関西学院構内古墳・上ケ原入組野古墳」（『西宮市史』第七巻所収）一九六七年

（2）村川行弘『八十塚古墳群』芦屋市教育委員会　一九六六年
藤岡　弘『八十塚E号墳発掘調査報告』芦屋市教育委員会　一九六七年
（3）雲雀山東尾根・B小支群では、玄室と羨道を平面形で区別できるものはないが、側壁の構築の仕方の違い、石敷の部分的使用、棺台の配置などからその区別が意識されているものが多い。ここでいう「相当部分」とは、玄室・羨道として意識されている部分をいう。
（4）昭和三二年、石野調査。
（5）本書第九章3参照
（6）関川尚功「竜谷八号墳」『桜井市外鎌山北麓古墳群』橿原考古学研究所　一九七八年
（7）泉森　皎編『須坂の古墳文化を語る』一〇六頁、日滝史蹟保存会・須坂市教育委員会　一九八五年
（8）橿原考古学研究所編『奈良県藤ノ木古墳調査概報』吉川弘文館　一九九一年
（9）瀬川芳則「馬飼集団の神まつり」（『古墳時代の研究』三　雄山閣出版）一九九一年

第十章　古墳の終末

六世紀には、古墳は首長権継承儀礼の場ではなくなった。したがって、墓地で首長権継承儀礼を行っている時代を古墳時代とよぶのであれば、六世紀は古墳時代とはよべない（第二章）。古墳時代の墓を古墳とよぶのであれば、古墳はもはや六世紀には存在しない。

本章で扱う「古墳の終末」は、上記の私見から離れて、一般的にいう「古墳」の終末を検討しようとするものである。

1　終末期古墳の研究

昭和四七年に奈良県高松塚古墳が検出されてから、古墳の終末期が注目を集め、研究が進展した。

それより早く、森浩一氏は、「葬法の変遷よりみた古墳の終末」（注1）を論じ、さらに「古墳時代後期以降の埋葬地と葬地―古墳終末への遡及的試論として」（注2）によって展望をひらかれた。終末期古墳という用語は、早い時期に斎藤忠氏が提唱されているが、はじめて真正面から取り扱ったのが森氏の両論文である。森氏は古墳終末の要因として「土地制度の変革が各氏族の墓地の整理をうながした」（注3）ことを指摘された。後者の論文の補訂版によって、森氏の終末期古墳の区分を引用すれば、次のとおりである。「古墳時代後期とは大勢として群集墳の形成（造墓活動）の終る――七世紀初頭前後」までであり、「それ以降は終末期と総称するが、内容的に」は、「一部の群集墳（平尾山型）の形成期、多くの群集墳の追葬期である――終末前期」と「小型化した横穴式石室や横口式石槨が採用されるようになり、かつての群集墳は利用されることもまれで凍結された形」になる「終末後期」に二分できる（注4）。

他方、白石太一郎氏は畿内の後期大型群集墳の分析を通じて、その消滅に時期差があること、例えば「河内の場合、高安千塚が五世紀末期ないし六世紀初頭には成立、そして六世紀末で消滅してしまったのに対し、平尾山千塚はこれよりやや遅れて六世紀前半にその形成を開始、七世紀の後半まで存続するという事実」を指摘され（注5）、水野正好氏も群集墳消滅の二つの画期を「推古朝喪葬令」・大化喪葬令との関連で説いておられる（注6）。

高松塚以後、秋山日出雄（注7）、網干善教（注8）、猪熊兼勝（注9）各氏らによって研究が積み重ねられたが、昭和五七年の白石太一郎氏による「畿内における古墳の終末」（注10）は現時点での成果を集約したものということができる。

白石氏は、「畿内の群集墳をその消滅のあり方から分類すると、七世紀初頭から第1四半期で古墳の築造が終ってしまう高安型と、七世紀の中葉すぎから第3四半期の前半頃まで古墳の築造が続けられる平尾山型、さらに墳丘をもつ古墳の築造は七世紀の第3四半期の前半頃で終るか、それ以後も無墳丘ないしはこれに近いもので退化型式の横穴式石室や箱式石棺が続けて築造される長尾山型の三つの類型が設定できる」（注11）。そして、「支配者層墓の変質過程における第一の画期は、六世紀末葉と想定される前方後円墳の否定と大型方・円墳の採用であり、第二の画期は七世紀中葉における大王陵の八角墳化であり、第三の画期は七世紀の後半における豪族の古墳の消滅ないし衰退の現象である」。第一の画期は「開明的な立場をとっていた蘇我氏の主導のもとになされ、――第二の大王陵の八角墳化は大王家が畿内豪族の中におけるその地位の隔絶化を志向したもの」であるが、それを明確に示すのは「壬申の乱による大王権力の伸長」による第三の画期である（注12）と主張された。

　古墳の終末と大王権力、ならびに有力豪族の消長とのかかわりは、これら諸論考にゆずり、本項では従来さほど注意されていない特異な終末期古墳と群集墳、ならびに火葬墓群とのかかわりを検討して、地域の中での具体的な姿を描いてみたい。

2　群集墳の中の首長墓

　群集墳の中には、前方後円墳を含む群と含まない群があることはよく知られている。後期前方後円墳で、横穴式石室をもつ古墳はその地域の首長墓と考えることができる。後期首長墓には、群集墳内に存在するものと、群集墳から離れて存在するものとがある。前者は在地性が強く（在地型首長墓）、後者は非在地的な新興層の墓地の可能性が考えられる。

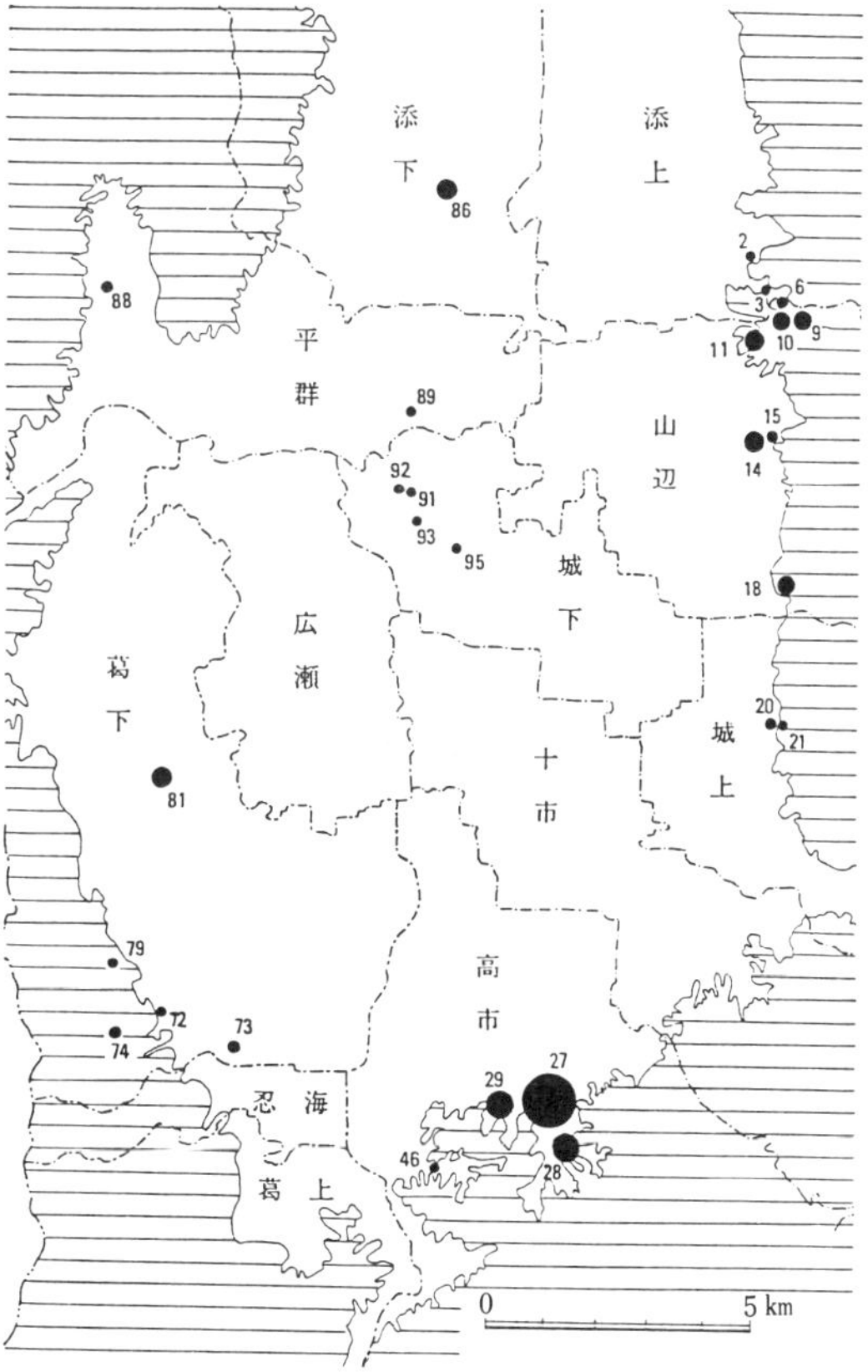

図十一1　大和における後期前方後円墳分布図
（全長50メートル以上，（注13）前園論文より）

このことを、いくつかの例をあげて考えてみよう。

奈良県下には一〇九基の後期前方後円墳があり、そのうち横穴式石室をもつことが明らかな古墳は三二基である（注13）。前園氏の整理によると、全長一〇〇メートル以上の前方後円墳は、「周辺に同時期の古墳をほとんど伴わず、その地域に突如出現した感をいだかせるもので、他と隔絶している」。全長五〇メートル以上の前方後円墳の多くは、先代の古墳との系譜関係が推定しうる位置に単独で存在するが、川西・三宅地域には黒田大塚古墳をはじめ前方後円墳だけで構成される一群があり、「倭屯田（倭屯家）」設定にかかわる集団の墓地と考えられている。同様な性格は、

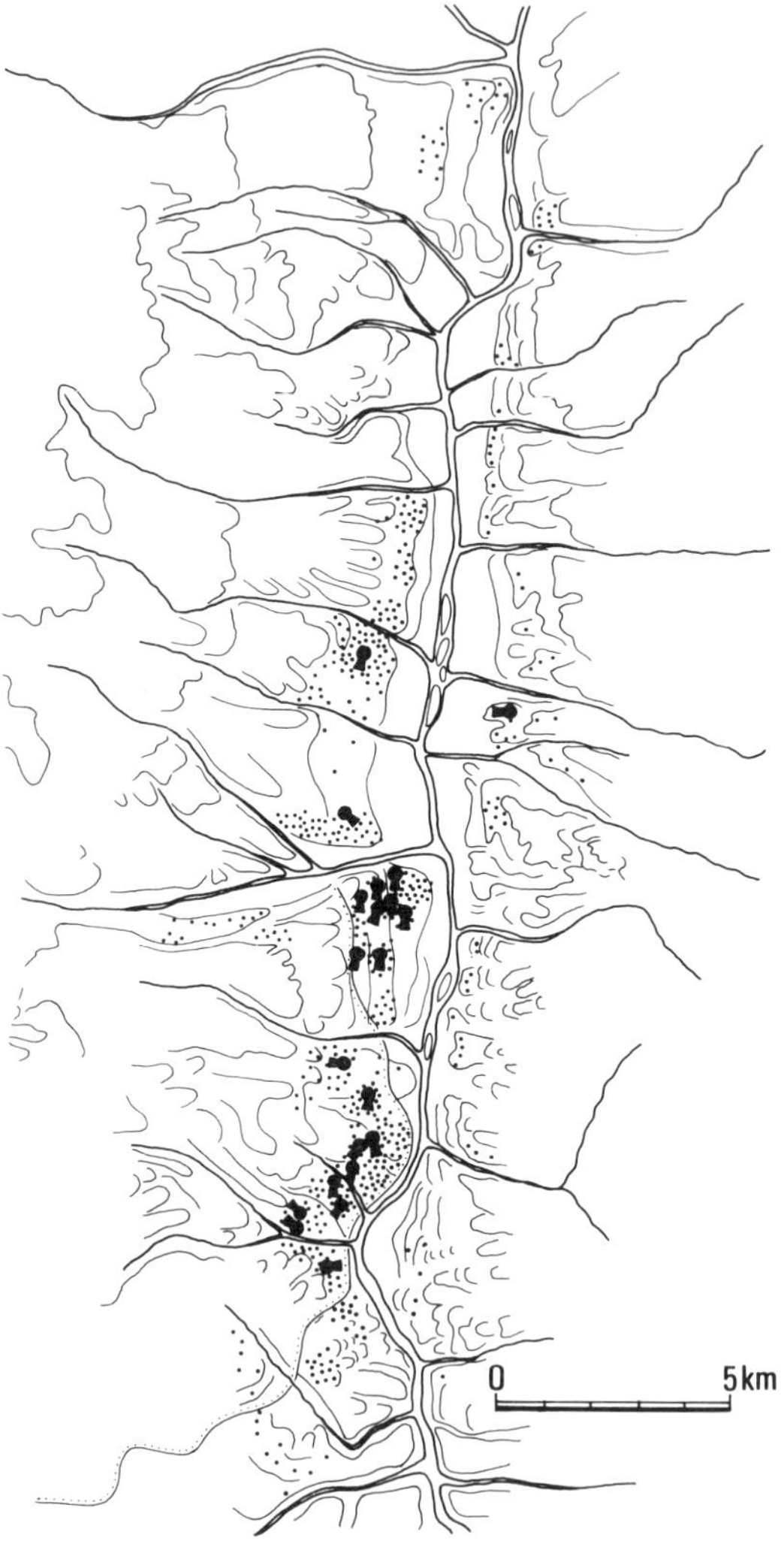

図十一2　長野県天竜川中流地方の古墳群
（『日本の考古学』Ⅳ，藤森栄一論文より）

桜井市珠城山古墳群にも認められ、新興層による当該地への進出の一端を示すものであろう。

他方、全長一〇〇メートル以上の前方後円墳をともなう群集墳が三群（石上古墳群・新沢千塚古墳群・杣ノ内古墳群）認められ、「このグループは六世紀前半の中央政権の中枢部における最有力者を族長にあおぐ集団の墳墓と考えられる」。また、全長五〇メートル以上の前方後円墳を含む群集墳は、「実質的に在地勢力を掌握していた族長層とその氏族構成員の墳墓」であり、全長五〇メートル未満の前方後円墳を含む群集墳は首長墓が集団墓から抜け出せないものであり、このタイプがもっとも多い。奈良県における後期前方後円墳のあり方は、規模の大小を問わなければ、横穴式石室を構築している地域の一般的な傾向と思われる。

例えば、熊本県大野窟古墳は隔絶した独立墳であり、長野県飯田市周辺の古墳群（図十―2）は有力族長層を盟主とする。そして、各地には全長二〇～三〇メートル級の前方後円墳を含む古墳群は数多い。

六世紀の五つの階層者の墳墓は、七世紀にはどのような道をたどるのであろうか。

3　終末期古墳の階層的分布

奈良県明日香村には天武・持統陵をはじめ、著名な終末期古墳が点在している。その地域は、藤原京の南辺に当り、天皇、ならびに有力者の墳墓地で京南陵墓群と呼称される（注14）ほどである。六世紀の一〇〇メートル以上の前方後円墳が京周辺の一画に集められている感が深い。六世紀の大型前方後円墳は、単に古墳が立地する地域を領域とするのではなく、広い範囲のどこにでも占地しうる点で一〇〇メートル以下の前方後円墳と隔りがある、という（注15）。七世紀には京南辺に集中する点で、六世紀にはなかった新たな規制が働いており、そこには、天武・持統陵や文武陵（中尾山古墳）をはじめ、草壁皇子説の高い束明神古墳などが含まれている。

この現象は、大和だけのことではなく、一部に奈良県明日香村の酒船石と同じ手法をもっている出雲国府北辺の大草岩船古墳や、火焔形の玄門をもつ筑波郡衙近くの佐都岩屋横穴（図十―3）など、地方官衙周辺に特異な古墳が築造されている点から、各地に同様の思想に基づく墓地規制が行われていた可能性が考えられる。

そして畿内では、天皇陵としてははじめて崇峻陵（赤坂天王山古墳）に方墳が採用され、従来の前方後円墳の意義は形の上でも失なわれていく。

京南陵墓群の中には、古墳立地の上で、大きく二つの傾向が認められ

図十―3　島根県岩船古墳（上）と茨城県佐都岩屋横穴（下）

る。一つは天武・持統陵や中尾山古墳のように丘陵尾根上に立地するタイプであり、天皇級と考えられる。他は、丘陵南斜面を⌈状に数一〇メートルにわたってカットして平坦地をつくり、その中央部に墳丘を設けるタイプで、束明神古墳・マルコ山古墳・キトラ古墳など類例は多い。これらの墳丘は、径二〇メートル弱と小さいが、平坦面造成作業は莫大であり、全長五〇メートル以上の前方後円墳築造に匹敵するであろう。桜井市舞谷の五つの各尾根に築造されている磚積横口式石室墳(磚槨墳)も同様の平坦面を造成しており、飛鳥の諸例を含めて皇太子・皇子・高級官僚などが被葬者像として考えられている。

七世紀の古墳で丘陵南斜面に立地するのは、大阪府塚廻古墳・同松井塚古墳・同御嶺山古墳などの河内飛鳥の地域をはじめ、大分県古宮古墳や石川県金比羅山古墳などに類例があり、七世紀の切石石室墳の立地として共通の傾向を見せている。

広島県「曽根田白塚古墳は他の古墳群からは孤立した位置にあり、大佐山白塚古墳は五基の古墳群の主墳と考えられるが、古墳群そのものは他の古墳分布とは孤立した存在である。また尾市一号古墳のある丘陵は独立丘的存在である」(注16)。これらの古墳は、切石横穴式石室であり、脇坂光彦氏は「備後国設定に関与して畿内政権から派遣された官吏層が営んだもの」と推定されている。各古墳の独立的な占地や尾市一号墳の墳形が「多角形をなす可能性」などから脇坂氏の推定は多くの賛同をうるであろう。しかし、多角形墳、とくに八角墳は天皇級の墳形として注目されている形態であり(注17)、群馬県武井廃寺塔跡とされている八角墳(注18)も含めて検討し直す必要があるかもしれない。

例えば、『出雲国風土記』では「天下の造らしし……」オオナムチ神が観念されていることから、各地域に天下造りの神——王が存在し、それらの王の一部がかつて前方後円墳を築造したように、八角墳を築造した可能性もありうるからである。このように考えると、律令政府の地方統治のあり方をも問い直すこととなり、終末期古墳の墳丘調査は一層意識的に行われなければならない。

4　群集墳の中の終末期古墳

「七世紀初頭前後、群集墳の築造が終熄に近づきつつある頃、一部の群集墳内部における動きとして注目されるのは、群中においてかなり特徴的な内容をもつ石室墳が出現することである」(注19)。一例をあげれば、奈良県丹切古墳群中の磚積横口式石室の丹切三三号墳（七世紀前半）や横口式石槨の奈良県竜王山八九号墳、笛吹・山口古墳群内の一古墳などがある。これらの古墳の被葬者は、「推古朝以降、新しく在地より抽出された初期官人層」であり、従来からの「在地の有力首長の古墳としてはむしろ、岩屋山式石室墳などではなかったかと思われる」。つまり、有力首長は独立墳に、新興の官人層は群集墳内に、という図式を描くことができる。

広島県芦田川下流域の猪の子一号墳や大坊古墳などは、先行する「大型石室墳の周辺に分布」(注20)しており、さきに見た同地域の尾市一号墳のあり方や大和の群集墳内の終末期古墳と異なる。これらは、在地有力首長が官人化してもなお群集墳内に葬られている姿を示すものと考えることができるであろう。

七世紀には、藤原京南辺や河内飛鳥、ならびに地方官衙周辺などに見られる特定階層の墳墓の集中が見られるとともに、有力首長は独立墳を築き、新興官人層は群集墳内に葬られる、という大きく三様の墳墓占地が認められる。群集墳の解体は突然におこったのではなく、六世紀以降の古墳の変質とともに徐々に進行し、その過程において上記の態様をとったものと思われる。

関東・東北の七・八世紀の古墳は、単次葬を主旨とする畿内の横口式石槨墳とは異なるものであり、家族墓としての横穴式石室・横穴が変容しながらも継続したのであろう。

5　仏教と古墳の終末

仏教思想の普及によって古墳の築造をやめるということはなかったと思われる。飛鳥寺塔心礎の横穴式石室の副葬品と等しい甲冑などの鎮壇具や水泥石棺に付された蓮華文、岡山県本坊山陶棺の絵画などから仏教と古墳の関係が説かれることが多い。しかし、仏教の流入後も古墳は築造されつづけ、両者は共存共栄の関係にあったと考える。

共存共栄の思想的側面を検証しうる例がある。奈良県中尾山古墳は京南陵墓群の中にあって、文武天皇陵に擬されている。石室は大きな花崗岩の底石の上に同じく花崗岩切石で四壁をつくる。四壁の各コーナー外側に直方体の石が立てられている。これは石室構造上は不必要であり、意図的に立てられた四本の柱——塔の四天柱を意識したのではないだろうか。そうであるとすれば、石室内に納められたと推定されている蔵骨器内の火葬骨は、まさに「舎利」を思わせる。

同様の四天柱は、切石組石室の兵家古墳でも推測されており、数少ない例ではあるが仏教思想に基づく「古墳」埋葬が施行された場合があることが考えられる。群馬県武井八角墳も、塔心礎とされているくりこみのある巨石が中尾山古墳同様に石槨の底石と考えられ、同じ思想に基づく造墓であるかもしれない。

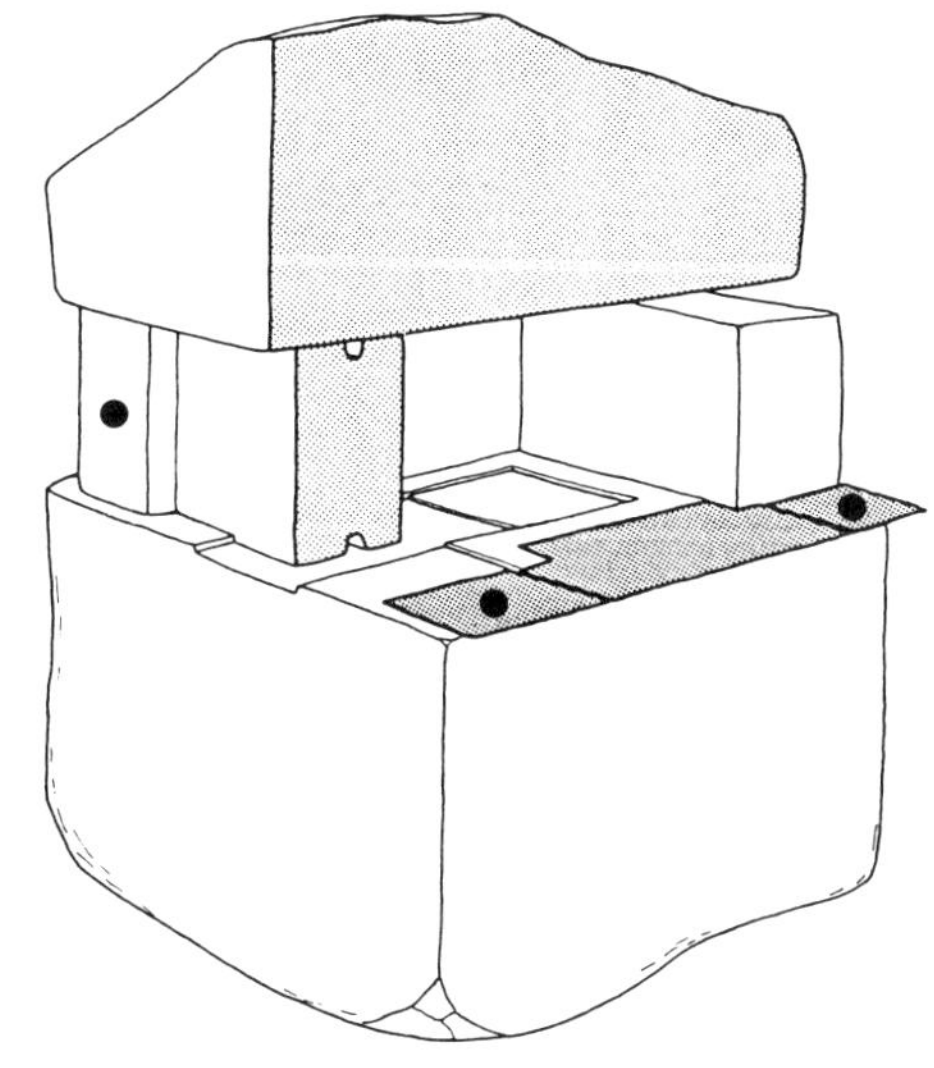

図十—4　中尾山古墳石槨　●印は柱状石＝四天柱（猪熊兼勝ほか『飛鳥時代の古墳』より）

6　終末期古墳と火葬墓

終末期古墳はどのようにして終末を迎えたのか。それを考えるために火葬墓との関連を検討してみよう。

藤原京南陵墓群には七・八世紀の顕著な火葬墓は知られていない。火葬普及との時期差は考慮するとしても、マルコ山古墳や高松塚古墳は八世紀前半の古墳であり、必ずしも時期差だけでは解決できない。そしてまた火葬墓は、独立墳的な終末期古墳の周辺にも認められない。

火葬墓群の多くは、後期群集墳や終末期古墳と重複せず、異なる地域に営まれている(注21)。奈良盆地を例に説明しよう。

奈良時代火葬墓群は、平城京北辺の奈良市佐保山火葬墓群、僧道薬墓東方の天理市岩屋火葬墓群、三輪山東方の桜井市横枕火葬墓群などが知られている。

佐保山火葬墓群は丘陵南斜面に火葬の場と埋葬を兼ねた「形平坦面と蔵骨器群があるが、蔵骨器にはとくに秀れたものはない。岩屋火葬墓群は、いまのところ蔵骨器一基が知られているだけであるが、地形的にはかなり大規模な火葬墓群になるように思われる。横枕火

図十一5　群馬県「武井廃寺塔跡」

葬墓群には多くの蔵骨器があり、中には鉄板の上に容器を伏せたものなどがあって古くから著名である。

これら火葬墓群は、いずれもとくに秀れた蔵骨器を用いたり、厚葬を思わせる埋葬施設をもつことがなく、その数量から見ても後期群集墳に相当する集団墓地と考えられる。いいかえれば、墳墓の一定区域への集中であるが、この現象は、森浩一氏が説かれているように六世紀後半から認められ、火葬墓群との間には若干の空白期間はあるものの同一線上の事象であろう。

〝若干の空白期間〟には、終末期古墳が築造されている。切石横口式石槨墳や磚積横口式石室墳が同一群内に火葬

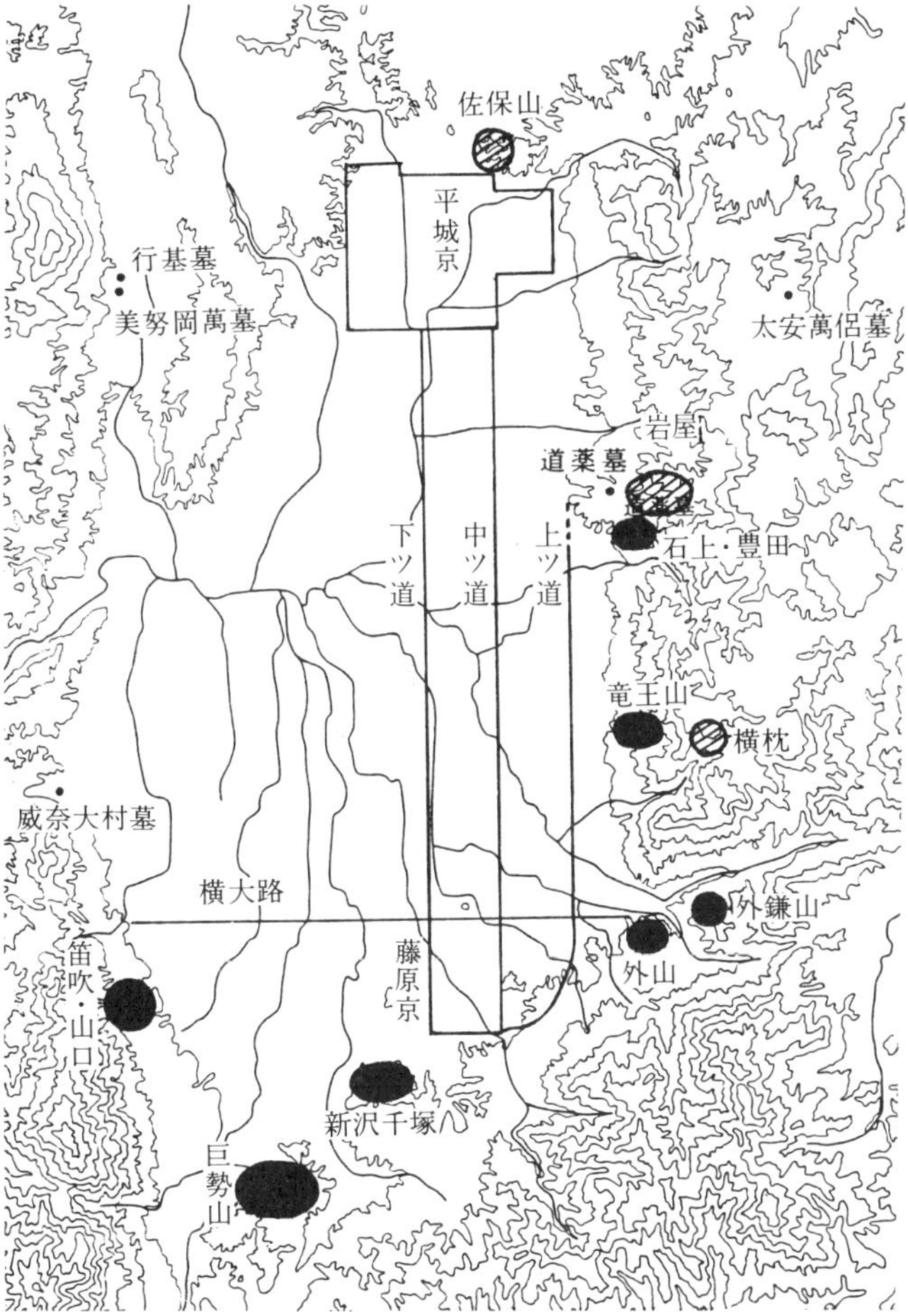

図十一6　大和の群集墳と火葬墓（(注21) 前園論文44図に加筆）

墓をともなうことはない。桜井市忍坂八・九号墳（磚積横穴式石室）は、古墳群内の丘陵南斜面に二基並んで築かれており、同一斜面から金銅製蔵骨器を内蔵したと思われる石製外容器が検出されている。

また兵庫県宝塚市中山荘園一号墳は、単葬と思われる小型横穴式石室をもつ八角墳であるが、四〇メートル余離れた同一斜面から金銅製蔵骨器が検出されている。忍坂例も中山荘園例も、そのあり方から見て石室墳と火葬墓に系譜関係を推測しうるが、類例は少なく一般的傾向とはいい難い。

一般的には、奈良時代火葬墓群は従来の後期群集墳とは別に墓地を選定しているのであり、終末期古墳ともとくに連続することはない。

五世紀後半から六世紀にはじまった群集墳は、七世紀前半に造墓活動を中止し、特定階層だけが特定の単葬墓を築造した。八世紀になると、かつての群集墳階層者の墓地が選定されたが、それは従来の氏族関係を切断するかのような墓地選定が行われており、そこに群集墳と終末期古墳の終熄の契機を見ることができるように思われる。

7　古墳と墓碑

『喪葬令』に「凡そ墓には皆な碑を立てよ」とあり、元明太上天皇は、養老五年（七二一）に「刻字の碑を立てよ」と遺詔されている。日本の古墳には、墓碑・墓塔を立てる風習はほとんどない。さきの規定や遺詔の風は、どこまでさかのぼることができるのであろうか。

上野三碑の一、山ノ上碑は、天武一〇年（六八一）に山ノ上古墳の墓側に立てられた墓碑と考えられている（注22）。那須国造碑は文武四年（七〇〇）に、阿波国造碑は養老七年（七二三）に立てられた墓碑（注23）であるが、高塚古墳にともなうかどうかは明らかではない。さきの規定や遺詔が順守されていたとするには、あまりにも遺存例が少ない。

そのような傾向の中で、確実に古墳にともなう山ノ上碑と可能性が考えられる那須国造碑が、毛野国にかたよって存在している事実にむしろ注目しなければならないだろう。尾崎喜左雄氏は、多胡碑文中の「甘良は『から』であり、韓を意味し、多胡は多数の帰化人を意味する」と指摘されている。八世紀の関東への渡来人は毛野に限られたことではないが、その一部に大和の渡来人と同様に「刻字の碑を立て」る風習をもった人々が含まれていて、上野三碑や那須国造碑を遺したのであろうか。

注

(1)　森　浩一「葬法の変遷よりみた古墳の終末」(『末永先生古稀記念古代学論叢』)　一九六七年
(2)　森　浩一「古墳時代後期以降の埋葬地と葬地」(『古代学研究』五七)一九七〇年
なお『論集終末期古墳』塙書房、一九七三年に一部加筆・補訂の上収録されている。
(3)　(注1)文献六五三頁
(4)　(注2)文献三九頁
(5)　白石太一郎「畿内の後期大型群集墳に関する一試考」(『古代学研究』四二・四三合併号)一九六六年
(6)　水野正好「群集墳と古墳の終焉」(『古代の日本』五　角川書店)一九七〇年
(7)　秋山日出雄「檜隈大内陵の石室構造」(『橿原考古学研究所論集』五)一九七九年
(8)　網干善教「八角方墳とその意義」(『橿原考古学研究所論集』五)一九七九年
(9)　猪熊兼勝「飛鳥時代墓室の系譜」(『研究論集』三　奈良国立文化財研究所)一九七六年
(10)　白石太一郎「畿内における古墳の終末」(『国立歴史民俗博物館研究報告』一)一九八二年
(11)　(注10)文献一一七頁
(12)　(注10)文献一一八、一一九頁
(13)　前園実知雄「大和における後期前方後円墳の規模と分布について」(『橿原考古学研究所論集』四　吉川弘文館)一九七九年の第1表
(14)　菅谷文則『佐田遺跡群現地説明会資料』橿原考古学研究所　一九八三年

(15) (注13) 前園論文
(16) 脇坂光彦「広島県における終末期古墳研究の一視点」(『考古学と古代史』同志社大学) 一九八二年
(17) 菅谷文則「八角堂の建立を通じてみた古墳終末期の一様相」(『史泉』四〇) 一九七〇年
網干善教「八角方墳とその意義」(『橿原考古学研究所論集』五 吉川弘文館) 一九七九年
(18) 昭和五三年、河上邦彦氏が現地で八角墳の可能性を指摘され教示をうけ、その後、現地を確認した。
(19) 関川尚功「群集墳をめぐる諸問題」(『桜井市外鎌山北麓古墳群』奈良県教育委員会) 一九七八年
以下、大和の動向は関川論文に負うところが多い。
(20) (注16) 脇坂論文
(21) 前園実知雄「まとめ」(『太安万侶墓』奈良県教育委員会) 一九八一年
(22) 尾崎喜左雄「上野三碑を中心とした古墳」(『古代学研究』三〇) 一九六二年
(23) 藤沢一夫「火葬墳墓の流布」(『新版考古学講座』六 雄山閣) 一九七〇年
天羽利夫『古代の阿波』徳島県博物館 一九七六年

おわりに

弥生時代前期末に近畿地方に低墳丘をもつ方形区画墓が出現し、同中期には中国地方から関東地方にまで拡がった。日本列島における墳丘墓の出現である。この時期は、列島各地に農耕文化が定着した段階であり、墳丘墓出現の契機として水稲農耕伝来の故地である中国・朝鮮の盛土墳をその背景として考えなければならないだろう。その場合、近畿勢力が北部九州勢力（方形区画墓をもたない）を介在させずに、中国・朝鮮と主体的な交渉を行っていたことを推測することとなる。

このような趨勢の中で、従来弥生時代後期と認識されている土器の段階に関東以西の各地に一辺、あるいは直径四〇～五〇メートルに及ぶ大型墓が出現する。大型墓の中には、円丘部の一方（奈良県纒向石塚）、あるいは双方（岡山県楯築）に張出部をもつものが現われ、前方後円墳への道を歩む。

この段階（庄内式期）には、近畿では高地性集落や環濠集落は消滅して、特定の屋地を溝や柵で囲む豪族屋敷の成立へと向かい（家形埴輪群や柵と楼閣をもつ耶馬台国女王・卑弥呼の居館）、銅鐸・銅剣・銅鉾などを祭具とする祭祀も終熄する。島根県荒神谷《こうじんだに》遺跡で多量の銅剣の近くに製作時期が異なる銅鐸と銅鉾が一括埋納されているのは、出雲が強い地域色をもつ四隅突出型方形墳の出現段階における埋納と考えれば理解しやすい。そして、この時期には山陰系土器が関東から九州の間に拡散する。

古墳時代前期（纒向1式〜5式期＝纒向1式・庄内式・布留1・2式期）に大和・磯城とその周辺に大型前方後円墳が成立・展開し、その後大和・佐紀、河内・古市、和泉・百舌鳥へと墓地を移動させながらも、伝承によれば大王の居館は大和に定着する。初期ヤマト政権の成立である。初期ヤマト政権は、前期前方後円墳の分布状況によれば、近畿以東と連携して以西と対峙したらしい。

古墳時代を通じての一つの変革期は、五世紀後半にあるように思われる。

五世紀に東アジアの統治秩序に加わった倭王は、国内の統治機構の整備を進めるとともに、大王居館の整備をはかったのではないかと思われる。その一つが奈良県脇本遺跡の推定一〇〇〜二〇〇メートルの中の五世紀後半の建物群であろう（注1）。居館の整備は、大王にとどまらず群馬県三ツ寺I遺跡などに見られるように、各地の王に及んだものと思われる。大王居館内の建物群が不明確な現段階では、居館がもった機能を推測することはできないが、おそらくその一部は、七世紀の宮殿と相関連するものがすでに存在したであろう。近い将来には、五・六世紀の統治機構を、各地の豪族の居館を比較検討することによってはたしうるようになるものと思われる。

国家祭祀が全国的に行われるようになったのもこの頃であろう。関川尚功氏が指摘しておられるように（注2）、祭祀具の生産地が五世紀後半になると近畿に集中して大規模化し、各地に滑石製の臼玉・勾玉・剣・鏡などの統一的な祭祀具を使用した祭祀が行われる。前期にも鏡・刀剣・玉などの共通した品の古墳への副葬という現象は認められるが、五世紀にはこれらの品々を形代《かたしろ》として祭具の量産を行い、大和三輪山禁足地や三重県草山遺跡の「祭壇」など特定の祭場を設けるようになる。

墓地の変質は、群集墳の形成として現われる。五世紀後半には初期群集墳とよばれる小型古墳の群集が認められる（奈良県新沢千塚ほか）。その多くは木棺直葬墓によってはじまり、六世紀中葉以降には横穴式石室を埋葬施設とするようになるが、いずれにせよ一墳多葬墳としては共通している。五世紀後半にはじまる統治機構の整備にともなう新興階層の成立と対応する現象と考えることができよう。

七世紀後半には、特定階層を除いて古墳は消滅する。八・九世紀にもかつての古墳の埋葬施設と類似した形態の墓が存続する地域はあるが、すでに世の中は法治国家へと進んでおり、支配者は「法と秩序」だけを尊重すべく努力しはじめた。

注

（1）萩原儀征・前園実知雄「奈良県桜井市脇本遺跡の調査」（『考古学ジャーナル』二三八）一九八四年

（2）関川尚功「古墳時代における畿内の玉生産」（『末永先生米寿記念献呈論文集』所収　同記念会）一九八五年

『古墳時代史』初出書籍一覧

序章

「古墳時代とは」「相対編年と暦年代」(『季刊考古学』創刊号、一九八二年)
「古墳編年の展望」(『季刊考古学』第一〇号、一九八五年)

第一章　古墳の出現

「古墳の出現」「前期大型古墳の展開」「小型古墳の意義」(『季刊考古学』創刊号、一九八二年)
「古墳出現期の地域性」(原題『シンポジウム「古墳出現期の地域性」に寄せて』北武蔵古代文化研究所・群馬県考古学談話会・千曲川水系古代文化研究所、一九八四年)
「古墳前期の薄甕と厚甕」(『網干善教先生華甲記念考古学論集』網干善教先生華甲記念会、一九八八年)
「長野県弘法山古墳の検討」(『信濃』第三七巻第四号、一九八五年)

第二章　祭祀と王権

「火と水と稲穂のまつり」「壇場と立物のまつり」「神奈備山のまつり」「かみまつりの展開」「おわりに」(『季刊考古学』第二号、一九八三年)
「古墳立柱」(『考古学叢考』下巻、斎藤忠先生頌寿記念論文集刊行会、一九八八年)

第三章　五世紀の変革

「宅地」「方画地割」「専用祭場」「祭具量献」「前方後円墳の変質」「群集墳」「まとめ」(『季刊考古学』第三号、一九八三年)
「方画地割」(原題「古代方画地割の整備」(『考古学と古代史』同志社大学、一九八二年)

第四章　五世紀の地域勢力

「地域性の強い埋葬施設」(『季刊考古学』第四号、一九八三年)
「各地域の状況」「大和の中の地域勢力」(『季刊考古学』第五号、一九八三年)

第五章　反乱伝承と古墳

「筑紫君磐井の乱」「吉備の乱」(『季刊考古学』第一一号、一九八五年)
「武蔵と上毛野の乱」「まとめ」(『季刊考古学』第一二号、一九八五年)

第六章　対外関係
「中国・朝鮮と倭」「沖ノ島祭祀と東アジア」（『季刊考古学』第一三号、一九八五年）
「東アジア・積石塚の中の八丁鎧塚古墳群（『長野県史跡「八丁鎧塚」』須坂市教育委員会、二〇〇〇年）
第七章　六世紀の社会
「住居と集落」「集落と墓地」「水田と水利」「農業生産の画期」「鉄と塩と須恵器と玉」「まとめ」（『季刊考古学』第六号、一九八四年）
第八章　古墳の変質
「多葬墓の普及」「多葬墓の群集」「古墳祭祀の変質」「各地域の群集墳と副葬品」（『季刊考古学』第七号、一九八四年）
「群集墳の副葬品」（『季刊考古学』第八号、一九八四年）
第九章　後期古墳の実態
「奈良県藤ノ木古墳」（橿原考古学研究所編『斑鳩藤ノ木古墳第一次調査報告』斑鳩町教育委員会、一九九〇年）
「兵庫県長尾山古墳群」（『兵庫県宝塚市長尾山古墳群』兵庫県埋蔵文化財集報、第一集、一九七一年）
「兵庫県家島群島の後期古墳」（『家島群島』神戸新聞社、一九六二年）
「総括」（泉森皎編『長野県須坂市本郷大塚古墳』須坂市教育委員会・須坂市本郷大塚古墳発掘調査団、一九九二年）
第十章　古墳の終末
「終末期古墳の研究」「群集墳の中の首長墓」「終末期古墳の階層的分布」「群集墳の中の終末期古墳」「仏教と古墳の終末」
「終末期古墳と火葬墓」「古墳と墓碑」（『季刊考古学』第九号、一九八四年）

あとがき

一九八二年十一月から一九八五年十一月まで『季刊考古学』(第一号〜第一三号)に「古墳時代史」を連載した。本書はそれを中心に、関連する論考を加えて一書としたものである。

「古墳時代史」で意図したのは、古墳史ではなく古墳時代史である。したがって、従来さほど注目されていなかった専用の祭祀具を用いない祭祀、方画地割の変遷、大和政権を介在させない地域間交流、反乱伝承をもつ地域の古墳盛衰の共通性と相違点、考古資料からみた対外関係などに重点をおいた。さらに、それらを通じて古墳時代史の流れ、とくに五世紀後半の変革と六世紀の変質を強調した。もちろん、すべて成功したとはいえないが、従来欠けていた視点のいくつかを補うことはできたと思う。

そのため、古墳史の多くを欠いた。例えば、墳丘論、埋葬施設論、個々の副葬品論は類書も多いので取りあげなかった。また、古墳と豪族、手工業生産についても、テーマとして掲げながらはたすことができなかった。

今回、『季刊考古学』「古墳時代史」のほかに加えたのは、前著『古墳文化出現期の研究』(学生社、一九八五年)に掲載しなかった後期古墳の報告と、それ以降に発表した古墳出現と古墳祭祀に関するものである。

「兵庫県宝塚市長尾山古墳群」は後期群集墳の実例として再録した。長尾山古墳群という呼称は、東西四キロメートル余の範囲に分布する後期古墳の総称として使用したが、通常の「古墳群」の概念をこえるものであり適切ではなかった。その中で支群としたもの、例えば発掘調査を実施した「雲雀山東尾根支群」を雲雀山東尾根古墳群と改めたい。総称は別に検討すべきであろう。

一九八二年春に、雄山閣出版の芳賀章内編集長から「古墳時代史」執筆のお誘いを受けたときには、「できるかナ」とまず考えた。そして「古墳史ではないんだ。古墳時代史なんだ」と納得した。末永先生にご相談したら「やってみろ」ということになった。

大綱をたてて執筆を開始したが、時には一回分の量をはるかに超えて二回に割ったり、時にはとても期日に間に合いそうもなくて、担当の宮島了誠さんに「一回休ませて下さい」とお願いしたら、「そういうわけにはいきません」と、やさしい声で厳しくいわれたり、三年にわたってずいぶんご迷惑をおかけした。

連載終了後、一書とするようお勧めを受けておりながら、いくつかのテーマを補いたいと思いつつ五年を経過してしまった。ようやく「あとがき」にこぎつけた一九九〇年一月、樋口隆康所長に眼を通していただき、序文をいただいた。大所高所からのご指摘に感謝いたします。

一九九〇年一月吉日

石野博信

増補改訂版　あとがき

一九九〇年に『古墳時代史』初版を刊行してから十五年を経過した。今回、増補改訂するに当り三篇を加えた。

序章2「古墳編年の展望」は、その後、新たな視点から書き改めたものと差しかえた。

第六章3「初期積石塚と東アジア」は、弥生中期末（前一世紀）から古墳早期（三世紀）にかけて阿波・讃岐に散在する「集石遺構」が東北アジアをルーツとする墓の可能性を検討し、四・五世紀の積石塚に及んだ。

第九章4「長野県本郷大塚古墳」は、象嵌大刀などを持つ横穴石室であると共に、地元の日滝史蹟保存会が古墳保存のために土地を保有し、調査した稀有な例として加えた。

二〇〇五年四月吉日

古墳時代史

●考古学選書31●
ISBN4-639-00055-3〈全〉

■著者紹介■

石野博信（いしの　ひろのぶ）

1933年宮城県に生まれる。
1960年関西大学大学院修了。
現在　徳島文理大学教授、奈良県香芝市二上山博物館館長、文学博士
著書　『古墳文化出現期の研究』『日本原始・古代住居の研究』
『邪馬台国の考古学』『邪馬台国と古墳』ほか

検印省略
printed in Japan

1990年３月20日初版発行
1993年６月20日第２刷発行
2005年５月20日増補改訂版発行

著　者	石　野　博　信
発行者	宮　田　哲　男
印　刷	開成印刷株式会社
製　本	協栄製本株式会社

発行所　株式会社　雄　山　閣
〒102-0071　東京都千代田区富士見2-6-9
振替　00130-5-1685・電話03(3262)3231

ISBN4-639-01888-6 C3321

遺跡名索引（注記載の遺跡名は省略した）

人　名　索　引（注記載の人名は省略した）